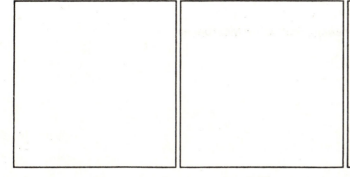 

Michael Reidenbach

Stadt und Umland im Finanzausgleich

Eine empirische Untersuchung am Beispiel der zentralörtlichen Belastungen in Niedersachsen

Berlin, September 1983

Dipl.-Volkswirt **Michael Reidenbach** ist seit 1973 wissenschaftlicher Mitarbeiter am Deutschen Institut für Urbanistik Berlin.

Organisation und Schreibarbeiten:
Viola-Dagmar Boehle
Isabell Stade

Bibliographische Angaben:
Reidenbach, Michael
Stadt und Umland im Finanzausgleich.
Eine empirische Untersuchung am Beispiel der zentralörtlichen Belastungen in Niedersachsen.
Berlin: Deutsches Institut für Urbanistik (1983), 203 S., Abb., Tab.
ISBN 3-88118-096-6

Deskriptoren:
Kommunaler Finanzausgleich; kommunale Steuern; zentrale Orte; Kreisumlage; Zuweisungen; Zweckverbände; Krankenhausumlage; Zweckzuweisungen; Gebühren.

Verlag und Vertrieb:
Deutsches Institut für Urbanistik
Straße des 17. Juni 110
1000 Berlin 12
Tel.: (030) 39 10 31
Telex: 181320 difu

Abteilung Köln
Lindenallee 11
5000 Köln 51
Tel.: (0221) 37 71 344
Telex: 8882617 dst

Herstellung:
Weinert, Berlin

Umschlaggestaltung:
Christian Ahlers, Berlin

Alle Rechte vorbehalten

Berlin 1983

ISBN 3-88118-096-6

INHALT

Zusammenfassung — 9

1. EINLEITUNG — 13
1.1 Problemstellung — 13
1.2 Auswahl Niedersachsens, Datenbasis — 17

2. DIE GLIEDERUNG DER GEMEINDEN (GV) IN NIEDERSACHSEN NACH FUNKTIONALEN UND RÄUMLICHEN KRITERIEN — 19
2.1 Gemeindestatus und Aufgabenverteilung — 19
2.2 "Eingekreiste Städte" — 22
2.3 System der zentralen Orte — 24
2.4 Stadtregionen — 30

3. ZUR DEMOGRAPHISCHEN, WIRTSCHAFTLICHEN UND FINANZIELLEN SITUATION DER ZENTRALEN ORTE — 32
3.1 Entwicklung der Bevölkerung — 32
3.2 Beschäftigte und Wirtschaftskraft — 35
3.3 Ausgaben — 36
3.4 Einnahmen — 39
3.4.1 Höhe und Struktur — 39
3.4.2 Bedeutung und Entwicklung der Steuereinnahmen — 44
3.4.3 Die Messung der kommunalen Finanzkraft — 49

4. FINANZIELLE BELASTUNG DER ZENTRALEN ORTE UND LANDKREISE DURCH ZENTRALÖRTLICHE EINRICHTUNGEN — 52
4.1 Kommunale Trägerschaft der zentralörtlichen Einrichtungen — 52
4.2 Messung der zentralörtlichen Belastung — 54
4.3 Mehrausgaben durch zentralörtliche Einrichtungen — 58
4.3.1 Schule — 58
4.3.2 Kultur — 63
4.3.3 Gesundheit und Sport — 69
4.3.4 Messe und Stadthallen — 72
4.3.5 Zentralörtliche Einrichtungen insgesamt — 72

5.	NOTWENDIGKEIT UND MÖGLICHKEIT EINES INTERKOMMUNALEN LASTENAUSGLEICHS	78
5.1	Zahlungsströme zwischen Gebietskörperschaften	78
5.2	Ausgleichszahlungen nach dem Äquivalenzprinzip	82
5.3	Ausgleichszahlungen nach dem Leistungsfähigkeitsprinzip	85
6.	AUSGLEICH ZENTRALÖRTLICHER BELASTUNGEN ZWISCHEN DEN GEMEINDEN	87
6.1	Möglichkeiten der Gebührenpolitik	87
6.2	Gastschulbeiträge als Beispiel von Kostenerstattungen	89
6.3	Zweckverbände	96
6.4	Krankenhausumlage	103
6.5	Bewertung des zwischengemeindlichen Ausgleichs	108
7.	FINANZIERUNG ZENTRALÖRTLICHER EINRICHTUNGEN INNERHALB DER NIEDERSÄCHSISCHEN LANDKREISE	111
7.1	Zwischengemeindliche Zahlungsströme	111
7.2	Kreisumlage	113
7.2.1	Erhebung	113
7.2.2	Ausgleichswirkung	114
7.2.3	Minderbelastung	117
7.3	Kreisschulbaukassen	121
7.4	Ausgleichswirkung des sonstigen Zahlungsverkehrs innerhalb der Landkreise	126
7.5	Mitfinanzierung zentralörtlicher Einrichtungen über die Kreisumlage	129
7.6	Gesamtbelastung der Gemeinden mit zentralörtlichen Einrichtungen	133
8.	AUSGLEICH ZENTRALÖRTLICHER BELASTUNGEN IM KOMMUNALEN FINANZAUSGLEICH	139
8.1	Möglichkeiten des Ausgleichs	139
8.2	Der kommunale Finanzausgleich	142
8.3	Die Berücksichtigung zentralörtlicher Belastungen im Bedarfsansatz	147

8.3.1	Die Ermittlung des "Bedarfs" der Gemeinden	147
8.3.2	Der zentralörtliche Nebenansatz, gemessen an der Einwohnerzahl	150
8.3.3	Der zentralörtliche Nebenansatz, gemessen am Zuschußbedarf	152
8.4	Modellrechnungen zu den zentralörtlichen Nebenansätzen	154
8.4.1	Annahmen für Modellrechnungen	154
8.4.2	Ergebnisse der Modellrechnungen	158
8.5	Ausgleich durch Zweckzuweisungen des Landes	165
8.5.1	Höhe und Struktur der Zweckzuweisungen	165
8.5.2	Verteilung nach Zentralitätsstufen	167
8.5.3	Ausgestaltung und Bedeutung	170
8.5.4	Möglichkeiten und Grenzen des Abbaus	175
9.	ERGEBNISSE UND ÄNDERUNGSVORSCHLÄGE	179

ANHANG

Modellrechnung für den Finanzausgleich in Niedersachsen 1980   184

Literatur   195

Verzeichnis der Tabellen:

2.1	Städte und Gemeinden in Niedersachsen nach Gemeindestatus und Einwohnerzahl am 30.6.1979	19
2.2	Innerkreislicher Lastenausgleich der eingekreisten Städte Niedersachsens	25
2.3	Einwohnerzahl der zentralen Orte und ihrer mittelzentralen Einzugsbereiche nach Zentralitätsstufe und Gemeindestatus in Niedersachsen 1979	28
3.1	Veränderung der Einwohnerzahl von 1970 bis 1979 und sozialversicherungspflichtige Beschäftigte pro 1000 Einwohner in Niedersachsen	32
3.2	Veränderung der Bevölkerung zwischen dem 27.5.1970 und dem 30.6.1980 in Niedersachsen nach Regionen	33
3.3	Bereinigte Ausgaben pro Einwohner nach Zentralitätsstufen und Gemeindestatus in Niedersachsen 1979	37
3.4	Bereinigte Einnahmen pro Einwohner nach Zentralitätsstufen und Gemeindestatus in Niedersachsen 1979	40

3.5	Kommunale Steuern in Niedersachsen 1979 nach Zentralitätsstufen und Gemeindestatus in DM pro Einwohner	42
3.6	Simulierte Auswirkungen des Steueränderungsgesetzes 1979 und der Neufestsetzung der Schlüsselzahlen zum Gemeindeanteil an der Einkommensteuer 1982 auf das Steuereinkommen der Stadtregionen und des ländlichen Raumes	45
3.7	Veränderungen der Berechnungsgrundlagen für die Schlüsselzahlen am Gemeindeanteil an der Einkommensteuer	47
3.8	Vergleich der tatsächlichen Steuereinnahmen 1979 mit den Steuerkraftmeßzahlen 1980 und den fiktiven Steuerkraftmeßzahlen 1980 in Niedersachsen	50
4.1	Ausstattungskatalog von zentralen Orten verschiedener Zentralitätsstufen nach Trägerschaft und entsprechender Gliederungsnummer im Haushalt	53
4.2	Träger von ausgewählten zentralörtlichen Einrichtungen in Niedersachsen	55
4.3	Gemeinden mit Ausgaben im Verwaltungshaushalt für zentralörtliche Einrichtungen in Niedersachsen 1979	57
4.4	Anteil auswärtiger Nutzer in ausgewählten zentralörtlichen Einrichtungen und Städten über 50.000 Einwohner in Niedersachsen 1976	59
4.5	Zuschußbedarf für verschiedene Schularten in DM pro Einwohner nach Zentralitätsstufen und Gemeindestatus in Niedersachsen (ohne Kreisschulbaukassen und Landkreis Diepholz)	61
4.6	Zuschußbedarf pro Einwohner für verschiedene kulturelle Einrichtungen nach Zentralitätsstufen und Gemeindestatus in Niedersachsen 1979	64
4.7	Öffentliche Theater und Orchester mit eigenem Ensemble in Niedersachsen in der Spielzeit 1979/80	66
4.8	Zuschußbedarf pro Einwohner für Krankenhäuser und Sporteinrichtungen nach Zentralistätsstufen und Gemeindestatus in Niedersachsen 1979 (ohne Krankenhausumlage)	71
4.9	Zuschußbedarf pro Einwohner für Messen und Hallen nach Zentralitätsstufen und Gemeindestatus in Niedersachsen 1979	73
4.10	Zuschußbedarf pro Einwohner für zentralörtliche Einrichtungen nach Zentralitätsstufen und Gemeindestatus in Niedersachsen 1979 (ohne Krankenhausumlage und Kreisschulbaukasse sowie Landkreis Diepholz)	75
5.1	Direkter Zahlungsverkehr zwischen Land, Gemeinden (GV) und Zweckverbänden für zentralörtliche Einrichtungen nach Zentralitätsstufen und Gemeindestatus in Niedersachsen 1979 in DM pro Einwohner	80
6.1	Anteil der Gebühren an den Ausgaben des Verwaltungshaushaltes von zentralörtlichen Einrichtungen in Niedersachsen 1979	87
6.2	Ausgleichszahlungen für auswärtige Schüler in den verschiedenen Bundesländern zwischen Gemeinden (GV), soweit nicht öffentlich-rechtliche Vereinbarung getroffen wurde	91

6.3 Einnahmen aus Gastschulgeldern (ohne Grundschulen) der kreisfreien Städte Niedersachsens 1979-1982 … 98

6.4 Kommunale Zweckverbände und andere juristische Personen zwischengemeindlicher Zusammenarbeit nach zentralörtlichen Einrichtungen und Ländern … 99

6.5 Umlagen an Zweckverbände für zentralörtliche Einrichtungen nach Zentralitätsstufen und Gemeindestatus pro Einwohner … 100

6.6 Erhebung der Krankenhausumlage in den einzelnen Bundesländern … 104

6.7 Krankenhausumlage in Niedersachsen 1979 tatsächlich und nach verschiedenen Berechnungsgrundlagen und Ausgaben für Krankenhäuser insgesamt in DM pro Einwohner nach kreisfreien Städten und Landkreisen … 106

7.1 Zahlungsverkehr der kreisangehörigen Gemeinden mit anderen Gemeinden (GV) nach Einnahme- und Ausgabearten in Mio. DM 1979 … 112

7.2 Zahlungsverkehr zwischen kreisangehörigen Gemeinden (GV) pro Einwohner nach Zentralitätsstufen und Gemeindestatus in Niedersachsen 1979 in DM pro Einwohner (ohne Landkreis Diepholz) … 116

7.3 Einnahmen und Ausgaben der Kreisschulbaukassen in Niedersachsen 1979 … 122

7.4 Absolute und relative Häufigkeitsverteilung der prozentualen Differenz der Zahlungen der Kreisumlage und Zahlungen an die Kreisschulbaukasse … 125

7.5 Zahlungsverkehr pro Einwohner zwischen kreisangehörigen Gemeinden und ihren Landkreisen für zentralörtliche Einrichtungen sowie Finanzierungsbeitrag der Gemeinden zu den Leistungen der Kreise in Niedersachsen 1979 (ohne Landkreis Diepholz) … 128

7.6 Zentralörtliche Belastung pro Einwohner einschließlich des Finanzierungsbeitrages … 134

7.7 Zentralörtliche Belastung der Gemeinden pro Einwohner einschließlich Kreisschulbaukasse, Krankenhausumlage und Finanzierungsbeitrag für die Landkreise 1979 (ohne Landkreis Diepholz) … 135

8.1 Zahlungen des Landes Niedersachsen an die Gemeinden im kommunalen Finanzausgleich nach Zentralitätsstufe und Gemeindestatus in DM pro Einwohner … 146

8.2 Schlüsselzuweisungen nach der Einwohnerzahl für verschiedene Modelle in Niedersachsen für das Jahr 1980 in DM pro Einwohner … 159

8.3 Zuweisungen, Darlehen und Schuldendiensthilfen für zentralörtliche Einrichtungen der Gemeinden (GV) und Zweckverbände vom Land Niedersachsen 1979 … 166

8.4 Zuweisungen vom Land für laufende und investive Zwecke nach Zentralität und Gemeindestatus   168

8.5 Zuweisungen für zentralörtliche Bereiche in Niedersachsen 1979 nach Regionen   171

8.6 Zuweisungen des Landes für investive Zwecke nach der Zahl der Nennungen in der Jahresrechnung in zentralörtlichen Bereichen   174

Verzeichnis der Abbildungen:

2.1 Relation Zahl der Umlandeinwohner zur Zahl der Einwohner in den Mittelzentren (einschließlich mittelzentraler Einzugsbereiche der Oberzentren) nach der Einwohnerzahl der Mittelzentren   29

4.1 Zuschußbedarf für zentralörtliche Einrichtungen nach Zentralitätsstufen und Struktur in Niedersachsen 1979   74

4.2 Zuschußbedarf für zentralörtliche Einrichtungen nach regionalen Gebieten in Niedersachsen 1979   76

5.1 Zahl der in der Rechnungsstatistik ausgewiesenen Zahlungen für zentralörtliche Einrichtungen zwischen Land, Gemeinden und Landkreisen   78

7.1 Anteil der Kreisumlage der einzelnen Gemeinden in der Finanzkraft im Kreisdurchschnitt nach der Finanzkraft im Kreisdurchschnitt in Niedersachsen 1979   118

7.2 Gesamter Saldo des zentralörtlichen Zahlungsverkehrs der kreisangehörigen Gemeinden nach normierter Finanzkraft im Landkreis (Steuerkraftmeßzahlen) in Niedersachsen (ohne Landkreis Diepholz und Gemeinde Stadland)   132

7.3 Zentralörtliche Belastung pro Einwohner im Verwaltungshaushalt der Gemeinden in Niedersachsen 1979 (einschließlich Finanzierungsbeitrag, ohne Landkreis Diepholz)   136

7.4 Zuschußbedarf für zentralörtliche Einrichtungen (einschließlich Finanzierungsbeitrag) nach Stadtregionen in Niedersachsen 1979   137

8.1 Verteilung der Zuweisungen pro Einwohner auf die Gemeinden   169

ZUSAMMENFASSUNG

Aus historischen, landesplanerischen und wirtschaftlichen Ursachen verfügt nur ein Teil der Gemeinden (GV) eines Landes über öffentliche Einrichtungen, deren Wirkungsbereich über die jeweiligen Gebietsgrenzen hinausgeht. Standort derartiger Einrichtungen wie Schulen der Sekundarstufen, Theater oder Krankenhäuser sind die zentralen Orte. Als Träger dieser zentralörtlichen Einrichtungen fungieren überwiegend die zentralen Orte selbst oder die jeweiligen Landkreise. Durch den Bau und die Unterhaltung von zentralörtlichen Einrichtungen müssen die Träger finanzielle Belastungen tragen, die mit steigendem Zentralitätsgrad zunehmen.

Diese Lasten können von den Trägern der zentralörtlichen Einrichtungen nicht allein getragen und aufgebracht werden. Es bestehen daher in den einzelnen Bundesländern sehr vielfältige Ansätze, um einen Ausgleich oder eine Verringerung solcher Belastungen zu erreichen. In dieser Studie werden diese unterschiedlichen Ansätze miteinander verglichen. Das Hauptgewicht liegt jedoch auf einer Auswertung der Jahresrechnungsergebnisse der niedersächsischen Gemeinden (GV) für das Jahr 1979. Anhand dieser Daten kann für ein Land exemplarisch gezeigt werden, welche finanziellen Verknüpfungen zwischen einzelnen Gebietskörperschaften bestehen und bis zu welchem Umfang ein Ausgleich von zentralörtlichen Belastungen erreicht werden kann.

Eines der Hauptprobleme der kommunalen Finanzen ist darin zu sehen, daß die von den Gemeinden wahrgenommenen Aufgaben nicht mit ihrer jeweiligen Steuerkraft korrespondieren; deshalb müssen in das kommunale Finanzsystem Ausgleichsmechanismen eingebaut werden. Das Steueraufkommen als eigene Haupteinnahmequelle eines zentralen Ortes hängt zwar auch von der Gewerbe- und Einkaufszentralität ab, es wird aber durch andere Faktoren ebenfalls stark beeinflußt. So weisen die Ober- und Mittelzentren zwar ein überdurchschnittliches Steueraufkommen auf, zur alleinigen Finanzierung ihrer Aufgaben reicht dieses aber nicht aus. Zudem kann gezeigt werden, daß die Änderungen im kommunalen Steuersystem der letzten Jahre zu einer Umschichtung des Steueraufkommens zu Lasten dieser Zentren geführt haben. Als recht problematisch und revisionsbedürftig ist zudem das Verfahren anzusehen, mit dem die Unterschiede in der Steuerkraft der einzelnen Gemeinde gemessen werden.

Aus sozialen und kulturpolitischen Gründen wollen und können die Träger von zentralörtlichen Einrichtungen keine kostendeckenden Gebühren erheben. Da eine Differenzierung der Gebühren nach Einheimischen und Auswärtigen rechtlich nicht zulässig und technisch sehr oft gar nicht durchführbar ist, kann eine Entlastung der zentralen Orte nur durch andere Gemeinden bzw. das jeweilige Land erfolgen. Außer bei der Durchführung von Pflichtaufgaben für andere Gemeinden (GV) besteht aber für den zentralen Ort keine Möglichkeit, umliegende Gemeinden (GV) zu Zahlungen zu veranlassen, bzw. mit ihnen gemeinsame Verbände zu bilden. In der Studie wird anhand mehrerer Beispiele gezeigt, daß fast alle bedeutsamen zwischengemeindlichen Zahlungen auf Regelungen des Landes beruhen. Freiwillige Zahlungen kommen im wesentlichen nur dann zustande, wenn für alle Beteiligten ein Vertragsabschluß besonders vorteilhaft ausfällt. Ansonsten verhindern die fehlenden Zurechnungsmöglichkeiten von Leistungen des zentralen Ortes und Gegenleistungen der umliegenden Gemeinden (GV), daß freiwillige Lösungen gewählt werden.

Diese Interessenkonstellation hat dazu geführt, daß für die kreisfreien Städte in Niedersachsen nur wenige Ausgleichsregelungen mit umliegenden Gemeinden (GV) bestehen. Bedeutsam sind im wesentlichen nur die Gastschülerzahlungen, die Bildung von Zweckverbänden im Theaterbereich sowie die Krankenhausumlage.

Anders sieht hingegen die Verteilung zentralörtlicher Belastungen in den Landkreisen aus: Durch die Verlagerung von an sich gemeindlichen Aufgaben auf die Landkreise ist einmal das Aufgabenfeld der kreisangehörigen zentralen Orte kleiner, zum anderen mindern gesetzlich vorgeschriebene bzw. freiwillige Zahlungen der Landkreise an die Träger von zentralörtlichen Einrichtungen deren Defizit. Da über die Kreisumlage und Schulbaukasse alle Gemeinden eines Landkreises an der Finanzierung der zentralörtlichen Aufgaben beteiligt sind, läßt sich eine breite Verteilung der zentralörtlichen Kosten innerhalb der Landkreise konstatieren. Trotzdem fällt die zentralörtliche Belastung pro Einwohner in den einzelnen Gemeinden noch sehr unterschiedlich aus, weil vor allem Mittelzentren nur Teile ihrer Defizite ausgeglichen werden, andererseits aber überproportional zur Kreisumlage beitragen müssen.

Aufgrund der begrenzten Möglichkeiten, einen zentralörtlichen Lastenausgleich auf kommunaler Ebene zu erreichen, muß der eigentliche Ausgleich durch das Land erfolgen. Im Rahmen der allgemeinen und speziellen Zahlungen im kommunalen Finanzausgleich wird daher in aller Regel von den Ländern versucht, einen Abgleich zwischen der Steuerkraft und dem Bedarf der einzelnen Gemeinden und Landkreise herzustellen, in den auch die Belastung durch zentralörtliche Einrichtungen fließen kann. Die verschiedenen Regelungen in den einzelnen Ländern werden diskutiert und einem Verteilungsansatz der Vorzug gegeben, welcher die laufenden zentralörtlichen Belastungen in der Bedarfskomponente bei der Berechnung der Schlüsselzuweisungen berücksichtigt. Belastungen durch Investitionen sollten hingegen durch spezielle Zuweisungen abgebaut werden.

Für Niedersachsen kann nicht nachvollzogen werden, wie hoch der Bedarfsansatz für zentralörtliche Belastungen bei den Schlüsselzuweisungen des Landes ausfällt, da der verwendete Berechnungsmodus keinen empirisch ergründbaren Ansätzen folgt. Aus diesem Grunde wurde anhand von Modellrechnungen für jede niedersächsische Gemeinde durchgerechnet, welche finanziellen Konsequenzen sich aus einer Umstellung des Berechnungsverfahrens ergeben würden, wenn man verschiedenen in anderen Bundesländern verwendeten bzw. in der Literatur vorgeschlagenen Ansätzen folgen würde. Als Ergebnis läßt sich feststellen, daß die gegenwärtige Regelung die kreisangehörigen Mittelzentren bevorzugt, daß hingegen von anderen Lösungsansätzen vor allem die Grund- und Nebenzentren oder die Oberzentren profitieren würden.

Neben den allgemeinen Zuweisungen unterstützen die Länder die Träger zentralörtlicher Einrichtungen durch spezielle Zuweisungen, hauptsächlich für investive Zwecke. Für Niedersachsen ergab die Untersuchung, daß rund

17 v.H. dieser Zuweisungen für zentralörtliche Einrichtungen bereitgestellt wurden und überproportional den kreisangehörigen Gemeinden und den Landkreisen zufließen. Daneben geht aus der Analyse hervor, daß die Mittel des Landes nur z.T. konzentriert für bestimmte Aufgaben vergeben werden: Vielmehr erhalten die zentralen Orte eine große Zahl von kleinen Zuweisungsbeträgen, die eine Umstellung der Vergabepraxis nötig machen. Investitionen, die von kleinen Zentren getätigt werden, werden vom Land Niedersachsen besonders hoch bezuschußt, hingegen spielt die Finanzkraft des einzelnen zentralen Ortes für die Höhe der Zuwendungen im Durchschnitt nur eine geringe Rolle.

Als Fazit kann festgehalten werden, daß die Unterschiede in den zentralörtlichen Belastungen so groß sind, daß eine Neuregelung notwendig erscheint. Da derartige Lastenausgleiche auf zwischengemeindlicher Ebene nur schwer zu erreichen sind, werden vom Land Niedersachsen entsprechende Lösungen notwendig sein.

1. EINLEITUNG

1.1 PROBLEMSTELLUNG

Städte sind seit langem Sitz von administrativen, sozialen, kulturellen und wirtschaftlichen Einrichtungen, die nicht nur zur Versorgung der eigenen Einwohner dienen, sondern auch von den Bewohnern der umliegenden Gemeinden genutzt werden (1). Je nach Art, Lage konkurrierender Einrichtungen und Verkehrsanbindungen kann der Einzugsbereich dieser Einrichtungen sehr verschieden ausfallen.

Basierend auf den theoretischen Überlegungen Christallers wurde seit Ende der 60er Jahre in allen Flächenstaaten der Bundesrepublik damit begonnen, ein abgestuftes System von zentralen Orten zu verwirklichen. Ziel dieser Planungen war der Aufbau eines Netzes von zentralörtlichen Einrichtungen in bestimmten Städten und Gemeinden, um so eine optimale Versorgung der Bevölkerung unter Beachtung der ökonomischen Möglichkeiten und Erreichbarkeit der Einrichtungen sicherzustellen. Gefördert wurde dieser Ausbau durch Fachplanungen des Landes, die vor allem im Schul- und Krankenhausbereich größere Einheiten als früher üblich vorsahen, z.B. bei Schulzentren und Schwerpunktkrankenhäusern.

Parallel zum Ausbau des Netzes zentraler Orte wurde in allen Flächenstaaten eine Gebietsreform durchgeführt, um die Leistungsfähigkeit der kommunalen Verwaltung zu stärken (2). Durch Zusammenlegungen, Eingemeindungen sowie die Bildung von Verwaltungsgemeinschaften wurde einerseits die Zahl der Verwaltungseinheiten drastisch verringert und andererseits die durchschnittliche Einwohnerzahl pro Verwaltungseinheit wesentlich erhöht. Außerdem wurde die Zahl der kreisfreien Städte und der Landkreise verkleinert. Diese Maßnahmen bewirken, daß zum einen nunmehr überall leistungsfähigere Verwaltungseinheiten vorhanden sind, welche die Trägerschaft von zentralörtlichen Einrichtungen übernehmen können, daß zum anderen aber die Einzugsgebiete von zentralörtlichen Einrichtungen in vielen Regionen weniger als früher über die Gebietsgrenzen der Träger hinausgehen, da die Einzugsgebiete von zentralörtlichen Einrichtungen z.T. als ein Kriterium zur Durchführung der Gebietsreformen verwendet wurden (3).

Durch die Gebietsreform konnte aber ein Teil der Probleme nicht gelöst werden, die besonders durch die engen Verflechtungen zwischen Städten und Gemeinden in den Verdichtungsgebieten bestehen: Die Eingemeindungen von umliegenden Gemeinden in die Kernstädte erfolgte nicht für das gesamte Einzugsgebiet, sondern nur sehr begrenzt bzw. überhaupt nicht. Dadurch bestehen in den Verdichtungsgebieten nach wie vor erhebliche Koordinationsprobleme hinsichtlich des Standortes von überörtli-

---

1 Vgl. GÖTZ VOPPEL, Artikel: Stadt, in: Handwörterbuch der Raumforschung und Raumordnung, Hannover 1970, Sp. 3084.
2 Vgl. dazu WERNER THIEME und GÜNTHER PRILLWITZ, Durchführung und Ergebnisse der kommunalen Gebietsreform, Baden-Baden 1981 (Die kommunale Gebietsreform, Bd. I 2).
3 Ebenda, S. 173.

chen Einrichtungen wie Abfallbeseitigung, Wasserversorgung, der Ausweisung von Baugebieten usw. (4). Dieser Aspekt der Stadt-Umland-Problematik sollte nach den Vorstellungen der Landesregierungen bei den großen Kernstädten durch die Bildung von Planungsverbänden und bei kleineren Großstädten und Mittelstädten durch Einkreisungen gelöst werden (5). Eine Übernahme bzw. Finanzierung von zentralörtlichen Einrichtungen war mit der Bildung dieser Verbände in der Regel aber nicht verbunden.

Der zweite Aspekt der Stadt-Umland-Problematik betrifft die Veränderungen in der Bevölkerung der Verdichtungsgebiete: Fast alle Großstädte weisen für die letzten Jahre negative Wanderungssalden gegenüber dem Umland auf, vor allem deshalb, weil ein Teil der städtischen Bevölkerung seine Wohnvorstellungen nur im Umland verwirklichen konnte (6). Dieser Suburbanisierungsprozeß bedeutet jedoch nicht, daß die abwandernde Bevölkerung nicht mehr in den Städten arbeitet und deren zentralörtliche Einrichtungen nicht mehr nutzt - vielmehr ist in den meisten Fällen die Verflechtung zwischen Kernstadt und Umland nach wie vor vorhanden (7). Tendenziell bewirken derartige Abwanderungen, verbunden mit der Verlagerung von Betrieben, eine geringere Auslastung der städtischen Infrastruktur und geringere Einnahmen, da die Beteiligung der einzelnen Gemeinden am Aufkommen der Einkommensteuer an den Wohnsitz gebunden ist und z.T. die Zuweisungen des Landes an die Einwohnerzahl geknüpft sind.

Durch den Bau und den Unterhalt von zentralörtlichen Einrichtungen entsteht in der Regel ein finanzielles Defizit, da eine Kostendeckung durch die Nutzer der Einrichtung nicht erreicht werden kann. Üblicherweise muß der Träger der Einrichtungen dieses Defizit jedoch nicht allein tragen: Im Laufe der Zeit wurden im kommunalen Finanzsystem verschiedene Instrumente entwickelt, mit denen die finanzielle Belastung durch die zentralörtlichen Einrichtungen für den Träger gemindert, im Extremfall sogar vollständig ausgeglichen werden kann. Zu diesen Instrumenten zählen Kostenerstattungen, Zuweisungen durch andere Gemeinden (GV) oder das Land, Übertragungen der Trägerschaft auf einen Verband oder Umlagen.

---

4 Vgl. z.B. STADT-UMLAND-KOMMISSION STUTTGART, Bericht zur Stadt-Umland-Frage im Raume Stuttgart, Stuttgart 1977.
5 Vgl. FRIEDEL ERLENKÄMPER, Die Stadt-Umland-Problematik der Flächenstaaten in der Bundesrepublik Deutschland - Bestandsaufnahme und Versuch eines Beitrages zur Lösung, Köln 1980, S. 97 ff. (Neue Schriften des Deutschen Städtetages, H. 39); MEINHARD SCHRÖDER, Zwischenbilanz zur Stadt-Umlandreform in der Bundesrepublik Deutschland, in: Die Verwaltung, Bd. 12 (1979), S. 1 ff.; STADT-UMLAND-GUTACHTEN BAYERN, hrsg. vom Bayerischen Staatsministerium des Innern, München 1974, S. 103 f.
6 Siehe HANS HEUER und RUDOLF SCHÄFER, Stadtflucht. Instrumente zur Erhaltung der städtischen Wohnfunktion und zur Steuerung von Stadt-Umland-Wanderungen, Stuttgart u.a. 1978, S. 19ff. (Schriften des Deutschen Instituts für Urbanistik, Bd. 62).
7 Vgl. JÜRGEN FRIEDERICHS, Soziologische Analyse der Bevölkerungs-Suburbanisierung, in: Beiträge zum Problem der Suburbanisierung, Hannover 1975, S. 78 (Veröffentlichungen der Akademie für Raumforschung und Landesplanung, Sitzungsberichte, Bd. 102).

In der Literatur wird die Frage, wie derartige Belastungen finanziert werden sollen, vor allem im Hinblick auf den kommunalen Finanzausgleich des Landes behandelt. Nachdem die raumpolitische Wirksamkeit des staatlichen und kommunalen Finanzsystems erkannt wurde (8) und die Länder begannen, in ihren kommunalen Finanzausgleich gezielte Regelungen zur Finanzierung von zentralörtlichen Einrichtungen einzuführen (9), wurde eine Reihe von theoretischen und empirischen Untersuchungen zu diesem Themengebiet vorgelegt (10). Der zwischengemeindliche Aspekte der Finanzierung von zentralörtlichen Einrichtungen blieb jedoch lange im Hintergrund (11), wenn man von den Fragen der Finanzierung der Landkreise absieht (12). Erst in den letzten Jahren hat dieser Bereich in der Bundesrepublik - vor allem aufgrund der Erfahrungen in den USA - eine Be-

---

8 Vgl. u.a. WERNER EHRLICHER, Kommunaler Finanzausgleich und Raumordnung, Hannover 1967 (Veröffentlichungen der Akademie für Raumforschung und Landesplanung, Abhandlungen, Bd. 51); KONRAD LITTMANN, Die Gestaltung des kommunalen Finanzsystems unter raumordnungspolitischen Gesichtspunkten, Hannover 1968 (Veröffentlichungen der Akademie für Raumforschung und Landesplanung, Abhandlungen, Bd. 50); FRIEDRICH SCHNEPPE, Raumbedeutsame Wirkungen des kommunalen Finanzausgleichs in Niedersachsen, Hannover 1968 (Veröffentlichungen der Akademie für Raumforschung und Landesplanung, Beiträge, Bd. 2).

9 Vgl. ENGELBERT MÜNSTERMANN, Die Berücksichtigung zentralörtlicher Funktionen im kommunalen Finanzausgleich, Opladen 1975, S. 209 ff. (Forschungsberichte des Landes Nordrhein-Westfalen, Nr. 2520).

10 Vgl. ebenda; ROBERT PAUKZAT, Raumordnungspolitische Aspekte des kommunalen Finanzausgleichs. Eine empirische Untersuchung unter besonderer Berücksichtigung der speziellen Zuweisungen an hessische Verdichtungsgebiete, Frankfurt/M. u.a. 1977 (Europäische Hochschulschriften. Reihe V, Bd. 166); HEINZ PULS, Zentralitätsaspekte des kommunalen Finanzausgleichs in Nordrhein-Westfalen, Dortmund 1977 (Schriftenreihe Landes- und Stadtentwicklungsforschung des Landes Nordrhein-Westfalen - Landesentwicklung, Bd. 1013); NORBERT VOGT, Die autonome und heteronome Finanzierung zentraler Orte, Diss. Köln 1973; KARL-HEINRICH HANSMEYER, Der kommunale Finanzausgleich als Instrument zur Förderung zentraler Orte, in: Probleme des Finanzausgleichs II, Berlin 1980 (Schriften des Vereins für Socialpolitik, N.F. Bd. 96/II).

11 KARL-HEINRICH HANSMEYER, Interkommunaler Finanzausgleich, in: Archiv für Kommunalwissenschaften, Jg. 5 (1966), S. 264; EKKEHARD BÄCHLE, Zwischengemeindliche Finanz- und Steuerausgleichsbeziehungen, Diss. Freiburg 1977.

12 DIETRICH FÜRST, Die Kreisumlage. Analyse eines Instrumentes des Finanzausgleichs, Stuttgart u.a. 1969 (Schriftenreihe des Vereins für Kommunalwissenschaften, Bd. 28).

achtung gefunden, die sich in mehreren regionalen Fallstudien niederschlug (13). Eine empirische Untersuchung über die Finanzierung von zentralörtlichen Einrichtungen auf der kommunalen Ebene liegt bisher jedoch noch nicht vor.

Mitte 1978 war der Prozeß der Gebietsreformen im wesentlichen in allen Bundesländern abgeschlossen. Auch die Versorgung der Bevölkerung mit zentralörtlichen Einrichtungen hatte sich wesentlich verbessert, so daß in vielen Gemeinden "eine quantitative Ausweitung des Versorgungsangebotes nicht mehr erforderlich" (14) ist. Daher war der Zeitpunkt günstig, eine Untersuchung auf der Grundlage neuen statistischen Materials vorzunehmen. Die Arbeit geht im wesentlichen folgenden Fragestellungen nach:

- Wie stellt sich derzeit die sozioökonomische Situation der zentralen Orte dar (Kapitel 3.1 und 3.2)?

- Wie sieht die finanzielle Leistungsfähigkeit der zentralen Orte aus (Kapitel 3.3 und 3.4)?

- Inwieweit sind die Gemeinden (GV) Träger von zentralörtlichen Einrichtungen (Kapitel 4.1)?

- Welche direkten finanziellen Belastungen müssen die Träger der zentralörtlichen Einrichtungen ausgleichen (Kapitel 4.3)?

- Inwieweit können die Träger von Einrichtungen auswärtige Nutzer der Einrichtungen bzw. deren Wohnsitzgemeinden zum Ausgleich der Kosten heranziehen (Kapitel 5)?

- Welche Instrumente des zwischengemeindlichen Ausgleichs werden angewandt, und welche Bedeutung haben diese Instrumente (Kapitel 6)?

- Welche Bedeutung besitzen die Landkreise bei Trägerschaft und Finanzierung zentralörtlicher Einrichtungen, und wie wirkt sich die Kreisumlage auf die Finanzierung der Einrichtungen aus (Kapitel 7)?

- Wie schafft das Land über den kommunalen Finanzausgleich einen Ausgleich zentralörtlicher Einrichtungen (Kapitel 8.1 bis 8.4)?

- Welche Bedeutung besitzen Zweckzuweisungen für die Finanzierung zentralörtlicher Einrichtungen (Kapitel 8.5)?

---

13 HANS-JOACHIM CONRAD, Stadt-Umland-Wanderung und Finanzwirtschaft der Kernstädte. Amerikanische Erfahrungen, grundsätzliche Zusammenhänge und eine Fallstudie für das Ballungsgebiet Frankfurt a.M., Frankfurt/M. 1980 (Finanzwissenschaftliche Schriften, Bd.13); HANS-CHRISTOPH KESSELRING, Kommunaler Finanzausgleich und Regionalpolitik. Grundlagen und Systematik. Eine empirische Untersuchung am Beispiel des Kantons Zürich, Diessenhofen 1979 (Reihe Öffentliche Finanzen, Bd. 3); BERND MIELKE, Die Kosten überörtlicher Funktionen in Großstädten - mit einer Fallstudie am Beispiel Hamburgs, Berlin 1979 (Volkswirtschaftliche Schriften, H. 285); TELSCHE OTT, Untersuchungen zu Kosten und Nutzen der Übernahme zentralörtlicher Funktionen einer Stadt für ihr Umland, konkretisiert am Beispiel Rendsburg als Nah- und Mittelbereichszentrum, Kiel 1977 (Materialien zur geographischen Regionalforschung in Kiel, H. 2).

14 RAUMORDNUNGSBERICHT NIEDERSACHSEN 1980, hrsg. vom Niedersächsischen Minister des Innern, Hannover 1980, S. 17 (Schriften der Landesplanung Niedersachsen).

Angesichts der unterschiedlichen Gemeindestrukturen und Finanzierungssysteme in den einzelnen Bundesländern konnten zwar die einzelnen Instrumente eines zentralörtlichen Belastungsausgleichs aufgeführt und verglichen werden, die empirische Untersuchung für alle Gemeinden (GV) und nach zentralörtlichen und räumlichen Kriterien gegliederten Gruppen von Gemeinden konnte aber nur für ein Bundesland und für ein Rechnungsjahr durchgeführt werden. Der Umfang der zu bearbeitenden Daten ist so groß, daß eine derartige Einschränkung unumgänglich war.

Die Alternative, eine repräsentative Auswahl von Städten und Gemeinden zu untersuchen, ließ sich nicht verwirklichen, da es keine Kriterien dafür gab, mit denen eine Repräsentativität z.B. bei Änderungen im kommunalen Finanzausgleich erreicht und außerdem die gegenseitige Abhängigkeit der Zahlungen deutlich gemacht werden könnten.

1.2 AUSWAHL NIEDERSACHSENS, DATENBASIS

Für die empirische Untersuchung wurde das Land Niedersachsen im Jahre 1979 ausgewählt, da für dieses Bundesland bereits frühzeitig die kommunalen Rechnungsergebnisse 1979 maschinell aufbereitet vorlagen und davon auszugehen war, daß alle wesentlichen Probleme des zu untersuchenden Themas am Beispiel Niedersachsens abgehandelt werden konnten. Die Verwendung von maschinell aufbereiteten Daten war notwendig, da der zeitliche Abstand bis zur Veröffentlichung recht lang ist (15), diese Veröffentlichungen nicht nach den erforderlichen Kriterien wie Zentralität u.a. gegliedert sind und aus Platzersparnis nur die wichtigsten Daten für die einzelnen Gemeinden ausgedruckt werden (16). Die verwendeten Daten wurden auf Magnetband vom Niedersächsischen Landesverwaltungsamt - Abteilung Statistik - zur Verfügung gestellt (17) und größtenteils auf einer Siemens 7.760 des Großrechenzentrums für die Wissenschaft, Berlin, ausgewertet.

Eine Schwierigkeit dieser Vorgehensweise liegt in der Verarbeitung einer großen Menge von Daten, da ein vollständiges Jahresrechnungsergebnis in Niedersachsen rund 400.000 Datensätze umfaßt. Zur Auswertung dieser Daten mußte daher zwangsläufig eine Auswahl und Verdichtung der Daten vorgenommen werden. So wurden zuerst die Daten der Zweckverbände eliminiert und die Daten der Mitgliedsgemeinden der Samtgemeinden summiert, wodurch die Zahl der Verwaltungseinheiten (einschließlich Landkreise) von 1.063 auf 462 sank. Zusätzlich wurden einzelne Gruppierungsnummern nach den einzelnen zentralörtlichen Einrichtungen und insgesamt addiert.

Neben der Jahresrechnungsstatistik wurden als Informationsquellen noch die Erläuterungen in den Haushaltsplänen aller größeren Städte und der Landkreise hinzugezogen, um vor allem die Ursachen für bestimmte Zahlungsströme erkennen zu können. Für die Berechnungen des Finanzaus-

---

15 Beispielsweise wurden die verwendeten Jahresrechnungsergebnisse 1979 erst Mitte 1982 veröffentlicht, obwohl die Magnetbänder seit April 1981 vorlagen.
16 Vgl. NIEDERSÄCHSISCHES LANDESVERWALTUNGSAMT - STATISTIK, Staatliche und kommunale Finanzen - Jahresrechnung 1979, Hannover 1982 (Statistik Niedersachsen, Bd. 360).
17 Band S 30279 JJ. GF 102 A 01 und Band FIAG 31 2 P 3 Ø.

ausgleichs wurden als Basis die Steuerkraftmeßzahlen des Finanzausgleichs 1980 verwendet, die ebenfalls auf Magnetband zur Verfügung standen.

Die Beschränkung des Datenmaterials auf ein Jahr engt die Analysemöglichkeit in einigen Bereichen ein. So können nur wenige Aussagen über längerfristige Prozesse getroffen werden. Daten aus Bereichen, die auf Gemeindeebene mit großen jährlichen Schwankungen behaftet sind, wie die Investitionsausgaben, können nur vorsichtig interpretiert werden. Allerdings ist anzunehmen, daß sich für eine größere Gruppe von Gemeinden verläßlichere Werte ergeben, da sich ein Teil der Schwankungen ausgleichen wird.

Viele relevante Vorschriften wurden seit 1979 modifiziert. Diese Änderungen wurden in die Argumentation mit einbezogen, eine Quantifizierung der Änderungen war aber nur in wenigen Fällen möglich.

Obwohl die Stadtstaaten Hamburg und Bremen umfangreiche zentralörtliche Einrichtungen für niedersächsische Einwohner zur Verfügung stellen (18), wurden sie nicht in die Untersuchung einbezogen, da sie als Stadtstaaten auch staatliche Funktionen wahrnehmen (19). Darüber hinaus wird bereits im Länderfinanzausgleich ein Teil dieser zentralörtlichen Belastungen mit berücksichtigt (20).

---

18 Vgl. für Hamburg MIELKE, S. 96 ff.
19 Das Land Bremen besteht zwar aus zwei Gemeinden (Stadt Bremen und Stadt Bremerhaven), ihre Aufgaben unterscheiden sich aber von den niedersächsischen Gemeinden, da sie z.B. die Lehrerbesoldung selbst wahrnehmen.
20 Die Einwohnerzahl der beiden Stadtstaaten wird mit 135 v.H. angesetzt (§ 9 Abs. 2 des Gesetzes über den Finanzausgleich zwischen Bund und Ländern vom 28.8.1969 (BGBl. I, S. 1432)). Das Land Bremen erzielte daraus z.B. im Jahre 1980 einen <u>rechnerischen</u> Vorteil von ca. 300 Mio. DM (Bremens Position im Länderfinanzausgleich (LFA), in: KONJUNKTURSPIEGEL, H. 7/8 (1982), S. 3).

2. DIE GLIEDERUNG DER GEMEINDEN (GV) IN NIEDERSACHSEN NACH FUNKTIONALEN UND RÄUMLICHEN KRITERIEN

2.1 GEMEINDESTATUS UND AUFGABENVERTEILUNG

Wie in allen Flächenstaaten der Bundesrepublik unterscheidet die Gemeindeordnung in Niedersachsen zwischen kreisfreien und kreisangehörigen Städten bzw. Gemeinden (1). Die Stadt Göttingen besitzt einen Sonderstatus (2). Der Anteil der Wohnbevölkerung in den kreisfreien Städten Niedersachsens betrug Mitte 1979 21,5 v.H., in den 37 Landkreisen lebten 78,5 v.H. der Wohnbevölkerung (vgl. Tabelle 2.1) (3).

Tabelle 2.1 - Städte und Gemeinden (1) in Niedersachsen nach Gemeindestatus und Einwohnerzahl am 30.6.1979[+]

Gemeindestatus	Anzahl	Einwohner am 30.6.1979	in v.H.
Kreisfreie Stadt	9	1.562.307	21,5
Kreisangehörige Gemeinden davon	1.017	5.702.540	78,5
Einheitsgemeinden	274	4.417.125	60,8
Samtgemeinden (mit 743 Mitgliedsgemeinden)	142	1.285.415	17,7
Verwaltungseinheiten auf Gemeindeebene	425	7.265.347	100,0
Landkreise	37	5.702.540	

[+] Quelle: Niedersächsisches Landesverwaltungsamt und eigene Berechnungen.
1 Ohne Gemeindefreie Gebiete.

Im Vergleich zu den übrigen Flächenstaaten hatte nur noch Baden-Württemberg einen geringeren Anteil mit 19,8 v.H. der kreisfreien Städte an der Landesbevölkerung (4).

Durch die kommunale Gebietsreform hat sich die Zahl der kreisfreien Städte seit 1968 von 15 auf 9 verringert, gleichzeitig wurde die Zahl der kreisangehörigen Gemeinden in Niedersachsen von über 4.000 auf

---

1 § 10 Niedersächsische Gemeindeordnung (Nds.GO) i.d.F. vom 22.6.1982 (Nds. GVBl. S. 229).
2 Gesetz vom 1.7.1964 (Nds. GVBl. S. 134).
3 Aufgrund eines Urteils des Staatsgerichtshofes Niedersachsens wurde ab 1.1.1980 der Landkreis Wittmund neu gebildet, so daß nunmehr die Zahl der Landkreise 38 beträgt.
4 Ähnliche Anteile wie in Niedersachsen sind noch in Hessen mit 24,1 v.H., in Schleswig-Holstein mit 24,5 v.H. und in Rheinland-Pfalz mit 27,1 v.H. angegeben. Bei diesem Vergleich ist auch zu beachten, daß die Städte Hamburg sowie Bremen und Bremerhaven eigene Stadtstaaten bilden, obwohl die Verknüpfung mit den niedersächsischen Randgemeinden zum Teil recht groß ist.

rund ein Viertel vermindert. Von diesen 1.017 Städten und Gemeinden werden 283 als sog. Einheitsgemeinden bezeichnet, d.h. in diesen Gemeinden werden die kommunalen Aufgaben von der eigenen Verwaltung durchgeführt.

Die übrigen 737 Gemeinden sind zu 142 Samtgemeinden zusammengeschlossen, die für ihre Mitgliedsgemeinden alle Aufgaben des übertragenen Wirkungskreises sowie viele Aufgaben des eigenen Wirkungskreises wahrnehmen (5). Aussagen über Einnahmen und Ausgaben dieser Gemeinden würden ohne Berücksichtigung der Samtgemeindefinanzen verzerrt werden (6). Daher wurden die Einnahmen und Ausgaben der Mitgliedsgemeinden einer Samtgemeinde und der Samtgemeinde selbst addiert und zu einer Einheit zusammengefaßt (7). Insgesamt werden für diese Untersuchung also 425 Verwaltungseinheiten auf gemeindlicher Ebene sowie 37 Landkreise herangezogen.

Bau und Unterhaltung von zentralörtlichen Einrichtungen gehören im wesentlichen zu den kommunalen Selbstverwaltungsaufgaben, zumindest soweit diese Einrichtungen normalerweise zum kommunalen Aufgabenbereich gerechnet werden. Aufgrund ihrer Allzuständigkeit sind daher die Städte und Gemeinden in ihrem Gebiet Träger dieser Einrichtungen (8), es sei denn, gesetzliche Bestimmungen oder die Leistungsfähigkeit der Kommune sprechen dagegen. Ein besonderes Konkurrenzverhältnis besteht dabei zwischen den kreisangehörigen Gemeinden und ihren Landkreisen um die Trägerschaft von zentralörtlichen Einrichtungen. Die niedersächsische Landkreisordnung bestimmt den Landkreis als Träger solcher öffentlichen Aufgaben, die von überörtlicher Bedeutung sind oder deren zweckmäßige Erfüllung die Finanz- und Leistungsfähigkeit der Gemeinden übersteigt (9).

Zu überprüfen wäre also zuerst, inwieweit die Trägerschaft zentralörtlicher Einrichtungen unter die Aufgaben der Kreise fällt. Überörtliche Aufgaben werden in der Literatur in übergemeindliche, ergänzende und Ausgleichsaufgaben unterteilt (10). Als übergemeindliche Aufgaben werden solche bezeichnet, "die notwendig auf den Verwaltungsraum des Kreises und die gemeinsamen Bedürfnisse der Kreiseinwohner insgesamt bezogen sind" (11). Die Tatsache, daß zentralörtliche Einrichtungen

---

5 §§ 71 und 72 Nds. GO.
6 Die 142 Samtgemeinden gaben 1979 - ohne die Ausgaben ihrer Mitgliedsgemeinden - rund 1,1 Mrd. DM aus.
7 Diese Addition ist insofern nicht ganz unproblematisch, als der Zahlungsverkehr zwischen der Samtgemeinde und ihren Mitgliedsgemeinden die Einnahmen und Ausgaben aufbläht. Teilweise ließ sich das Problem lösen, indem die Samtgemeindeumlage herausgerechnet wurde.
8 Vgl. ERWIN WEIßHAAR, Allgemeines Kommunalrecht in Niedersachsen, Herford 1974, S. 14.
9 § 2 Abs. 1 Niedersächsische Landkreisordnung (Nds. KRO) i.d.F. vom 22.6.1982 (Nds. GVBl. S. 256).
10 Vgl. KARL HEINRICH FRIAUF und RUDOLF WENDT, Rechtsfragen der Kreisumlage, Köln u.a. 1980, S. 26 (Schriftenreihe des Landkreistages NW, Bd. 1).
11 Ebenda.

auch von Einwohnern des Umlandes genutzt werden, genügt also noch
nicht, um sie als überörtlich zu qualifizieren. Entsprechend sind die
in der Literatur aufgezählten überörtlichen Einrichtungen wie öffentlicher Personennahverkehr, Kreisstraßen, Erholungsgebiete auch nicht
als zentralörtlich anzusehen.

Hingegen könnte der Landkreis die Trägerschaft jeder zentralörtlichen
Einrichtung wahrnehmen, wenn die Gemeinde keine entsprechende Leistungsfähigkeit besitzt (12), der Landkreis also seine ergänzende Aufgabe wahrnimmt. Bei der Prüfung dieser Frage ist von den Verhältnissen der einzelnen Gemeinden auszugehen, d.h. der Landkreis kann die
Trägerschaft von bestimmten zentralörtlichen Einrichtungen innehaben,
auch wenn gleichzeitig andere leistungsfähige Gemeinden im Kreis ebenfalls derartige Einrichtungen tragen.

Problematisch ist diese Überlegung jedoch insofern, als der Landkreis
gleichzeitig auch die Aufgabe hat, im Rahmen seiner Ausgleichsfunktion die Leistungsfähigkeit der Gemeinden zu stärken, d.h. durch die
Zahlung von Zuschüssen kann der Kreis weniger leistungsfähige Gemeinden in die Lage versetzen, die Belastung durch die zentralörtliche
Einrichtung besser zu tragen. Daher läßt sich aufgrund der Bestimmungen der Landkreisordnung à priori keine zentralörtliche Einrichtung
bestimmen, die unbedingt in die Trägerschaft des Landkreises gehört.
Vielmehr ist davon auszugehen, daß der Landkreis zuerst versuchen muß,
durch entsprechende Zuschüsse die kreisangehörigen Gemeinden in die
Lage zu versetzen, die Trägerschaft der zentralörtlichen Einrichtung
selbst zu übernehmen bzw. weiterzuführen.

In zwei wesentlichen zentralörtlichen Bereichen haben die Landkreise
in Niedersachsen die Trägerschaft aufgrund gesetzlicher Bestimmungen
in den letzten Jahren zugewiesen bekommen:

- Nach niedersächsischem Schulgesetz sind die Landkreise Träger der
  Schulen der Sekundarstufe und der Sonderschulen (13). Auf Antrag
  können allerdings kreisangehörige Gemeinden die Schulträgerschaft
  für allgemeinbildende Schulen erhalten.

---

12 Eine Gemeinde kann dann als leistungsfähig angesehen werden, wenn
   sie auf Dauer "aus den wiederkehrenden Einnahmen neben der Erfüllung aller zwangsläufigen Ausgabeverpflichtungen zumindest auch
   ihr Vermögen erhalten kann" (Kreditaufnahme und Bürgerschaftsübernahme durch Gemeinden, Runderlaß des Innenministeriums vom 6.3.1974,
   Nds. MinBl. 1974, S. 585).
13 § 82 a Niedersächsisches Schulgesetz (NSchG) i.d.F. vom 6.10.1980
   (Nds. GVBl. S. 425).

- Die Landkreise haben für ihr jeweiliges Gebiet die Versorgung mit
  Krankenhäusern sicherzustellen, soweit die Krankenhausversorgung
  nicht durch andere Träger gewährleistet wird, worunter vor allem die
  freigemeinnützigen Träger zu verstehen sind (14).

Diese Übertragungen der Trägerschaft von den kreisangehörigen Gemeinden an die Landkreise, verbunden mit einer langen Trägerschaftstradition in bestimmten Bereichen (Kreiskrankenhäuser) sowie der fehlenden finanziellen Basis in vielen kreisangehörigen Gemeinden haben dazu geführt, daß sich in Niedersachsen ein erheblicher Teil der zentralörtlichen Einrichtungen im Eigentum der Landkreise befindet.

2.2 "EINGEKREISTE STÄDTE"

Sieben der niedersächsischen Städte waren früher kreisfrei. Nachdem im Jahre 1964 die Stadt Göttingen eingekreist wurde, folgten aufgrund des Gutachtens der Sachverständigenkommission für die Verwaltungs- und Gebietsreform in den Jahren 1972 bis 1978 die Städte Goslar, Hameln, Celle, Lüneburg, Hildesheim sowie zuletzt Cuxhaven (15). Der besondere Status dieser Städte gegenüber anderen kreisangehörigen Gemeinden ergibt sich für die folgenden Überlegungen weniger durch ihre Rechtsstellung als große selbständige Stadt - die zusätzlichen Aufgaben beziehen sich auf den übertragenen Wirkungskreis - als vielmehr aufgrund der bei der Einkreisung geschlossenen Verträge zwischen der Stadt und dem jeweiligen Landkreis (16). Nach den Vorstellungen der Sachverständigenkommission sollte der Aufgabenbestand einer eingekreisten Stadt im Hinblick auf die vorhandene "ausgeprägte städtische Verwaltungskraft und auf die Erfordernisse der Stadtentwicklung, soweit wie möglich, unberührt bleiben" (17). Von den zentralörtlichen Einrichtungen sollte nur die Trägerschaft der berufsbildenden Schulen auf den Landkreis übergehen. Damit war jedoch auch klar, daß diese Städte nicht voll zur Kreisumlage herangezogen werden konnten (18), da sie sonst nicht mehr in der Lage gewesen wären, die beibehaltenen Aufgaben zu finanzieren, sondern in kürzester Zeit gezwungen gewesen wären, einen Teil ihrer Aufgaben an den Landkreis abzugeben.

---

14 § 1 Niedersächsisches Gesetz zum Bundesgesetz zur wirtschaftlichen Sicherung der Krankenhäuser und zur Regelung der Krankenhauspflegesätze - Nds. KHG -, vom 12.7.1973 (Nds. GVBl. S. 231).
15 VERWALTUNGS- UND GEBIETSREFORM IN NIEDERSACHSEN. Gutachten der Sachverständigenkommission für die Verwaltungs- und Gebietsreform, hrsg. vom Niedersächsischen Minister des Innern, Hannover 1969, S. 202 ff.
16 ARBEITSKREIS DER STADTKÄMMERER, Finanzstatus selbständiger Städte, gegenwärtiger Aufgabenbestand und finanzielle Folgen der Einkreisung bei den Städten Göttingen, Goslar, Celle, Hameln, Hildesheim, Lüneburg, zusammengestellt von der Stadt Goslar, Kämmereiamt, 1975.
17 VERWALTUNGS- UND GEBIETSREFORM IN NIEDERSACHSEN, S. 200.
18 Ebenda, S. 209.

In den meisten Einkreisungsverträgen sind daher drei wesentliche Punkte enthalten (19):

- Die Übernahme von Aufgaben durch den Landkreis (Sozialhilfe, Krankenhausumlage, berufsbildende Schulen) und die Quantifizierung der damit eintretenden finanziellen Entlastung der eingekreisten Stadt;

- die Festlegung einer Interessenquote für die Durchführung von Planungs- und Entwicklungsaufgaben durch den Landkreis;

- die Rückzahlung der gezahlten Kreisumlage nach Abzug der Ausgaben für die vom Kreis übernommenen Aufgaben und der Interessenquote.

Von den jeweiligen Landkreisen erhalten die eingekreisten Städte mit wenigen Aufnahmen keine besonderen Zuschüsse für die Wahrnehmung zentralörtlicher Aufgaben. In finanzieller Hinsicht nehmen diese eingekreisten Städte daher eine Zwitterposition zwischen kreisfreien und kreisangehörigen Gemeinden ein. Sie haben die Mehrausgaben für ihre Einrichtungen zumeist voll zu tragen, sie besitzen aber ein kleineres Aufgabenfeld als die kreisfreien Städte.

Die Einkreisungsverträge der Städte Goslar und Hameln weichen jedoch von diesem Schema ab. Die Stadt Goslar, die ihren Vertrag zuerst abschloß (sieht man von dem Sonderfall Göttingen ab), mußte eine Reihe von Aufgaben abgeben, sie erlangte zudem keine Regelung, nach der ein Teil der Kreisumlage wieder an sie zurückfloß. Sie ist daher de facto in der gleichen finanziellen Situation wie andere kreisangehörige Städte auch. Ähnliches gilt auch für die Stadt Hameln, bei der im Einkreisungsvertrag zwar eine Verrechnung der übertragenen Aufgaben und eine Interessenquote des Landkreises ausgewiesen, die aus der Kreisumlage zurückfließenden Mittel jedoch auf dem Stand von 1972 festgeschrieben wurden (20). In Anbetracht dieser Regelungen wurden die beiden Städte <u>nicht</u> in die Kategorie der eingekreisten Städte eingeordnet.

Die Interessenquoten der Landkreise schwanken zwischen 12 und 25 v.H., wobei sich die unterschiedlichen Quoten nicht nur mit der Durchführung der Planungs- und Entwicklungsaufgaben durch den Landkreis erklären lassen. Wenn man von Göttingen absieht, haben die Städte, die einen frühen Einkreisungsvertrag abschlossen, für sich ungünstigere Bedingungen erhalten als die übrigen Städte (21). Diese Aussage läßt sich durch den Anteil der rückzuzahlenden Kreisumlage verdeutlichen (vgl. Tabelle 2.2), der 1979 zwischen 0 und 62 v.H. lag und bei den späteren Einkreisungsverträgen tendenziell zunimmt. Die unterschiedliche Behandlung der eingekreisten Städte ist im wesentlichen die Folge einer fehlenden Regelung durch das Land, das zu Beginn der Gebietsreform versäumt hatte, klare Richtlinien für die finanzielle Auseinandersetzung zwischen eingekreister Stadt und Landkreis zu formulieren.

---

19 Zur rechtlichen Problematik dieser Verträge sei verwiesen auf KLAUS LANGE, Kreisumlagevereinbarungen mit eingekreisten Städten in Niedersachsen, in: Die öffentliche Verwaltung, 1978, S. 90 ff.

20 Vom Landkreis werden die Zahlungen an die Stadt Hameln nicht als allgemeine Rückzahlungen (Gruppierungsnr. 062) angesehen, sondern zweckgebunden für bestimmte Einrichtungen ausgewiesen. Dieser Verbuchungspraxis folgt auch das niedersächsische Landesverwaltungsamt.

21 Vgl. KLAUS JANSEN, Die Kreisumlage aus der Sicht eingekreister Städte in Niedersachsen, in: Der Städtetag, N.F. Jg. 28 (1975), S. 125 ff.

2.3 SYSTEM DER ZENTRALEN ORTE

Nach der Entschließung der Ministerkonferenz für Raumordnung (MKRO) sind zentrale Orte "Versorgungskerne, die über ihren eigenen Bedarf hinaus Aufgaben sozialer, kultureller und wirtschaftlicher Art für die Bevölkerung des Verflechtungsbereiches übernehmen" (22). Diese Aufgaben sind im wesentlichen dem Dienstleistungssektor zuzurechnen und werden in aller Regel in Einrichtungen erbracht, zu denen sich der Nachfrager hinbegeben muß (23). Der Aufbau eines Systems der zentralen Orte erfolgte unter der Zielsetzung, daß eine optimale Versorgung der Bevölkerung mit derartigen Einrichtungen unter Beachtung von Erreichbarkeit und Wirtschaftlichkeit gewährleistet sein müsse (24). Für die Finanzpolitik eines Landes ergibt sich aus dieser raumordnungspolitischen Zielsetzung die Maxime, daß die Investitionen für zentralörtliche Einrichtungen in den zentralen Orten gezielt gefördert werden sollten (25) und Sorge dafür getragen wird, daß die Träger der Einrichtungen in der Lage sind, längerfristig auftretende Defizite zu übernehmen.

In Niedersachsen wird von einer dreiteiligen Stufung der zentralen Orte ausgegangen, die u.a. von der Nachfrage der Bevölkerung der Wirtschaft nach zentralen Einrichtungen sowie der angestrebten Versorgungslage des betreffenden Raumes bestimmt wird (26):

- <u>Grundzentren</u> sollen über zentrale Einrichtungen zur Deckung des allgemeinen täglichen Grundbedarfs verfügen;

- in <u>Mittelzentren</u> sollen zentrale Einrichtungen zur Deckung des gehobenen Bedarfs bereitgestellt werden;

- <u>Oberzentren</u> sollen mit zentralen Einrichtungen zur Deckung des spezialisierten Bedarfs ausgestattet sein (27).

Gemeinden mit höherer zentralörtlicher Bedeutung sollen zugleich auch die zentralen Einrichtungen der darunterliegenden Stufen besitzen. In besonderen Fällen, vor allem bei den Grundzentren, sind den zentralen Orten <u>Nebenzentren</u> zugeordnet, die alle zentralen Einrichtungen anbieten können, die der zentrale Ort besitzt, dem sie zugeordnet sind.

22 Entschließung "Zentrale Orte und ihre Verflechtungsbereiche" vom 8.2.1968, in: Raumordnungsbericht der Bundesregierung, 1968, S. 149.
23 ULRICH DÖHNE und ROLF GRUBER, Gebietskategorien, zentrale Orte und Entwicklungsschwerpunkte in den Bundesländern, Dortmund 1976, S. 46 (Schriftenreihe Landes- und Stadtentwicklungsforschung des Landes Nordrhein-Westfalen, Reihe 1, Landesentwicklung, Bd. 1.009).
24 Wegen seiner Bekanntheit wurde auf eine ausführliche Darstellung des auf den Ideen von Christaller basierenden Systems der zentralen Orte verzichtet.
25 Das bisherige Landes-Raumordnungsprogramm verlangte, daß alle öffentlichen Investitionen für zentrale Einrichtungen grundsätzlich in zentralen Orten vorgenommen werden (LANDES-RAUMORDNUNGSPROGRAMM NIEDERSACHSEN, hrsg. vom Niedersächsischen Minister des Innern, Hannover 1971, Teil V/1 (Stand: 2.2.1971) (Schriften der Landesplanung Niedersachsen, Sonderveröffentlichung)).
26 Entwurf eines Gesetzes zur Änderung des Niedersächsischen Gesetzes über Raumordnung und Landesplanung sowie über die Feststellung des Landes-Raumordnungsprogramm Niedersachsen - Teil I -, Niedersächsischer Landtag, Drucksache 9/2602, S. 31.
27 LANDES-RAUMORDNUNGSPROGRAMM NIEDERSACHSEN, Teil V/1.

Tabelle 2.2 — Innerkreislicher Lastenausgleich der eingekreisten Städte Niedersachsens (in der Reihenfolge der Einkreisungen)+

Stadt	Einwohner am 30.6.79	Kreisumlage 1979 in DM	Interessenquote laut Einkreisungsvertrg. in v.H. von Sp.2	Rückzahlung vom Kreis aufgrund der Einkreisungsverträge in DM	Sp.4/Sp.2 in v.H.
	1	2	3	4	5
Göttingen	127.078	37.631.624	14	23.135.217	61,5
Goslar	53.489	16.325.768	0[1]	0	0,0
Hameln	62.174	24.520.784	25	764.000[2]	3,1
Celle	76.533	23.750.248	25	11.255.897	47,4
Hildesheim	102.974	37.872.825	12	20.444.956	54,0
Lüneburg	62.621	20.148.871	16	7.889.463	39,2
Cuxhaven	59.288	18.169.384	15	8.906.745	49,0
Summe	544.157	178.419.504	15,6	62.265.968	34,9

+Quelle: Haushaltspläne der Städte und eigene Berechnungen.
1 Nicht im Einkreisungsvertrag ausgewiesen.
2 Auf dem Stand 1972 festgeschrieben.

Der Verflechtungsbereich eines zentralen Ortes muß jedoch nicht immer über die Gemeindegrenze hinausgehen. Da die Intensität der Verflechtung zwischen zentralem Ort und umliegenden Gemeinden ein wesentliches Kriterium für die Gemeindegebietsreform Anfang der 70er Jahre war, sind eine Reihe von Mittelzentren entstanden, die keinen wesentlich über die Gemeindegrenze hinausgehenden Verflechtungsbereich besitzen. Im Landesraumordnungsprogramm wurden diese Selbstversorgungsorte bisher als eigene Kategorie aufgeführt, im Entwurf zum Landesraumordnungsprogramm 1981 wurde jedoch diese Unterscheidung fallengelassen und die Orte der Zentralitätsstufe Mittelzentren zugeordnet, eine Zuordnung, der auch hier gefolgt wird.

Geht man bei den Überlegungen von Verwaltungseinheiten aus, so zeigt sich, daß auch bei den Grundzentren häufig der Fall eintritt, daß der Verflechtungsbereich nicht über die Gemeinde- bzw. Samtgemeindegrenze hinaus geht. In diesen Fällen ist dann ein Ortsteil bzw. eine Mitgliedsgemeinde der Samtgemeinde als Grundzentrum bestimmt. Die Finanzstatistik erlaubt es allerdings nicht, innerhalb dieser Verwaltungseinheiten genügend zu differenzieren, so daß jeweils die gesamte Verwaltungseinheit als Grundzentrum beachtet werden muß. Da zudem in praktisch allen übrigen Gemeinden bzw. Samtgemeinden wenigstens ein Ortsteil die Funktion eines Nebenzentrums wahrnimmt, haben 410 der 425 niedersächsischen Verwaltungseinheiten grundzentrale Versorgungsaufgaben, wenn auch mit unterschiedlicher Intensität, zu erfüllen (28).

Die Einstufung als Mittel- bzw. Oberzentrum wird von der Landesregierung im Landesraumordnungsprogramm bestimmt, während die Festlegung der Grundzentren in den regionalen Raumordnungsprogrammen durchgeführt wird (29). Der Verflechtungsbereich der Mittelzentren ist zwar nicht durch die Landesplanung festgelegt worden, es bestehen aber informell Abgrenzungen, die eine gemeindescharfe Abgrenzung zulassen (30). Inwieweit die tatsächlichen Einzugsgebiete der verschiedenen zentralörtlichen Einrichtungen eines Ortes mit dem Verflechtungsbereich übereinstimmen, konnte nicht festgestellt werden. Es muß aber davon ausgegangen werden, daß die tatsächlichen Verflechtungsbereiche von den angegebenen Einzugsbereichen für die verschiedenen zentralörtlichen Einrichtungen voneinander abweichen können (31).

Besondere Bedeutung kommt der mittelzentralen Versorgung der Bevölkerung zu, da einerseits die meisten Verwaltungseinheiten grundzentrale Versorgung anbieten, andererseits oberzentrale Versorgung nur in einem geringen Teil durch die Kommunen erfolgt. Die Mittelzentren erwiesen

---

28 RAUMORDNUNGSBERICHT 1978, hrsg. vom Niedersächsischen Minister des Innern, Hannover 1978, S. 29. Auch die restlichen Gemeinden - hauptsächlich die nordfriesischen Inseln - wurden den Nebenzentren zugeordnet.
29 Die im folgenden verwandte Einteilung der zentralen Orte berücksichtigt die im Entwurf des Landes-Raumordnungsprogramm vorgesehenen Änderungen der mittel- und oberzentralörtlichen Einstufung einiger Städte und Gemeinden. Bei den Grund- und Nebenzentren wurden neuere Einstufungen nicht berücksichtigt.
30 Vgl. die Karten im RAUMORDNUNGSBERICHT 1978, S. 28.
31 Ebenda, S. 19.

sich jedoch als sehr heterogene Gruppe. Daher wurde eine Einteilung solcher Mittelzentren, die weder kreisfrei noch eingekreist waren, nach der Größe ihrer Mittelbereiche, d.h. der eigenen Einwohnerzahl und ihres Verflechtungsbereiches vorgenommen.

Nach dieser Einteilung verfügte Niedersachsen Ende 1981 über 7 niedersächsische Oberzentren, hinzu kamen noch 4 Oberzentren, die nicht zum Land Niedersachsen gehörten (32). In den niedersächsischen Oberzentren wohnte knapp ein Fünftel der niedersächsischen Bevölkerung (vgl. Tabelle 2.2). Die 82 Mittelzentren waren mit einem Bevölkerungsanteil von 36 v.H. die einwohnermäßig stärkste Gruppe (33), gefolgt von den 168 Grundzentren mit 26 v.H. der Bevölkerung und den Nebenzentren, deren Anteil an der Bevölkerung mit 18 v.H. knapp unter dem der Oberzentren lag.

Auffällig sind die großen Abweichungen in der Einwohnerzahl zwischen den kleinsten und größten Orten einer Zentralitätsstufe (vgl. Tabelle 2.3). Beispielsweise ist das größte Mittelzentrum, die Stadt Wolfsburg, 11mal größer als das kleinste Mittelzentrum, die Stadt Sulingen. Auch die Einwohnerzahl der mittelzentralen Verflechtungsbereiche schwankt zwischen 0 für die Selbstversorgungsorte und 123.000 Einwohner für die Landeshauptstadt Hannover, so daß auch zwischen den Mittelbereichen als der Summe der Einwohnerzahlen des zentralen Ortes und seines mittelzentralen Verflechtungsbereiches nach wie vor große Unterschiede bestehen. Die von der MKRO für die Verflechtungsbereiche der zentralen Orte mittlerer Stufe empfohlene Einwohnerrichtzahl von möglichst etwa 40.000 und mehr (20.000 in dünn besiedelten Gebieten) wurde in Niedersachsen aufgrund der geringen Verdichtung in weiten Teilen des Landes häufig unterschritten (34).

Der Verflechtungsbereich der zentralen Orte mittlerer Stufe sollte nach der gleichen Entschließung über ebenso viel oder mehr Einwohner als der zentrale Ort selbst verfügen. In Abbildung 2.1 ist auf der Abszisse die Einwohnerzahl der zentralen Orte aufgetragen, soweit sie einen Verflechtungsbereich der mittelzentralörtlichen Stufe besitzen. Auf der Ordinate ist die Relation Verflechtungsbereich/Einwohnerzahl des zentralen Ortes in v.H. eingezeichnet und die Position für die einzelnen Orte durch einen Stern gekennzeichnet. Zu erkennen ist, daß

- bei gleicher Einwohnerzahl die genannte Relation von 18 v.H. bis 332 v.H. schwankt,

- die Relation auch bei kleineren Mittelzentren häufig unter 100 v.H. liegt, also der Entschließung nicht folgt und

- mit zunehmender Einwohnerzahl des zentralen Ortes die Relation tendenziell abnimmt.

---

32 Die Städte Bremen, Bremerhaven, Hamburg und Kassel.
33 Für einige niedersächsische Gemeinden lag auch das Mittelzentrum außerhalb von Niedersachsen.
34 Zentralörtliche Verflechtungsbereiche mittlerer Stufe in der Bundesrepublik Deutschland, Entschließung der Ministerkonferenz für Raumordnung vom 15.6.1972, in: Raumordnungsbericht 1972, Deutscher Bundestag, Drucksache VI/3793, S. 146-147.

Tabelle 2.3 - Einwohnerzahl der zentralen Orte und ihrer mittelzentralen Einzugsbereiche nach Zentralitaetsstufe und Gemeindestatus in Niedersachsen 1979 *

Zentralitaets-stufe/Gemein-destatus	An-zahl	Einwohner am 30.6.1979	Einwohnerzahl der zentralen Orte			Einwohnerzahl der mittelzentralen Einzugsbereiche		
			Kleinst. Wert	Groesster Wert	Durch-schnitt	Kleinster Wert	Groesster Wert	Durch-schnitt
Oberzentren	7	1428387	99765	537262	204055	38728	122963	84273
davon								
kreisfrei	5	1198335	99765	537262	239667	38728	122963	87208
eingekreist	2	230052	102974	127078	115026	60550	93320	76935
Mittelzentren	82	2620081	11331	127213	31952	0	101522	28024
davon								
kreisfrei	4	364472	51827	127213	91118	20213	27675	25095
eingekreist(1)	3	198442	59288	76533	66147	35416	94400	67771
sonstige mit Mittelbereich								
ueber 80000 E	15	556900	20541	62174	37126	35613	101522	61518
40000-80000 E	30	850912	14461	57271	28363	0	53696	28698
unter 40000 E	30	649355	11331	37654	21645	0	21978	7019
Grundzentren	168	1918425	3141	30362	11419	0	0	0
Nebenzentren	168	1298454	905	35079	7728	0	0	0

*Quelle: Niedersaechsisches Landesverwaltungsamt - Statistik und eigene Berechnungen
(1) Nur die Staedte Celle, Cuxhaven und Lueneburg

Abbildung 2.1 - Relation Zahl der Umlandeinwohner zur Zahl der Einwohner in den Mittelzentren (einschliesslich mittelzentraler Einzugsbereiche der Oberzentren) nach der Einwohnerzahl der Mittelzentren 1979 in vH

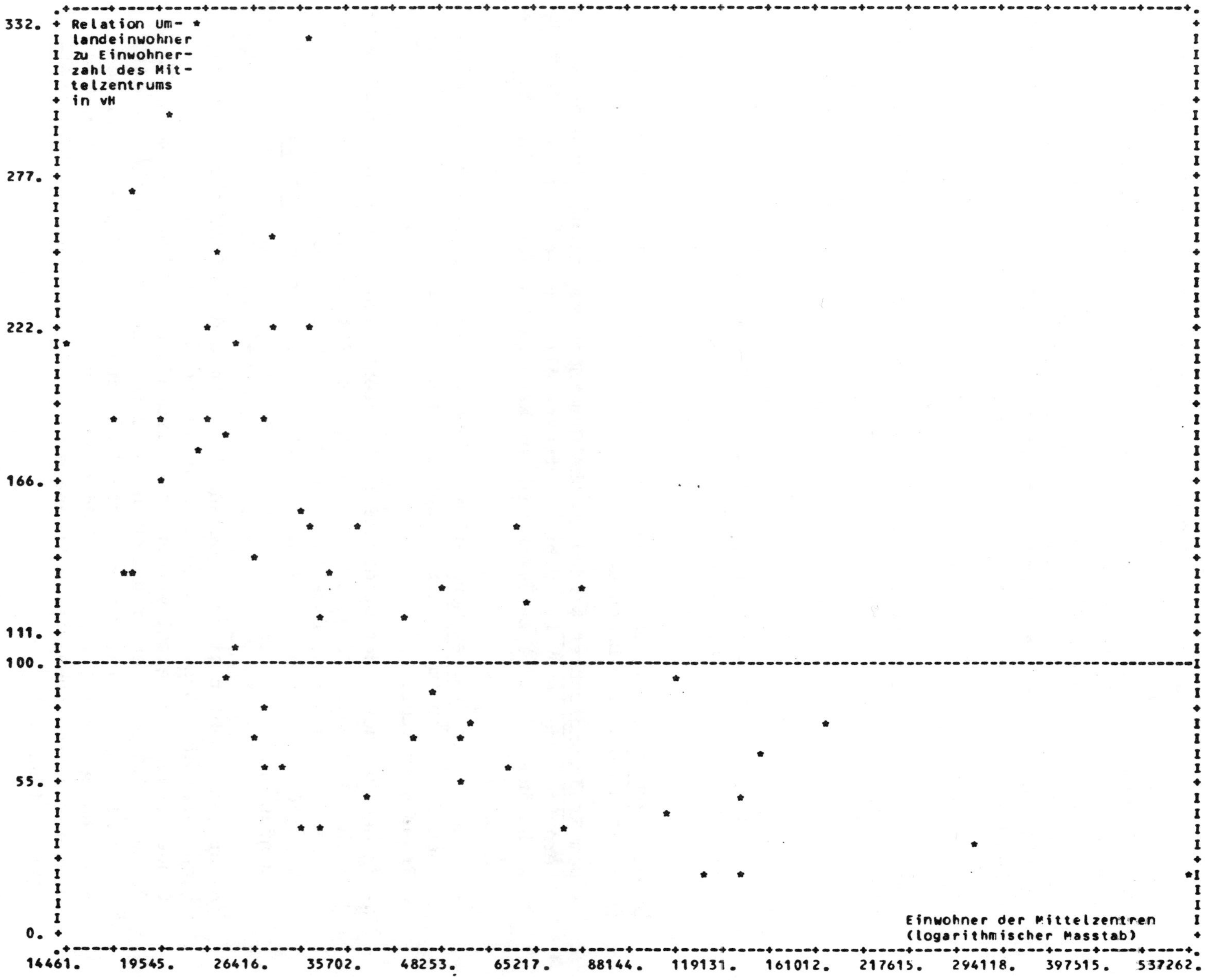

Festzuhalten ist daher, daß die Mittelzentren sowohl nach eigener Einwohnerzahl als auch nach der Größe des Verflechtungsbereiches sehr ungleichmäßig ausgestattet sind, da die vorhandene Verteilung der Einwohner in der Fläche nicht ohne weiteres mit den planerischen Zielvorstellungen in Einklang zu bringen ist. Die pauschale Verwendung der Zentralitätsstufen zur Verteilung von Finanzmitteln, etwa im Sinne von "Förderung der Mittelzentren", ist daher ohne nähere Qualifikation nach Größe und Lage im Raum nur beschränkt möglich.

2.4 STADTREGIONEN

Das System der zentralen Orte in Niedersachsen unterscheidet weder nach der regionalen Verteilung der zentralen Orte (städtische Gebiete bzw. ländlicher Raum), noch differenziert es innerhalb der Verflechtungsbereiche nach der Intensität der Verflechtung. Diese Differenzierung zwischen und innerhalb von Räumen läßt sich mit Hilfe von sozioökonomischen Indikatoren erreichen, so daß Stadtregionen abgegrenzt werden können, "die auf den statistischen Strukturmerkmalen 'Arbeit' und 'Wohnen' sowie dem Verflechtungsmerkmal 'Pendelwanderung' aufbauen" (35). Innerhalb der Stadtregionen werden verschiedene Zonen gebildet (36):

- Als <u>Kernstadt</u> gilt das Verwaltungsgebiet der Stadtgemeinde mit der größten zentralen Bedeutung.

- Dem <u>Ergänzungsgebiet</u> werden solche Gemeinden zugeordnet, die an die Kernstadt angrenzen und "ihr in struktureller sowie funktionaler Hinsicht ähneln" (37). Zusammen mit der Kernstadt bildet es das "<u>Kerngebiet</u>".

- In der <u>Verstädterten Zone</u> arbeitet die Bevölkerung zu einem erheblichen Teil noch im Kerngebiet und hat eine ausgesprochen gewerbliche Erwerbsstruktur.

- In den <u>Randzonen</u> der Stadtregionen besteht noch eine nicht unerhebliche Pendelwanderung zum Kerngebiet, der Anteil der in der Landwirtschaft tätigen Erwerbspersonen nimmt zur Peripherie allmählich zu. Verstädterte Zonen und Randzonen lassen sich als <u>Umlandzonen</u> zusammenfassen.

Nicht jedes Gebiet einer Stadt und ihres Umlandes zählt als Stadtregion, vielmehr müssen bestimmte Bevölkerungsdichten sowie andere Schwellenwerte erreicht werden und Kernstadt und Umland zusammen mindestens 80.000 Einwohner umfassen (38). Auf niedersächsischem Gebiet liegen 15 Kernstädte, von weiteren 4 Kernstädten umfaßt ein Teil der Stadtregion niedersächsische Städte und Gemeinden (39). Die Kernstädte dieser Stadtregionen sind weitgehend mit dem Ober- und großen Mittelzentrum identisch.

---

35 WERNER NELLER, Das Konzept der Stadtregionen und ihre Abgrenzung 1970, in: Stadtregionen in der Bundesrepublik Deutschland 1970, Hannover 1975, S. 2 (Veröffentlichungen der Akademie für Raumforschung und Landesplanung, Forschungs- und Sitzungsberichte, Bd. 103).
36 Ebenda und OLAF BOUSTEDT, Stadtregionen, in: Handwörterbuch der Raumforschung und Raumordnung, Hannover 1970, Sp. 3207 ff.
37 Ebenda, Sp. 3209.
38 Ebenda, Sp. 3210.
39 Die Städte Hamburg, Bremen, Bremerhaven und Kassel.

Die letzte Abgrenzung der Stadtregionen basiert auf den Daten der Volks- und Arbeitsstättenzählung 1970. Durch die kommunale Gebietsreform wurden seitdem ein Teil der Ergänzungsgebiete in die Kernstädte eingemeindet und im Umland neue, größere Gemeinden gebildet, deren Grenzen nicht mit früheren Grenzen der Stadtregionen übereinstimmen (40). Aus diesem Grunde wurde eine neue Abgrenzung auf der Basis der Verwaltungseinheiten vorgenommen (41). Die Ausdehnung des Umlandes in den 70er Jahren als Folge der Abwanderungen aus den Kernstädten konnte hingegen wegen fehlender, neuerer statistischer Unterlagen nicht einbezogen werden. Daher sind die absoluten Zahlen hinsichtlich Einnahmen und Ausgaben der Umlandgemeinden nur beschränkt aussagefähig, hingegen schon eher die Pro-Kopf-Werte u.ä. Die nicht-niedersächsischen Kernstädte mußten, wie erwähnt, außer acht bleiben, ihre niedersächsischen Umlandgemeinden sind hingegen in den Berechnungen enthalten.

Auf niedersächsischem Gebiet wohnten Mitte 1979 rund 55 v.H. der Bevölkerung in Stadtregionen, davon wiederum 48 v.H. in Kerngebieten und 52 v.H. in den Umlandzonen. Als "ländlicher Raum" seien im folgenden die Gebiete außerhalb der Stadtregionen genannt, in denen 45 v.H. der niedersächsischen Bevölkerung lebten.

---

40 Vgl. JÜRGEN SIEBER und FRIEDRICH SCHNEPPE, Gemeindefinanzreform und Ballung, in: Ballung und öffentliche Finanzen, Hannover 1980, S. 76 (Veröffentlichungen der Akademie für Raumforschung und Landesplanung, Forschungs- und Sitzungsberichte, Bd. 134).

41 Die für diesen Bericht verwandte Neuabgrenzung der Stadtregionen in Niedersachsen basiert auf Materialien, die Herr Dr. Schneppe vom Niedersächsischen Landesverwaltungsamt - Abteilung Statistik - freundlicherweise zur Verfügung stellte. Auch die Landkreise wurden nach städtischem Gebiet und ländlichem Raum unterteilt.

3. ZUR DEMOGRAPHISCHEN, WIRTSCHAFTLICHEN UND FINANZIELLEN SITUATION DER ZENTRALEN ORTE

3.1 ENTWICKLUNG DER BEVÖLKERUNG

Die Höhe der Einnahmen und Ausgaben eines zentralen Ortes und damit seine Fähigkeit, zentralörtliche Einrichtungen zu finanzieren, hängen in sehr starkem Umfang von der eigenen, der regionalen und der nationalen Bevölkerungs- und Wirtschaftsentwicklung ab (1). Daher ist es notwendig, die wichtigsten sozioökonomischen Bestimmungsfaktoren für die zentralen Orte Niedersachsens kurz zu erläutern.

Die Einwohnerzahl der niedersächsischen Städte und Gemeinden hat sich in den letzten Jahren sehr unterschiedlich entwickelt, sie folgt aber einem Trend, der sich auch in anderen Bundesländern zeigen läßt (2):

- Die Bevölkerung der meisten Oberzentren und großen Mittelzentren hat von 1970 bis 1979 abgenommen. Eine Ausnahme bilden nur die Universitätsstädte Göttingen und Oldenburg, in denen die Zahl der Studenten vermutlich stark zugenommen hat und damit die Abnahme der übrigen Bevölkerung überdeckt wurde (vgl. Tabelle 3.1).

- Per saldo hat die Bevölkerung in den kleinen Mittelzentren sowie den Grund- und Nebenzentren im gleichen Zeitraum zugenommen.

Tabelle 3.1 - Veraenderung der Einwohnerzahl von 1970 bis 1979 und sozialversicherungspflichtig Beschaeftigte pro 1000 Einwohner in Niedersachsen *

Zentralitaets- stufe/Gemein- destatus	An- zahl	Einwohner am 30.6.1979	Veraende- derung der Be- voelke- rung in %	Sozialver- sicherungs- pflichtige Beschaeftigte pro 1000 Einw
Oberzentren	7	1428387	-3,35	466,15
davon				
kreisfrei	5	1198335	-4,48	472,54
eingekreist	2	230052	3,01	432,84
Mittelzentren	82	2620081	3,20	342,57
davon				
kreisfrei	4	364472	-0,75	474,40
eingekreist(1)	3	198442	0,32	392,48
sonstige mit Mittelbereich				
ueber 80000 E	15	556900	2,01	381,94
40000-80000 E	30	850912	4,49	302,28
unter 40000 E	30	649355	5,86	272,35
Grundzentren	168	1918425	4,33	188,51
Nebenzentren	168	1298454	6,13	151,65

*Quelle: Niedersaechsisches Landesverwaltungsamt - Statistik und eigene Berechnungen
(1) Nur die Staedte Celle, Cuxhaven und Lueneburg

---

1 Vgl. HANS HEUER, Sozioökonomische Bestimmungsfaktoren der Stadtentwicklung, 2. Aufl. Stuttgart u.a. 1977, S. 30 ff. (Schriften des Deutschen Instituts für Urbanistik, Bd. 50).
2 HEUER/SCHÄFER, S. 9 ff.

Aus regionaler Sicht hat sich die Bevölkerung unter Einbeziehung der Städte Hamburg, Bremen und Bremerhaven - von 1970 bis Mitte 1980 - insgesamt kaum verändert (vgl. Tabelle 3.2).

Tabelle 3.2 - Veränderung der Bevölkerung zwischen dem 27.5.1970 und dem 30.6.1980 in Niedersachsen nach Regionen

Region	Veränderung der Bevölkerung 1970 - 1980 in v.H.
Stadtregionen[1] darunter	- 0,6
Kernstädte	- 5,2
Ergänzungsgebiete	+ 6,9
Verstädterte Zone	+ 13,9
Randzonen	+ 11,8
Ländlicher Raum	+ 0,9
Insgesamt	- 0,1

Quelle: Niedersächsisches Landesverwaltungsamt, Statistische Landesämter Bremen und Hamburg und eigene Berechnungen.

1 Einschließlich Hamburg, Bremen, Bremerhaven; ohne diese Städte betrug die Bevölkerungsveränderung der Stadtregionen + 3,5 v.H., der Kernstädte - 3,2 v.H.

Dem starken Bevölkerungsverlust der Kernstädte stehen sehr hohe Zuwachsraten der Bevölkerung im Umland der Kernstädte gegenüber. Insbesondere waren die Städte Hamburg, Bremen und Hannover vom Bevölkerungsrückgang betroffen, daneben noch die Stadt Celle. Diese Stadtregionen waren bis auf Hannover gleichzeitig auch die Räume mit den größten Zuwachsraten im Umland. So stieg die Bevölkerung im Umland von Hamburg um fast 30 v.H. an (3), im bremischen Umland gewannen die Gemeinden fast ein Fünftel ihrer Bevölkerung hinzu (4). Nicht in allen Umlandgebieten stieg die Bevölkerung an: Die Bevölkerung im Umland der Städte Hameln und Goslar nahm ab, im Braunschweiger Raum blieb sie konstant, was sich bei den beiden letztgenannten Räumen durch die abnehmende Bevölkerung im Zonenrandgebiet erklären läßt. Der ländliche Raum konnte einen leichten Zuwachs der Bevölkerung verzeichnen, die Bevölkerungsentwicklung unterschied sich jedoch insofern von den Stadtregionen als die Mittelzentren im ländlichen Raum im Durchschnitt an Bevölkerung gewannen, während ihre Einzugsgebiete Einwohner einbüßten.

---

3 STATISTISCHES LANDESAMT HAMBURG, Statistisches Taschenbuch 1981, Hamburg 1981, S. 51.
4 JÜRGEN DINSE, Zur Umlandwanderung und Siedlungsentwicklung, in: Statistische Monatsberichte des Landes Bremen, Jg. 33 (1981), S. 347.

Die Bevölkerungsabnahme in den Kernstädten und die Bevölkerungszunahme im Umland dieser Städte sollen nach vorliegenden Prognosen noch bis in das nächste Jahrzehnt anhalten (5). Für die Kernstädte wird insgesamt eine Abnahme der Bevölkerung bis zum Jahr 2000 um ein Fünftel prognostiziert. Selbst wenn dieser Bevölkerungsrückgang nur teilweise eintrifft, führt er zu einer Aushöhlung der finanziellen Basis dieser Städte, da viele Einnahmen an die Einwohnerzahl direkt oder indirekt anknüpfen (6), die Ausgaben für zentralörtliche Einrichtungen reduziert werden können.

Verursacht wird der Bevölkerungsrückgang in den Kernstädten zum einen durch einen besonders ausgeprägten Sterbeüberschuß der Bevölkerung (Differenz von Sterbefällen und Geburten) als Folge der ungünstigen Altersstruktur und der niedrigen Geburtenraten in diesen Städten (7). Zum anderen wird die negative natürliche Bevölkerungsentwicklung durch Abwanderung in das Umland der Städte verstärkt. Keine der großen Städte im niedersächsischen Raum wies in der Zeit von 1970 bis 1978 einen positiven Wanderungssaldo mit dem Umland aus. Je größer die Stadt, umso größer die Zahl der abgewanderten Deutschen, bezogen auf die Einwohnerzahl 1970: Während der negative Wanderungssaldo für die Städte unter 50.000 Einwohnern rund 2 v.H. der Bevölkerung ausmachte, verlor die Stadt Hannover 8 v.H. (8). Eine Schwelle scheint bei den Städten unter 20.000 Einwohnern erreicht zu sein, da sie im Durchschnitt einen positiven Wanderungssaldo mit dem Umland aufweisen konnten (9).

Die größeren niedersächsischen Städte konnten einen Teil dieser Wanderungsverluste an das Umland durch Zuwanderungen aus dem übrigen Bundesgebiet und dem Ausland ausgleichen, z.T. auch überkompensieren. Im Zuge dieser Wanderungsbewegungen findet ein sozialer Austausch der Bevölkerung statt: In das Umland wandern per saldo Familien mit Kindern auf der Suche nach besseren Wohnmöglichkeiten und Umweltbedingungen, in die Kernstadt ziehen häufig jüngere, alleinstehende Personen auf der Suche nach einem Arbeitsplatz oder zu Studienzwecken (10).

---

5 NIEDERSÄCHSISCHES LANDESVERWALTUNGSAMT - STATISTIK, Regionale Vorausschätzung der deutschen Bevölkerung Niedersachsens unter Berücksichtigung von Wanderungen bis 1996, Statistische Berichte Niedersachsens A I 8 - Basis 1979, Hannover 1981, S. 22, und H. BIRG, Berechnungen zur langfristigen Bevölkerungsentwicklung in den 343 kreisfreien Städten und Landkreisen der Bundesrepublik Deutschland, in: Wochenbericht des Deutschen Instituts für Wirtschaftsforschung, Nr. 25 (1980), S. 267 ff.
6 Z.B. Gemeindeanteil an der Einkommensteuer, Schlüsselzuweisungen im kommunalen Finanzausgleich.
7 Bezogen auf 1.000 Einwohner betrug der Sterbeüberschuß für den Zeitraum 1970 bis 1980 im Jahresdurchschnitt für die 20 größten Städte Niedersachsens 5,5, für die übrigen Räume 0,6.
8 Berechnet nach WILFRIED THOMAS, Zur Karte: Umlandwanderungen - Wanderungsverluste der niedersächsischen Mittel- und Oberzentren gegenüber ihrem Umland 1971-1978, in: Neues Archiv für Niedersachsen, Bd. 29, S. 183.
9 Ebenda.
10 Vgl. für die Stadt Bremen DINSE, S. 348.

Die Folgen dieser Wanderungsprozesse sind Segregationsprozesse und mangelnde Auslastung der örtlichen Infrastruktur in den Kernstädten, Zersiedelung der Landschaft, eine verstärkte Nachfrage nach technischer und sozialer Infrastruktur in den Randgemeinden der Kernstädte sowie ein erhöhtes Verkehrsaufkommen zwischen Kernstadt und Randgemeinden (11).

3.2 BESCHÄFTIGTE UND WIRTSCHAFTSKRAFT

Die Abwanderung in das Umland ist in den meisten Fällen nicht mit einer Aufgabe des Arbeitsplatzes in der Kernstadt gleichzusetzen, sondern führt zu einem arbeitstäglichen Pendeln zwischen Wohn- und Arbeitsort: Trotz eines Rückgangs der Zahl der Arbeitsplätze stieg in Hamburg beispielsweise die Zahl der Pendler von 116.000 im Jahre 1970 auf 150.000 im Jahre 1980 an (12). Die steigenden Pendlerquoten sind ein Indiz für die bleibende wirtschaftliche Bedeutung der zentralen Orte für ihre Einzugsgebiete. Einen weiteren Indikator stellt die Zahl der Beschäftigten, bezogen auf jeweils 1.000 Einwohner dar (13). Während Mitte 1979 in den niedersächsischen Kernstädten sowie Hamburg, Bremen und Bremerhaven 456 Personen pro 1.000 Einwohner sozialversicherungspflichtig beschäftigt waren, war die Beschäftigtenquote in den Randzonen nur knapp ein Drittel so groß wie folgende Übersicht zeigt:

Sozialversicherungspflichtige Beschäftigte pro
1.000 Einwohner im Jahr 1979

Kernstädte	456
Ergänzungsgebiete	245
Verstädterte Zonen	210
Randzonen	148
Ländlicher Raum	253

Auch wenn ein Teil der unterschiedlichen Quoten sich durch fehlende Erfassungen von Erwerbstätigen wie in der Landwirtschaft und höhere Erwerbsquoten in den Kernstädten erklären läßt, wird der größte Teil der Differenz auf die Berufspendler zurückzuführen sein.

Ein Unterscheidungsmerkmal zwischen den Stadtregionen und dem ländlichen Raum besteht demnach darin, daß zwar der ländliche Raum eine niedrigere Beschäftigtenquote als die Stadtregionen aufweist, daß aber im Durchschnitt in den Grund- und Nebenzentren im ländlichen Raum wesentlich höhere Beschäftigtenquoten zu finden sind als in den gleichen Zentralitätsstufen der Randzonen. Die Arbeitsplätze sind im ländlichen Raum

---

11 HANNA FANGOHR u.a., Auswirkungen der Suburbanisierung auf die kommunalen Ausgaben, Endbericht (Textband), Hamburg 1978.
12 ERICH BÖHM, Beschäftigte und Erwerbstätige in Hamburg, in: Hamburg in Zahlen, 1981, S. 342.
13 Durch die Verschiebung der Arbeitsstättenzählung fehlen neuere Angaben über die Zahl der Erwerbstätigen am Arbeitsort. Stattdessen wurden die Zahlen über sozialversicherungspflichtige Beschäftigte am Arbeitsort verwandt. Diese Zahlen enthalten nicht die Beamten, Selbständigen und mithelfenden Familienangehörigen, insbesondere in der Landwirtschaft.

gleichmäßiger über die Gemeinden verteilt, obwohl die Mittelzentren auch hier höhere Beschäftigtenquoten besitzen.

Mit abnehmender zentralörtlicher Bedeutung einer Gemeinde sinkt im Durchschnitt die Zahl der sozialversicherungspflichtigen Beschäftigten pro 1.000 Einwohner (vgl. Tabelle 3.1). Die Arbeitsplatzzentralität geht also weitgehend mit der Einstufung einer Gemeinde als zentraler Ort nach Kriterien der vorhandenen Infrastruktur und Erreichbarkeit einher. Durch ungünstige Wirtschaftsstruktur und Betriebsverlagerungen kann die Zahl der Arbeitsplätze in den Mittel- und insbesondere Oberzentren in den nächsten Jahren aber abnehmen. Für die Stadt Hannover wird im Zeitraum 1980-1990 mit einer Abnahme der Erwerbstätigen am Arbeitsort um 2,1 v.H. gerechnet, der Landkreis Hannover soll hingegen seine Erwerbstätigenzahl um 5 v.H. erhöhen (14). Betriebsverlagerungen in das Umland werden dabei weniger aufgrund der mangelnden Attraktivität der Städte beschlossen, als wegen der besseren Flächenangebote für den jeweiligen Betrieb (15).

3.3 AUSGABEN

Mit zunehmender Einwohnerzahl wachsen die Ausgaben einer Gemeinde sowohl in absoluten Werten als auch bezogen auf den einzelnen Einwohner. Diese seit langem in der Finanzwissenschaft bekannte Aussage (16) trifft modifiziert auch für die zentralen Orte zu, da mit zunehmender Zentralität die bereinigten Ausgaben gleichfalls ansteigen (vgl. Tabelle 3.3)(17). Zwar wird ein Vergleich der zentralen Orte untereinander durch die fehlende Einbeziehung der Ausgaben der Landkreise etwas eingeschränkt, ein grobes Bild der Ausgaben läßt sich jedoch machen, wenn die Nebenzentren gleich 100 gesetzt werden:

	Ausgaben pro Einwohner im		
	Verwaltungshaushalt	Vermögenshaushalt	insgesamt
Oberzentren	244	145	201
Mittelzentren	161	121	143
Grundzentren	110	112	111
Nebenzentren	100	100	100

---

14 LOTHAR HÜBL, RAINER ERTEL und KLAUS-PETER MÖLLER, Wirtschaftliche Entwicklungsmöglichkeiten der Landeshauptstadt Hannover in den 80er Jahren, Hannover 1981, S. 26.
15 Vgl. WOLFGANG-PETER GEBAUER und GÜNTHER KROLL, Arbeitsstättenbefragung 1981, Hannover 1981 (Schriften zur Stadtentwicklung, Bd. 22).
16 Vgl. LOTHAR DEPPE, Das Verhältnis der kommunalen Aufgaben zur Größe, Struktur, Funktion und Finanzkraft städtischer Gemeinden, untersucht am Beispiel der sozialen und kulturellen Ausgaben Nordrhein-Westfalens, Diss. Münster 1966, S. 22 ff.
17 Bereinigt bedeutet, daß die haushaltstechnischen Verrechnungen, die kalkulatorischen Kosten sowie die Zuführungen zum Vermögenshaushalt bzw. an den Verwaltungshaushalt abgezogen werden. Zusätzlich werden noch die Samtgemeindeumlage sowie die rückgezahlte Kreisumlage herausgerechnet.

Tabelle 3.3 - Bereinigte Ausgaben pro Einwohner nach Zentralitaetsstufen und Gemeindestatus in Niedersachsen 1979 *

Zentralitaets- stufe/Gemein- destatus	An- zahl	Einwohner am 30.6.1979	Bereinigte Ausgaben (1)				insgesamt in DM/E	Variations- koeffizient der Spalte 7 in vH
			Verwaltungs- haushalt in DM/E	in vH v Sp.7	Vermoegens- haushalt in DM/E	in vH v Sp.7		
	1	2	3	4	5	6	7	8
Oberzentren	7	1428387	1761,55	68,89	795,30	31,10	2556,85	14,3
davon								
kreisfrei	5	1198335	1772,78	68,37	820,12	31,62	2592,90	15,8
eingekreist	2	230052	1703,07	71,88	666,01	28,11	2369,08	10,5
Mittelzentren	82	2620081	1142,78	63,23	664,49	36,76	1807,27	21,2
davon								
kreisfrei	4	364472	1471,65	61,89	906,00	38,10	2377,66	13,4
eingekreist(2)	3	198442	1581,50	77,05	471,01	22,94	2052,51	15,8
sonstige mit Mittelbereich								
ueber 80000 E	15	556900	1168,91	61,46	732,88	38,53	1901,79	25,1
40000-80000 E	30	850912	1019,06	62,11	621,57	37,88	1640,64	16,1
unter 40000 E	30	649355	963,81	62,20	585,64	37,79	1549,46	16,1
Grundzentren	168	1918425	768,49	55,48	616,44	44,51	1384,94	22,9
Nebenzentren	168	1298454	697,72	55,92	549,85	44,07	1247,58	28,4
Landkreise	37	5702540	571,45	63,38	330,09	36,61	901,55	12,8

*Quelle: Niedersaechsisches Landesverwaltungsamt - Statistik und eigene Berechnungen
(1) Ausgaben abzueglich kalkulatorischer Kosten, innerer Verrechnungen, Zufuehrung zum Vermoegenshaushalt, Zufuehrung an Verwaltungshaushalt, Samtgemeindeumlagen und zurueck- gezahlter Kreisumlage
(2) Nur die Staedte Celle, Cuxhaven und Lueneburg

Die gesamten Ausgaben pro Einwohner waren 1979 in den Oberzentren doppelt so hoch wie im Durchschnitt der Nebenzentren. Bei den Mittelzentren lagen die Ausgaben noch um 43 v.H. höher, die Spanne reichte aber von 23 v.H. für die Mittelzentren mit einem Mittelbereich unter 40.000 Einwohnern bis 90 v.H. für die kreisfreien Mittelzentren. Im Durchschnitt tätigten die Grundzentren nur um 10 v.H. höhere Ausgaben pro Einwohner als die Nebenzentren. Die Pro-Kopf-Ausgaben wiesen im Verwaltungshaushalt wesentlich höhere Differenzen zwischen den Zentralitätsstufen auf als im Vermögenshaushalt. Entsprechend verschiebt sich auch der Anteil, den die Ausgaben im Verwaltungshaushalt an den gesamten Ausgaben ausmachen: Dieser Anteil machte fast 69 v.H. bei den Oberzentren aus, hingegen bei den Nebenzentren nur 56 v.H. Die Ausgaben der Landkreise beliefen sich im Durchschnitt auf 902 DM pro Einwohner, wovon 63 v.H. im Verwaltungshaushalt ausgegeben wurden (18).

Für diese Unterschiede in den Pro-Kopf-Ausgaben lassen sich mehrere Faktoren anführen:

- Ober- und Mittelzentren haben andere kommunale Aufgaben als Grund- und Nebenzentren. Zu diesen Aufgaben gehören nicht nur die Unterhaltung mittel- und oberzentralörtlicher Einrichtungen, sondern auch Aufgaben des übertragenen Wirkungskreises bei den kreisfreien Städten, großen selbständigen Städten und selbständigen Gemeinden sowie Aufgaben im Auftrage des Landkreises wie die Sozialhilfe bei den großen selbständigen Städten. Bei letzteren stehen den Ausgaben entsprechende Erstattungen gegenüber.

- Soweit die zentralen Orte kreisangehörig sind, ist in den Ausgaben die Kreisumlage mit enthalten. Finanzstarke Orte, die höhere Kreisumlagen pro Einwohner zu zahlen haben als finanzschwache Orte, weisen schon aus diesem Grunde höhere Ausgaben auf.

- Auch Grund- und Nebenzentren führen umfangreiche Sachinvestitionen in die kommunale Infrastruktur durch, deren Volumen unter Einbeziehung der Investitionsausgaben der Landkreise an die Investitionen der Oberzentren heranreicht, wenn es sie nicht sogar übertrifft (19).

- Zwischen Zentralität und Finanzkraft pro Einwohner (Steuern und Schlüsselzuweisungen) besteht ein positiver Zusammenhang. Mehr allgemein verfügbare Mittel ermöglichen höhere Ausgaben.

---

18 Ausgaben von kreisangehörigen Gemeinden und Landkreisen können nicht ohne weiteres addiert werden, da sonst Doppelzählungen auftreten würden.

19 Die Sachinvestitionen beliefen sich 1979 bei den kreisfreien Städten auf 517,- DM pro Einwohner, hingegen bei den kreisangehörigen Gemeinden und Landkreisen zusammen auf 574,- DM pro Einwohner. Vgl. dazu auch MICHAEL REIDENBACH, Zur Investitionstätigkeit der kommunalen Gebietskörperschaften, Zweckverbände und Unternehmen, in: Archiv für Kommunalwissenschaften, Jg. 19 (1980), S. 217 ff.

- Oberzentren haben für Agglomerationskosten aufzukommen, d.h. um die gleiche Leistung wie die kleineren Gemeinden anbieten zu können, müssen höhere Ausgaben pro Leistungseinheit gezahlt werden (20). Hinzu kommt, daß unterschiedliche Sozialstrukturen auch unterschiedliche Ausgaben, z.B. für Sozialhilfe zur Folge haben.

- Schließlich kann auch eine Kostenremanenz angeführt werden, die dadurch entsteht, daß bei einer abnehmenden Bevölkerung die Infrastrukturausstattung zwar gleichbleibt, die Kosten hierfür jedoch durch eine kleinere Einwohnerzahl dividiert werden müssen.

Welches Gewicht die einzelnen Faktoren im Jahre 1979 aufwiesen und ob sie in der Summe kostensteigernd oder kostensenkend wirkten, kann hier nicht geklärt werden. Aus früheren Untersuchungen ist jedoch bekannt, daß Zentralität einen wichtigen Bestimmungsfaktor oder Ausgabenhöhe einer Stadt bzw. Gemeinde darstellt, der jedoch von anderen Faktoren überlagert werden kann (21).

Die Vielfalt von Bestimmungsfaktoren führt dazu, daß auch die Ausgaben pro Einwohner zwischen Städten und Gemeinden gleicher Zentralitätsstufen erheblich streuen können (22). Diese Streuung ist im Verwaltungshaushalt für die Mittelzentren relativ am höchsten, ein weiterer Hinweis darauf, daß die Gruppe der Mittelzentren recht inhomogen zusammengesetzt ist. Die Ausgaben der Oberzentren streuen sowohl im Verwaltungs- als auch im Vermögenshaushalt relativ am geringsten. Die hohe Streuung der Pro-Kopf-Ausgaben bei den Grund- und Nebenzentren im Vermögenshaushalt läßt sich mit der Investitionstätigkeit erklären, die bei kleineren Gemeinden jährlichen Schwankungen ausgesetzt ist, während in den größeren Städten immer ein stabiler Grundfonds an Investitionen vorhanden ist.

3.4 EINNAHMEN

3.4.1 HÖHE UND STRUKTUR

Den Ausgaben der Gemeinden (GV) müssen entsprechende Einnahmen gegenüberstehen, so daß die Relation der Pro-Kopf-Einnahmen zwischen den einzelnen Zentralitätsstufen den Ausgaben sehr ähnelt (vgl. Tabelle 3.4). Die Einnahmen des Verwaltungshaushaltes machten 1979 aber einen wesentlich höheren Anteil an den Gesamteinnahmen aus als die Ausgaben des Verwaltungshaushaltes an den Gesamtausgaben, da ein Teil der laufenden Einnahmen in Form der Zuführung zum Vermögenshaushalt für die Finanzierung

---

20 Beispiele für höhere Agglomerationskosten sind U-Bahnbau oder die im Vergleich zum Umland höheren Grundstückspreise.
21 DEPPE; RUDI DÜKER, Das Problem einer bedarfsgerechten Verteilung der Finanzzuweisungen an die Gemeinden unter besonderer Berücksichtigung der Aussagefähigkeit der kommunalen Ausgaben früherer Perioden für eine Finanzbedarfsermittlung, Diss. Freiburg 1971.
22 Um die Streuung der Pro-Kopf-Ausgaben an unterschiedlichen (ungewichteten) arithmetischen Mittelwerten vergleichen zu können, wird die Standardabweichung durch das arithmetische Mittel dividiert und ergibt den Variationskoeffizienten.

Tabelle 3.4 – Bereinigte Einnahmen pro Einwohner nach Zentralitaetsstufen und Gemeindestatus in Niedersachsen 1979 *

Zentralitaets-stufe/Gemein-destatus	An-zahl	Einwohner am 30.6.1979	Bereinigte Einnahmen (1)							darunter	
			Verwaltungs-haushalt DM / E	in vH Sp 7	Vermoegens-haushalt DM / E	in vH Sp 7	Haushalt insgesamt DM / E	Steuern (netto) in vH von Sp 7	Allgemeine Zuweisungen(2) in vH von Sp 7
	1	2	3	4	5	6	7	8	9
Oberzentren	7	1428387	1994,19	81,1	462,19	18,8	2456,38	39,6	6,3
davon									
kreisfrei	5	1198335	1999,83	81,1	465,37	18,8	2465,20	41,0	6,2
eingekreist	2	230052	1964,79	81,5	445,60	18,4	2410,40	32,0	6,7
Mittelzentren	82	2620081	1338,17	75,1	442,36	24,8	1780,54	37,9	8,3
davon									
kreisfrei	4	364472	1838,50	79,0	486,46	20,9	2324,96	45,1	4,3
eingekreist(3)	3	198442	1776,06	84,6	321,02	15,3	2097,09	34,5	6,5
sonstige mit Mittelbereich									
ueber 80000 E	15	556900	1372,05	73,3	498,37	26,6	1870,43	37,9	6,8
40000-80000 E	30	850912	1177,98	72,7	441,69	27,2	1619,67	36,1	10,2
unter 40000 E	30	649355	1104,39	73,0	407,52	26,9	1511,92	35,5	11,3
Grundzentren	168	1918425	903,35	66,2	460,89	33,7	1364,24	32,3	13,1
Nebenzentren	168	1298454	837,26	67,2	406,99	32,7	1244,26	33,5	13,8
Landkreise	37	5702540	675,24	75,2	222,68	24,7	897,92	1,4	12,0

*Quelle: Niedersaechsisches Landesverwaltungsamt – Statistik und eigene Berechnungen
(1) entsprechend Fussnote (1) der Tabelle 3.3
(2) Schluesselzuweisungen nach der Einwohnerzahl und Strassenlaenge sowie Bedarfszuweisungen
(3) Nur die Staedte Celle, Cuxhaven und Lueneburg

der investiven Ausgaben gebraucht wird. Überdurchschnittlich hoch war der Anteil der laufenden Einnahmen an den Gesamteinnahmen vor allem bei den Oberzentren (81 v.H.), während dieser Anteil bei den Nebenzentren nur 68 v.H. betrug.

Die wichtigsten Einnahmequellen der Gemeinden stellten 1979 die Steuern und die allgemeinen Zuweisungen des Landes dar, die z.T. zusammen fast 50 v.H. der bereinigten Einnahmen erbrachten. Die Bedeutung dieser Einnahmen ist nicht nur in der Höhe ihres Anteils an den gesamten Einnahmen zu sehen, sondern vor allem darin, daß die Verwendung dieser Mittel keiner Zweckbindung unterliegt, d.h. die Kommunen können diese Mittel nach ihren eigenen Prioritätensetzungen ausgeben. Zudem bieten die Realsteuern die Möglichkeit, über die Höhe der Hebesätze eine gemeindespezifische Belastung der Einwohner und der Gewerbebetriebe zu erreichen. Steuereinnahmen und allgemeine Zuweisungen des Landes ergänzen sich, da das Land den Gemeinden mit unterdurchschnittlichen Steuereinnahmen relativ höhere allgemeine Zuweisungen gewährt, wie in Kapitel 8 noch ausführlich erläutert wird.

Eine wesentlich andere Struktur der Einnahmen war bei den Landkreisen zu erkennen. Sie besaßen nur geringe eigene Steuereinnahmen und erhoben daher Umlagen bei ihren Gemeinden, die 1979 rund 37 v.H. der Einnahmen einbrachten, also etwa den gleichen Anteil, den die kreisangehörigen Gemeinden durch Steuereinnahmen erzielten.

Der höchste Anteil der Steuereinnahmen an den Gesamteinnahmen war für 1979 im Durchschnitt bei den kreisfreien Mittelzentren mit 45 v.H. zu finden - bedingt vor allem durch das Steueraufkommen der Stadt Wolfsburg - , den niedrigsten Anteil wiesen im Durchschnitt die Grundzentren auf. Das Pro-Kopf-Steueraufkommen stieg mit zunehmender zentralörtlicher Bedeutung rasch an, so daß die Oberzentren mit 973 DM mehr als doppelt so viele Steuern pro Einwohner einnehmen konnten als die Nebenzentren mit 417 DM. Zwischen den Steuereinnahmen pro Einwohner der Neben-, Grund- und kleineren Mittelzentren waren zwar Abstände vorhanden, die aber längst nicht so stark ausgeprägt ausfielen wie die Abstände zu den großen Mittel- und Oberzentren.

Bis auf die quantitativ nicht sehr ins Gewicht fallende Grundsteuer A auf land- und forstwirtschaftliche Erträge nahmen die Ober- und Mittelzentren pro Einwohner bei allen kommunalen Steuern z.T. erheblich mehr pro Einwohner ein (vgl. Tabelle 3.5):

- Besonders ausgeprägt war das unterschiedliche Steueraufkommen pro Einwohner im Bereich der Gewerbesteuer (einschließlich der bis 1979 erhobenen Lohnsummensteuer), bei der die Oberzentren ca. das Vierfache der Steuereinnahmen der Nebenzentren erzielten. Die Arbeitsplatzzentralität der Ober- und Mittelzentren bewirkt, daß sich auch die Bemessungsgrundlage der Gewerbesteuer auf diese zentralen Orte konzentriert. Daneben spannten die Ober- und Mittelzentren die Hebesätze der Gewerbesteuer wesentlich höher an, z.B. bei den Oberzentren um schätzungsweise 40 v.H. mehr als bei den Nebenzentren.

---
23 SIEBER/SCHNEPPE, S. 90.

Tabelle 3.5 - Kommunale Steuern in Niedersachsen 1979 nach Zentralitaetsstufen und Gemeindestatus in DM pro Einwohner *

Zentralitaets-stufe/Gemein-destatus	An-zahl	Einwohner am 30.6.1979	Steuern (netto)	darunter Grundsteuer A	Grundsteuer B	Gewerbe-steuer (netto)(1)	Gemeinde-anteil an Einkommen-steuer	Sonstige Steuern
				DM pro Einwohner				
Oberzentren	7	1428387	973,29	0,85	133,35	449,41	358,18	31,48
davon								
kreisfrei	5	1198335	1011,82	0,79	138,48	473,60	365,33	33,60
eingekreist	2	230052	772,58	1,19	106,62	323,38	320,94	20,42
Mittelzentren	82	2620081	674,85	7,21	89,97	276,80	294,47	6,36
davon								
kreisfrei	4	364472	1048,81	2,71	109,65	555,22	362,26	18,95
eingekreist(2)	3	198442	723,78	2,07	107,33	279,78	327,80	6,78
sonstige mit Mittelbereich								
ueber 80000 E	15	556900	710,28	4,94	95,67	306,38	299,61	3,65
40000-80000 E	30	850912	584,92	8,68	82,60	209,80	279,44	4,38
unter 40000 E	30	649355	537,44	11,35	78,40	182,04	261,53	4,09
Grundzentren	168	1918425	441,58	21,38	59,90	131,67	224,73	3,89
Nebenzentren	168	1298454	417,38	22,07	57,21	114,48	220,16	3,44
Landkreise	37	5702540	13,17	0,00	0,00	0,00	0,00	13,17

*Quelle: Niedersaechsisches Landesverwaltungsamt - Statistik und eigene Berechnungen
(1) Einschliesslich Lohnsummensteuer; Gewerbesteuerumlage wurde abgezogen
(2) Nur die Staedte Celle, Cuxhaven und Lueneburg

- Der höhere Gemeindeanteil an der Einkommensteuer ergibt sich bei den Ober- und Mittelzentren durch höhere Durchschnittsverdienste, aber auch durch eine größere Erwerbsquote der Bevölkerung (23). Aufgrund des Verteilungsmodus des Gemeindeanteils an der Einkommensteuer wird jedoch das von den Steuerpflichtigen einer Gemeinde erzielte Einkommen nur bis zu einer maximalen Höhe einbezogen, so daß die Oberzentren nur das 1,6fache des Steueraufkommens der Nebenzentren erzielten.

- Der ländliche Charakter eines großen Teils der Grund- und Nebenzentren sowie der kleinen Mittelzentren wird an der Höhe der Grundsteuer A deutlich, während die Grundsteuer B auf die Erträge aus Wohn- und Geschäftsgrundstücken vor allem in städtischen Gebieten zu hohen Einnahmen führte.

Innerhalb der Stadtregionen zeigte sich 1979, daß mit abnehmendem Verflechtungsgrad zum Zentrum auch das Steueraufkommen pro Einwohner deutlich sank (vgl. Tabelle 3.6). Während die Kernstädte im Durchschnitt 967 DM pro Einwohner einnehmen konnten, waren es in den verstädterten Zonen nur 524 DM und in den Randzonen gar nur 433 DM, ein Einnahmegefälle, das bereits seit langem besteht (24). Die Einnahmen der Grund- und Nebenzentren in den Randzonen lagen sogar noch niedriger als die Steuereinnahmen pro Einwohner vergleichbarer zentraler Orte im ländlichen Raum. Zurückzuführen sind diese geringeren Steuereinnahmen auf zwei gegensätzliche Wirkungen:

- Durch die Berufspendler wird in die Umlandgemeinden der Kernstädte soviel an Einkommen aus den städtischen Zentren gebracht, daß der Gemeindeanteil an der Einkommensteuer pro Einwohner größer als im ländlichen Raum war.

- Hingegen war in den Randzonen 1979 nur ein geringes Gewerbesteueraufkommen zu finden. Offensichtlich konzentrieren sich die gewerblichen Unternehmen auf die Kernstädte und ihre nähere Umgebung, Betriebsansiedlungen erreichen die Randzonen nur schwer, der Pendlereinzugsbereich reicht weit über die Gewerbestandorte hinaus.

Je höher im übrigen die Steuereinnahmen pro Einwohner eines Mittel- oder Oberzentrums ausfielen, umso besser waren auch die Gemeinden ihres Einzugsgebietes gestellt. Vor allem die Höhe des Gemeindeanteils an der Einkommensteuer von Zentrum und umliegenden Gemeinden hing 1979 eng miteinander zusammen (r = 0,71), d.h. in den Städten mit hoher Wirtschaftskraft profitierten auch die Bewohner der umliegenden Gemeinden durch die Pendlerverflechtung von dem hohen Einkommensniveau. Anders bei der Gewerbesteuer: Für diese läßt sich kein statistischer Zusammenhang zwischen dem Steueraufkommen pro Einwohner im Zentrum und den Gemeinden des Einzugsbereichs nachweisen, d.h. die Höhe der Gewerbesteuereinnahmen in den Einzugsgebieten ist pro Einwohner im Durchschnitt weitgehend von den Gewerbesteuereinnahmen des Zentrums unabhängig.

---

24 Vgl. SIEBER/SCHNEPPE, S. 84.

3.4.2 BEDEUTUNG UND ENTWICKLUNG DER STEUEREINNAHMEN

Die unterschiedliche Höhe der Steuereinnahmen pro Einwohner zwischen Ober- und Mittelzentren sowie den Gemeinden ihrer Einzugsgebiete nimmt längerfristig - vor allem in den städtischen Gebieten - ab, weil zum einen die Bedeutung der Gewerbesteuer als Steuerquelle sinkt und zum anderen diese Zentren relativ weniger vom Gemeindeanteil an der Einkommensteuer erhalten werden. Die Annahme hinsichtlich dieser Entwicklung basiert auf verschiedenen Faktoren, die kurz erläutert werden sollen.

Durch das Steueranpassungsgesetz 1979 wurde eine Reihe steuerlicher Maßnahmen ergriffen, um eine Wiederbelebung der Wirtschaft zu erreichen (25). Dazu gehörten die Abschaffung der Gewerbesteuer nach der Lohnsummensteuer und höhere Freibeträge bei der Gewerbesteuer nach Ertrag und Kapital, für die den Gemeinden als Ausgleich eine Anhebung des Gemeindeanteils an der Einkommensteuer von 14 auf 15 v.H. sowie eine Senkung der Gewerbesteuerumlage um ein Drittel gewährt wurde (26).

In Niedersachsen erhoben 1979 nur 42 Städte und Gemeinden eine Lohnsummensteuer, darunter die meisten der größeren Städte (27). Die Einnahmen aus der Lohnsummensteuer besaßen für diese Gebietskörperschaften z.T. erhebliche Bedeutung. Durch die Abschaffung der Lohnsummensteuer wurden diese Städte insofern einseitig getroffen, als sie nicht in der Lage waren, den Steuerausfall durch entsprechende Erhöhung der Gewerbesteuer nach Ertrag und Kapital voll zu kompensieren, weil in diesem Falle der gewünschte Entlastungseffekt der Wirtschaft nicht eingetreten wäre (28).

Diejenigen Städte und Gemeinden, die keine Lohnsummensteuer erhoben, verringerten zum großen Teil ihre Hebesätze bei der Gewerbesteuer nicht, so daß sich in der Summe nur eine Senkung der Hebesätze um etwa 5 v.H. ergab (29). Gleichzeitig kamen diese Gemeinden aber in den Genuß der Minderung der Gewerbesteuerumlage und der Erhöhung des Gemeindeanteils an der Einkommensteuer. Auch die Lohnsummensteuer erhebenden Städte und Gemeinden erhielten dadurch höhere Steuereinnahmen, die sogar pro Kopf höher waren als bei den übrigen Gemeinden, sie mußten diese zusätzlichen Einnahmen jedoch gegen die Verluste aus der Lohnsummensteuer verrechnen. Berechnet man die verschiedenen Maßnahmen auf der Grundlage

---

25 Steueränderungsgesetz 1979 vom 30.11.1978 (BGBl. I S. 1849).
26 Vgl. FINANZBERICHT 1980, hrsg. vom Bundesministerium der Finanzen, Bonn 1979, S. 144 ff.
27 Vgl. B. MAAS, Gewerbesteuerhebesätze 1980 nach Wegfall der Lohnsummensteuer, in: Statistische Monatshefte Niedersachsen, Jg. 34 (1980), S. 291 ff.
28 Die Hebesätze dieser Gebietskörperschaften beliefen sich 1980 auf 268 %, während sie 1979 "fiktiv" 425 % betrugen.
29 Von 324 auf 316 % (vgl. STATISTISCHES BUNDESAMT, Realsteuervergleich 1980, Stuttgart und Mainz 1982, S. 88 (Fachserie 14, Reihe 10.1)).

Tabelle 3.6 – Simulierte Auswirkungen des Steueränderungsgesetzes 1979 und der Neufestsetzung der Schlüsselzahlen zum Gemeindeanteil an der Einkommensteuer 1982 auf das Steuereinkommen der Stadtregionen und des ländlichen Raumes[+]

Gebiet	Einwohner am 30.6.1979	Steuer 1979 (netto)	Anhebung Gemeindeanteil an der ESt von 14 auf 15 v.H.	Senkung der Gewerbesteuerumlage v. 120 v.H. auf 80 v.H.	Abschaffung der Lohnsummensteuer	Veränderung der Hebesätze bei der Gewerbesteuer nach E. u. K.	Zwischensumme Spalte 2-6	Änderung der Schlüsselzahlen Gemeindeanteil an ESt	Gesamteffekt = Sp. 7 und Sp. 8
	1	2	3	4	5	6	7	8	9
				DM pro Einwohner					
Stadtregionen davon	3.998.309	736,89	22,22	47,47	− 76,67	39,31	32,33	− 3,31	+ 29,02
Kernstädte[1]	2.047.676	966,80	25,27	64,37	− 137,98	74,84	26,50	− 31,70	− 5,20
Ergänzungsgebiete	280.701	667,01	23,75	39,92	− 64,59	34,42	33,50	− 3,71	+ 29,79
Verstädterte Zonen	511.805	542,21	20,69	34,95	− 9,72	1,74	44,18	28,27	+ 72,45
Randzonen	1.158.127	433,33	17,12	24,96	− 0,78	− 4,20	37,10	33,03	+ 70,13
Ländliche Räume davon	3.267.038	490,11	16,54	37,65	− 7,49	− 2,50	49,20	4,05	+ 53,25
Mittelzentren	1.191.408	598,28	19,62	45,71	− 16,34	+ 13,52	62,51	− 7,45	+ 55,06
Grund- und Nebenzentren	2.075.630	428,02	14,78	33,03	− 2,42	− 3,82	41,57	10,66	+ 52,23
Insgesamt	7.265.347	625,92	19,66	43,06	− 45,57	20,51	37,66	0	+ 37,66
nachrichtlich: Bremen, Bremerhaven, Hamburg	2.354.747	1.241,34	32,80	88,29	− 160,34	74,42	35,17	0	+ 35,17

[+] Quelle: Niedersächsisches Landesverwaltungsamt und eigene Berechnungen.
[1] Ohne Bremen, Bremerhaven, Hamburg und Kassel.

der Steuereinnahmen 1979 und addiert die einzelnen Wirkungen auf, so
erweisen sich die Mittelzentren im ländlichen Raum als die Gewinner
(+ 62 DM pro Einwohner - vgl. Tabelle 3.6), während die Kernstädte
zwar noch Steuereinnahmen hinzugewannen (+ 26 DM), aber eben relativ
weniger als der Durchschnitt der Gemeinden im Umland (+ 39 DM) (30).

Neben diesen Steuerrechtsänderungen wird die Bedeutung der Gewerbesteuer in Zukunft auch deshalb weiter abnehmen, da sie wahrscheinlich
wesentlich geringere Zuwachsraten aufweisen wird als der Gemeindeanteil an der Einkommensteuer (31), ganz abgesehen von der latent vorhandenen Tendenz eines Abbaus bzw. der Abschaffung dieser Steuer. Verstärkt würde die Abnahme der Bedeutung der Gewerbesteuer für die Kernstädte auch durch Betriebsverlagerungen, deren quantitativer Umfang
allerdings nicht eingeschätzt werden kann.

Ein zweites wesentliches Umverteilungselement im kommunalen Steuersystem stellt der Berechnungsmodus des Gemeindeanteils an der Einkommensteuer dar. Grundlage der Berechnung ist derzeit das zu versteuernde Einkommen bis zu einem maximalen Betrag ("Sockelgrenze") von
25.000,-- DM bei ledigen und 50.000,-- DM bei verheirateten Personen,
die ihren Wohnsitz in der Gemeinde haben. Durch diese Begrenzung soll
die Einbeziehung besonders hoher Einkommen einzelner Personen in die
Berechnungsgrundlage ausgeschlossen werden. Aus dem so ermittelten örtlichen Einkommen und der Summe dieser Einkommen im Land wird ein Quotient gebildet, die sog. Schlüsselzahl. Der Gemeindeanteil am Landesaufkommen an der Lohn- und Einkommensteuer wird mit dieser Schlüsselzahl multipliziert, um das jeweilige Steueraufkommen zu berechnen.
Für die Verteilung der Steuer ist also nicht nur das örtliche Einkommen,
sondern das Einkommen in allen anderen Gemeinden im Lande von Bedeutung.
Die Berechnung des örtlichen Einkommens basiert auf der alle drei Jahre erhobenen Lohn- und Einkommensteuerstatistik, bis zu deren Anwendung mehrere Jahre vergehen, so daß sich Verschiebungen im örtlichen
Aufkommen etwa durch Abwanderungen erst mit größerer Verzögerung bemerkbar machen, maximal erst nach 7 Jahren (32).

Bezogen auf den heutigen Gebietsstand sind die Schlüsselzahlen der
sieben niedersächsischen Oberzentren seit der Gemeindefinanzreform 1970
kontinuierlich zurückgegangen: Der Anteil am Steueraufkommen von 31,3
v.H. im Jahre 1970 war bis zum Jahre 1982 um über ein Viertel auf 23,2
v.H. gesunken. Für die 18 Kernstädte betrug der Verlust zusammen -21
v.H. Besonders betroffen war die Landeshauptstadt Hannover, deren An-

---

30 Nicht einbezogen in die Berechnungen wurden die Erhöhung der Freibeträge bei der Gewerbesteuer sowie die Überbrückungshilfen des
Landes.
31 Lt. Angaben des Arbeitskreises "Steuerschätzung" vom Juni 1982 soll
die Gewerbesteuer von 1982 bis 1986 um jährlich 5,8 v.H., der Gemeindeanteil an der Einkommensteuer hingegen um 9,1 v.H. wachsen.
32 Zum Berechnungsverfahren vgl. HERRMANN ELSNER und MANFRED SCHÜLER,
Das Gemeindefinanzreformgesetz, Hannover 1970.

teil um über ein Drittel zurückging. Auch die meisten der großen Mittelzentren mußten in den letzten Jahren eine Abnahme ihrer Schlüsselzahl hinnehmen. Entsprechend hoch waren die Zunahme bei den übrigen Gemeinden, deren Anteil beispielsweise aufgrund der Neuberechnung 1982 um 8,3 v.H. anstieg (vgl. Tabelle 3.7):

Tabelle 3.7 - Veraenderungen der Berechnungsgrundlagen fuer die Schluesselzahlen am Gemeindeanteil an der Einkommensteuer nach Zentralitaetsstufen und Gemeindestatus in Niedersachsen in vH *

Zentralitaets-stufe/Gemeindestatus	Anzahl	Einwohner am 30.6.1979	Veraenderung der Statistiken 1974 zu 1977 bei einer Sockelgrenze	
			25000 / 50000 DM	32000 / 64000 DM
			in vH	
Oberzentren	7	1428387	-8,5	-7,4
davon				
kreisfrei	5	1198335	-9,0	-7,9
eingekreist	2	230052	-5,7	-4,3
Mittelzentren	82	2620081	-2,0	-1,9
davon				
kreisfrei	4	364472	-8,5	-8,9
eingekreist(1)	3	198442	-7,5	-6,9
sonstige mit Mittelbereich				
ueber 80000 E	15	556900	-3,3	-2,6
40000-80000 E	30	850912	0,9	0,8
unter 40000 E	30	649355	2,2	2,0
Grund- und Nebenzentren	336	3216870	8,3	7,4

*Quelle: Niedersaechsisches Landesverwaltungsamt - Statistik und eigene Berechnungen
(1) Nur die Staedte Celle, Cuxhaven und Lueneburg

Diese Entwicklung der Schlüsselzahlen kann durch mehrere Faktoren erklärt werden:

- Nach Abwanderung oder Tod einer einkommensteuerpflichtigen Person verliert die Wohnsitzgemeinde bei der nächsten Berechnung der Schlüsselzahl deren Einkommen. Der maximale Verlust für einen vor 1978 weggezogenen Steuerpflichtigen betrug im Jahre 1982 rund 1.650,-- DM, d.h. bei einer dreiköpfigen Familie mit einem zu versteuernden Einkommen von 50.000,-- DM und mehr belief sich der Verlust auf rund 550,-- DM pro wegziehenden Einwohner (33). Aufgrund der negativen Wanderungssalden in den Jahren vor 1978 dürften nur die allergrößten

---

33 Die maximale Steuereinbuße betrug pro Fall 5.996,- DM, das waren 0,701 Millionstel des gesamten Sockelbetrages in Niedersachsen. Multipliziert mit dem Landesaufkommen des Gemeindeanteils an der Einkommensteuer 1982 erhält man einen Betrag von rund 1.650,- DM.

Städte Niedersachsens durch die Neuberechnung der Schlüsselzahlen
nennenswerte Einbußen erlitten haben, größere Gewinne aufgrund von
Wanderungsbewegungen werden wenige Gemeinden im Umland von Hamburg,
Bremen oder Hannover erzielen, für die übrigen Städte und Gemeinden
wird die Wanderungskomponente vermutlich nur unwesentlich ins Gewicht fallen.

- Quantitativ wichtiger sind die Verschiebungen der anzurechnenden Einkommen zwischen den Gemeinden. Durch die Beibehaltung der Sockelgrenze und die Senkung des Einkommensteuertarifs stieg der Teil der Einkommen, die nicht in die Berechnung einbezogen werden, von 22 v.H.
für die Schlüsselzahlen 1979 auf 31 v.H. für die Schlüsselzahlen
1982. Da hohe Einkommen eher in den Ober- und Mittelzentren anzutreffen sind, bleibt bei diesen Zentren ein überproportionaler Anteil der Einkommen außer Betracht. Die Erhöhung der Sockelgrenze
auf 32.000 /64.000 DM, wie sie die Bundesregierung vorschlug,
der Bundesrat aber ablehnte, hätte dann auch für die Zentren geringere Verluste bei den Schlüsselzahlen zur Folge gehabt (vgl. Tabelle 3.7) (34).

In der regionalen Verteilung gewannen bei der Neufestsetzung der
Schlüsselzahlen vor allem die Umlandgemeinden der Kernstädte hinzu
(vgl. Tabelle 3.6, Spalte 8), begünstigt wurden auch die Grund- und
Nebenzentren im ländlichen Raum. Verlierer waren die Kernstädte, aber
auch die Mittelzentren im ländlichen Raum (35). Da die veränderten
Steuereinnahmen in die Bemessung der Schlüsselzuweisungen des Landes
einbezogen werden, gleicht sich allerdings ein Teil dieser Gewinne und
Verluste wieder aus, bis auf die kreisfreien Städte, die wegen ihrer
eigenen Schlüsselmasse keine Minderung ihrer Verluste erwarten dürfen (36).

Die Modellrechnungen zu den Folgen des Steueränderungsgesetzes und der
Neuberechnungen der Schlüsselzahlen verdeutlichen, daß das kommunale
Steuersystem in den letzten Jahren auf eine Umverteilung der Steuereinnahmen zugunsten der Umlandgemeinden und zu Lasten der Kernstädte
angelegt war. Der Vorsprung an Steueraufkommen pro Einwohner, den die
großen Zentren bisher hatten, dürfte sowohl bei der Gewerbesteuer als
auch beim Gemeindeanteil an der Einkommensteuer langfristig abnehmen,
da eine Änderung der sozio-ökonomischen Bestimmungsfaktoren und der
staatlichen Steuerpolitik derzeit nicht in Sicht ist.

---

34 Entwurf eines Dritten Gesetzes zur Änderung des Gemeindefinanzreformgesetzes, Deutscher Bundestag, Drucksache 9/1482. Zur Problematik der Beibehaltung der Sockelgrenze vg. HANNS KARRENBERG und
ENGELBERT MÜNSTERMANN, Gemeindefinanzbericht 1982, in: Der Städtetag, N.F. Jg. 35 (1982), S. 97 ff.
35 Vgl. HANNS KARRENBERG, Die interkommunalen Verteilungswirkungen der
gemeindlichen Einkommensteuerbeteiligung, in: Zeitschrift für kommunale Finanzen, Jg. 30 (1980), S. 162 ff.
36 Anders in allen Bundesländern, die keine geteilte Schlüsselmasse
verwenden (vgl. RALF FISCHER, FRIEDEMANN GSCHWIND und DIETRICH
HENCKEL, Raumordnung und kommunale Steuerverteilung, Bonn 1981 (Forschungen zur Raumentwicklung, Bd. 9)).

Änderungen dieses Trends werden sich erst ergeben, wenn eine neue Kommunalsteuer eingeführt wird, die wieder einen stärkeren Bezug zur örtlichen Produktion herstellt. Eine derartige Steuer ist beispielsweise die Wertschöpfungssteuer, wie sie der Wissenschaftliche Beirat beim Bundesministerium der Finanzen vorgeschlagen hat (37). Solange eine Reform des Gemeindesteuersystems aber nicht zustande kommt, muß ein verstärktes Augenmerk auf den Lastenausgleich zwischen den Gemeinden (GV) bzw. zwischen Land und Kommunen gerichtet werden.

3.4.3 DIE MESSUNG DER KOMMUNALEN FINANZKRAFT

Bei der Berechnung von Umlagen oder der Verteilung von Zuweisungen ergibt sich häufig die Notwendigkeit, die finanzielle Situation verschiedener Gemeinden miteinander zu vergleichen. Die effektiven Steuereinnahmen, wie sie in Tabelle 3.5 angegeben wurden, sind für einen derartigen Vergleich jedoch nur beschränkt geeignet: Gemeinden, welche die Hebesätze ihrer Steuern überdurchschnittlich angehoben haben, müßten mehr an Umlagen bezahlen als solche Gemeinden, die ihre Bürger und ihre Betriebe weniger belastet haben.

Zur Berechnung der Steuerkraft einer Gemeinde ist es daher sinnvoll, von sog. einheitlichen Nivellierungssätzen auszugehen, wie sie in den Finanzausgleichsgesetzen der Länder geregelt sind (38). Ein Vergleich der effektiven Steuereinnahmen der Gemeinden in Niedersachsen mit der auf nivellierten Sätzen basierenden Steuerkraftmeßzahl läßt vor allem für die Ober- und großen Mittelzentren größere Abweichungen erkennen (vgl. Tabelle 3.8) (39). Verursacht wurden diese Abweichungen durch die Nichteinbeziehung der Lohnsummensteuer, aber auch durch die verwendeten Nivellierungssätze. Diese machten z.B. 1979 bei der Gewerbesteuer nach Ertrag und Kapital der kreisangehörigen Gemeinden rund 80 v.H. und bei den kreisfreien Städten rund 82 v.H. des jeweiligen Landesdurchschnitts aus, während der Gemeindeanteil an der Einkommensteuer zu 90 v.H. in die Berechnung einbezogen wurde (40). Durch diese Unterbewertung der Steuerkraft wurden die steuerstarken Gemeinden tendenziell bei der Umlageerhebung geschont, bzw. "der Kreis der zuweisungsberechtigten Gemeinden tendenziell zu Lasten der finanzschwächeren Gemeinden ausgedehnt" (41).

---

37 GUTACHTEN ZUR REFORM DER GEMEINDESTEUERN IN DER BUNDESREPUBLIK DEUTSCHLAND, erstattet vom Wissenschaftlichen Beirat beim Bundesministerium der Finanzen, Bonn 1982 (Schriftenreihe des Bundesministerium der Finanzen, H. 31).
38 Vgl. ENGELBERT MÜNSTERMANN und H. BECKER, Finanzausgleichsleistungen der Kommunen, Köln 1978, S. 54 (DST-Beiträge zur Finanzpolitik, Reihe G, H. 7).
39 Zur Berechnung vgl. NIEDERSÄCHSISCHES LANDESVERWALTUNGSAMT - STATISTIK, Gemeindeergebnisse der Finanzstatistik 1979, Hannover 1980, S. 9 (Statistik Niedersachsens, Bd. 333).
40 Bei Einbeziehung der Lohnsummensteuer wurden bei den kreisfreien Städten (einschließlich Göttingen) sogar nur 64 v.H. des durchschnittlichen Hebesatzes herangezogen.
41 Entwurf eines Siebten Gesetzes zur Änderung des Gesetzes über den Finanzausgleich, Niedersächsischer Landtag, Drucksache 9/1960, S. 34.

Tabelle 3.8 - Vergleich der tatsaechlichen Steuereinnahmen 1979 mit den Steuerkraftmesszahlen 1980 und den fiktiven Steuerkraftmesszahlen 1980 in Niedersachsen nach Zentralitaetsstufen und Gemeindestatus in DM pro Einwohner *

Zentralitaets-stufe/Gemeindestatus	Anzahl	Einwohner am 30.6.1979	Steuern (netto) 1979	Steuerkraft messzahl 1980	Differenz zu Sp 3	Fiktive Steuerkraft messzahl 1980 (1)	Differenz zu Sp 3
	1	2	3	4	5	6	7
			DM pro Einwohner				
Oberzentren	7	1428387	941,81	656,47	-285,33	785,05	-156,75
davon							
kreisfrei	5	1198335	978,21	679,77	-298,44	810,38	-167,83
eingekreist	2	230052	752,16	535,08	-217,07	653,07	-99,08
Mittelzentren	82	2620081	668,48	508,04	-160,43	640,73	-27,74
davon							
kreisfrei	4	364472	1029,85	727,96	-301,89	887,78	-142,07
eingekreist (2)	3	198442	717,00	530,52	-186,48	670,29	-46,71
sonstige mit Mittelbereich							
ueber 80000 E	15	556900	706,63	541,73	-164,89	701,08	-5,54
40000-80000 E	30	850912	580,53	453,41	-127,12	573,41	-7,12
unter 40000 E	30	649355	533,34	420,44	-112,90	529,49	-3,84
Grundzentren	168	1918425	437,69	367,27	-70,42	463,44	25,74
Nebenzentren	168	1298454	413,93	339,95	-73,98	423,19	9,25

*Quelle: Niedersaechsisches Landesverwaltungsamt - Statistik und eigene Berechnungen
(1) Berechnet mit folgenden Hebesaetzen: Gewerbesteuer (netto) = 233, Grundsteuer A = 249, Grundsteuer B = 265 und Gemeindeanteil an der Einkommensteuer zu 90 . 1,07 = 96
(2) Nur die Staedte Celle, Cuxhaven und Lueneburg

Längerfristig wird in Niedersachsen angestrebt, die Steuerkraftmeßzahlen mit 90 v.H. der landesdurchschnittlichen Hebesätze zu berechnen, wie es bereits im Finanzausgleich 1970 erfolgte (42). Unter Berücksichtigung der Maßnahmen des Steueranpassungsgesetzes und der sich daraus ergebenden neuen Gewerbesteuerhebesätze 1980 wurde die Steuerkraftmeßzahl auf der Basis der Werte von 1980 neu berechnet (43). Für alle Zentralitätsstufen ergab sich ein wesentlich höheres Einnahmenniveau, die Spanne zwischen den nivellierten Steuereinnahmen der Ober- und Nebenzentren vergrößerte sich sogar um 45 DM pro Einwohner. Besonders stark fiel der Zuwachs der nivellierten Steuerkraft für die kreisfreien Mittelzentren aus (+ 77 DM), so daß sich insgesamt gesehen durch die Verwendung von wirklichkeitsnäheren Einheitshebesätzen merkliche Änderungen in der Steuerkraftberechnung der einzelnen Gemeinden ergeben würden. Im Hinblick auf die Bedeutung der Steuerkraftmeßzahl bei der Be-

---

42 Ebenda.
43 Es werden landeseinheitliche Hebesätze für alle Städte und Gemeinden verwendet.

rechnung der Schlüsselzuweisungen des Landes wäre daher eine baldige
Anhebung der Einheitshebesätze sinnvoll (44). Auf diese Weise ließe
sich die finanzielle Situation von Gemeinden mit gleich hohem Pro-Kopf-
Steueraufkommen, aber unterschiedlicher Steuerstruktur, besser vergleichen.

Das Land Niedersachsen gleicht im kommunalen Finanzausgleich einen Teil
der Steuerkraftunterschiede durch Schlüsselzuweisungen aus. Zur Messung
der finanziellen Lage zwischen einzelnen Gemeinden sollten auch diese
Zahlungen herangezogen werden, wie es beispielsweise bei der Kreisumlage geschieht. Die Summe aus Steuern und Schlüsselzuweisungen wird im
folgenden als Finanzkraft bezeichnet. Wegen der geschilderten Verzer-
rungen bei der Berechnung der Steuerkraft, insbesondere durch Nichteinbeziehung der Lohnsummensteuer, wird im allgemeinen von den effektiven
Steuereinnahmen ausgegangen.

Die Finanzkraft einer Gemeinde bezieht sich nur auf einen Teil der Einnahmen, sie sagt über die Belastung einer Gemeinde mit bestimmten Aufgaben noch nichts aus. Bei der unterschiedlichen Aufgabenwahrnehmung
zwischen Gemeinden wären auch die zu erfüllenden Aufgaben in den Vergleich mit einzubeziehen, um die finanzielle Leistungsfähigkeit einer
Gemeinde berechnen zu können (45). Aufgrund der Abgrenzungs- und Be-
rechnungsprobleme (welche Aufgaben zu welchen Kosten?) wird auf die Verwendung dieses Konzepts in der Regel verzichtet (46).

---

44 Im Finanzausgleichsgesetz 1981 wurden die Nivellierungssätze für die
   Grundsteuern der kreisangehörigen Gemeinden bereits auf 80 v.H. angehoben.
45 Für die zweckgebundenen Zuweisungen, die außerhalb des niedersächsischen Finanzausgleichsgesetzes vom Land vergeben werden, ist auch
   die finanzielle Leistungsfähigkeit zu berücksichtigen (§ 32 NdsFAG).
46 Einen Anhaltspunkt für die finanzielle Leistungsfähigkeit gibt zwar
   ein Vergleich der laufenden Einnahmen und Ausgaben, für die einzelne
   Gemeinde ist aber ein derartiges Verhalten umstritten, wie die Diskussion in Kapitel 8 zeigen wird.

4. FINANZIELLE BELASTUNG DER ZENTRALEN ORTE UND LANDKREISE DURCH ZENTRALÖRTLICHE EINRICHTUNGEN

4.1 KOMMUNALE TRÄGERSCHAFT DER ZENTRALÖRTLICHEN EINRICHTUNGEN

Das Konzept der zentralen Orte stellt, wie bereits erwähnt, auf die Ausstattung dieser Orte mit bestimmten Einrichtungen ab, die zur Nutzung durch die Bevölkerung des zentralen Ortes und des jeweiligen Einzugsbereiches bereitstehen sollen. Für die raumordnerischen Zielsetzungen ist es im allgemeinen ohne Belang, wer der Träger der Einrichtungen ist, solange eine dauerhafte Bereitstellung der gewünschten Infrastruktur gewährleistet ist. So können beispielsweise Krankenhäuser vom Land, von Kommunen, von Zweckverbänden, von Freien Trägern oder auch von Privaten geführt werden. Belastungen des Gemeindehaushaltes durch zentralörtliche Einrichtungen können jedoch nur dann eintreten, wenn eine Gemeinde entweder selbst Träger einer derartigen Einrichtung ist oder an fremde Träger Zuweisungen bzw. Zuschüsse zahlt.

In den Ausstattungskatalogen der Landesplanung sowie der Ministerkonferenz für Raumordnung (MKRO) werden für die notwendigen zentralörtlichen Einrichtungen zahlreiche Einrichtungen aufgeführt, die in der Regel von den Gemeinden (GV) weder gebaut noch unterhalten werden (1). In den meisten Fällen läßt sich eine eindeutige Ausgliederung der nichtkommunalen Aufgaben vornehmen (vgl. Tabelle 4.1). So fallen Universitäten und Fachhochschulen sowie Gerichte und Dienststellen höherer Verwaltungsstufen in den Aufgabenbereich des Landes, z.T. auch des Bundes. Auch im Bereich der Kreditinstitute, der Einzelhandels- bzw. Handwerksbetriebe sowie der Hotels dürfen sich die Gemeinden (GV) im allgemeinen nicht wirtschaftlich betätigen. Die Sparkassen sowie gelegentlicher Betrieb von Hotels seien hier vernachlässigt. Der Eisenbahnverkehr wird zum allergrößten Teil von der Bundesbahn betrieben, obwohl einige Gemeinden (GV) an kleineren Eisenbahngesellschaften beteiligt sind. Die ärztliche Betreuung der Bevölkerung sowie die Apotheken gehören nicht in den kommunalen Aufgabenbereich, Abgrenzungsprobleme gibt es jedoch bei ambulanter Behandlung im Krankenhaus und durch die Sozialstationen (2).

---

1 Vgl. DÖHNE/GRUBER, S. 46 ff. In Niedersachsen wird auf einen Mindestausstattungskatalog zentraler Einrichtungen für die einzelnen Stufen verzichtet (vgl. RAUMORDNUNGSBERICHT NIEDERSACHSEN 1980, S. 18).

2 Der Verkehrsbereich ist für die zentralörtlichen Einrichtungen zwar ein wichtiger Faktor, da er den Zugang zu diesen Einrichtungen auch für die entfernt lebenden Nutzer gewährleistet. Aus zwei Gründen wurde der Verkehrsbereich aber ausgeklammert. Zum einen können die Kosten für Straßen oder öffentlichen Personennahverkehr (ÖPNV) nur schwer zugerechnet werden, zum anderen wird in den sog. Querverbundsunternehmen ein Teil der Verluste für Bus- und Straßenbahnbetrieb mit Gewinnen aus der Energie- und Wasserversorgung verrechnet. Die Belastungen der einzelnen Gemeinden durch den Verkehr sind daher nur sehr schwierig zu ermitteln.

Tabelle 4.1 — Ausstattungskatalog von zentralen Orten verschiedener Zentralitätsstufen nach Trägerschaft und entsprechender Gliederungsnummer im Haushalt[+]

Zentralitäts-stufe	Art der Einrichtung	Träger, soweit nicht von anderen wahrgenommen	Gliederungs-nummer
Grundzentrum	- Schulzentrum der Sekundarstufe I	kommunal (Sachaufwand)	in UA 219 enthalten
	- Spiel- und Sportstätten	kommunal	A 55-57 und UA 219
	- Arzt, Apotheke	privat	-
	- Einzelhandels, Handwerks- und Dienstleistungsbetriebe	privat	-
Mittelzentrum	Zusätzlich zu obigen Einrichtungen:		
	- Zur allgemeinen Hochschulreife führende Schule	kommunal (Sachaufwand)	in UA 219 enthalten
	- Berufsschulen und sonstige berufsbildende Schulen	kommunal	A 25
	- Sonderschulen für Lernbehinderte	kommunal	UA 210
	- Musikschulen	kommunal	A 33
	- Einrichtungen der differenzierten Erwachsenenbildung	kommunal	UA 350
	- Öffentliche Bücherei	kommunal	UA 352
	- Krankenhaus der Regelversorgung	kommunal	A 52
	- Fachärzte	privat	-
	- Größere Sportanlagen	kommunal	A 55 - 57
	- Vielseitige Einkaufsmöglichkeiten, Großhandelszentrum, grössere Kreditinstitute	privat	-
	- Direkter Anschluß an Bundesfernstraßennetz	Träger der Straßenbaulast	soweit kommunal A 63-66
	- Eilzugstation	Bahn (Bund)	-
Oberzentrum	Zusätzlich zu obigen Einrichtungen:		
	- Hochschulen (einschl. Universitätskliniken)	Land	-
	- Sportstadien, Großhallen	kommunal	A 56, A 57
	- Zoologische Gärten	kommunal	A 32
	- Krankenhäuser der Zentralversorgung	kommunal	A 51
	- Theater	kommunal	A 33
	- Museen und wissenschaftliche Biblioth. (ohne Universitätsbibliotheken)	kommunal	A 31-A 32
	- Großkaufhäuser sowie spezialisierte Einkaufsmöglichkeiten	privat	-
	- größere Kreditinstitute	privat	-
	- Dienststellen höherer Verwaltungsstufen	Land, Bund	-
	- Messehallen, Stadthallen	kommunal	A 84
	- Anbindung an ausgehende Bundesstraßen und -autobahnen	Träger der Straßenbaulast	soweit kommunal A 66
	- Regionale Flughäfen (in max. 40 km Entfernung)	kommunal	A 82
	- Haltestellen des Eisenbahnfernverkehrs	Bahn (Bund)	-

[+] Quelle: Eigene Zusammenstellung.

Bisher wurde die kommunale Trägerschaft von zentralörtlichen Einrichtungen nicht nach kreisfreien Städten, kreisangehörigen Gemeinden, Landkreisen und Zweckverbänden differenziert. In Tabelle 4.2 ist diese Trägerschaftsstruktur für die meisten zentralörtlichen Einrichtungen anhand diverser Statistiken ausgewiesen worden. Einige Einrichtungen konnten nur nach ihrer Zahl angegeben werden, bei anderen ließ sich auch die Kapazität bzw. Zahl der Nutzer angeben. Während die aufgeführten Einrichtungen zum größten Teil von jeder kreisfreien Stadt getragen werden, muß bei den Landkreisen und den kreisangehörigen Gemeinden das Nebeneinander der Trägerschaften beachtet werden: Innerhalb eines Landkreises kann eine gleichzeitige Trägerschaft von bestimmten zentralörtlichen Einrichtungen bei einer oder mehreren kreisangehörigen Gemeinden und dem Landkreis selbst bestehen, oder aber die Trägerschaft ist so geregelt, daß sie entweder der Landkreis oder eine kreisangehörige Gemeinde innehat.

Gleichartige zentralörtliche Einrichtungen können daneben sowohl in privater als auch in kommunaler Trägerschaft existieren. Private Trägerschaften bestehen vor allem durch die freigemeinnützigen und kirchlichen Träger in den Bereichen Krankenhaus und Büchereien. Vereine, an denen die Gemeinden (GV) beteiligt sind, unterhalten zudem eine größere Anzahl von Volkshochschulen und Musikschulen.

Um einen ersten Anhaltspunkt über die finanzielle Belastung der Gemeinden (GV) durch zentralörtliche Einrichtungen zu erhalten, wurde eine Auszählung danach vorgenommen, welche Gemeinden (GV) 1979 überhaupt Ausgaben für zentralörtliche Einrichtungen im Verwaltungshaushalt getätigt hatten (vgl. Tabelle 4.3). Im Vergleich zu der Gesamtzahl der Gemeinden in einer Zentralitätsstufe sind die einzelnen zentralörtlichen Bereiche sehr unterschiedlich besetzt. Über die Höhe der Ausgaben ist damit zwar noch keine Aussage getroffen, doch zeichnen sich die überwiegend grundzentralen Bereiche wie Sportanlagen, Bäder von oberzentralen Bereichen wie Messen auch durch die Anzahl der Fälle ab. Bemerkenswert erscheint, daß knapp ein Viertel der Mittelzentren keine, hingegen 45 Nebenzentren noch Ausgaben für höhere allgemeinbildende Schulen tätigen. In diesen kleineren Mittelzentren werden die entsprechenden Schulen vom Kreis vorgehalten. Die unmittelbare Belastung der zentralen Orte wird also nicht nur von ihrer Zentralitätsstufe geprägt, sondern auch durch die Struktur der Trägerschaft.

4.2 MESSUNG DER ZENTRALÖRTLICHEN BELASTUNG

Die Haushalte der Gemeinden (GV) werden nach einheitlichen Vorschriften aufgestellt, die u.a. eine Aufteilung nach einer funktionalen Gliederung vorsehen (3). In Tabelle 4.1 sind den einzelnen zentralörtlichen Einrichtungen entsprechende Gliederungsnummern des Haushaltsrechts zu-

---

3 Vgl. Verordnung über die Aufstellung und Ausführung des Haushaltsplans der Gemeinden - Gemeindehaushaltsverordnung (GemHVO) vom 27.8.1973 (GVBl. S. 301) und Vorschriften über die Gliederung und Gruppierung der Haushaltspläne der Gemeinden und Landkreise nebst Anlagen und Haushaltsmustern. Runderlaß des Minister des Innern vom 2.4.1973 (Nds.MBl. S. 669), geändert durch Runderlaß vom 6.8.1975 (Nds.MBl. S. 1316).

Tabelle 4.2 - Träger von ausgewählten zentralörtlichen Einrichtungen in Niedersachsen[*]

	Berechnungs-einheit	Land	Träger kreisfreie Stadt	Kreisangehörige Stadt bzw. (1) Gemeinde	Land-kreis	Zweck-verband	Private und sonstige
	1	2	3	4	5	6	7
Hauptschulen	Schulen	1	1o9	355	26o	3	18
Orientierungsstufen[2]	Schulen	-	85	86	82	1	5
Realschulen	Schulen	-	52	1o4	116	1	4
Gymnasien	Schulen	4	57	62	88	2	28
Gesamtschulen	Schulen	-	1	12	4	-	-
Sonderschulen	Schulen	7	51	21	175	1	33
Berufsschulen	Schulen	5	34	-	101	-	4
	Schüler	324	69.2o5	-	131.133	-	25o
Berufsfachschulen etc.	Schulen						
	Schüler	317	14.471	-	38.499	-	7.625
Volkshochschulen (198o)	Schulen	-	6	2o	25	5	19
	Unterrichts-stunden in 1ooo	-	241	146	453	52	269
Öffentliche Büchereien	Büchereien	-	1029		20	-	651
Öffentliche Theater	Theater	3	-	-	-	7	2
	Besucher	1007352	-	-	-	799678	80343
Musikschulen	Schulen		23		7	3	28
Öffentliche Akutkrankenhäuser	Kranken-häuser	4	18	13	48	4	3
	Betten	3.144	7.845	3.636	13.565	1.o8o	23.84o

+ Quelle: Niedersächsisches Landesverwaltungsamt, Deutscher Volkshochschul-Verband, Deutsches Bibliotheksinstitut und eigene Berechnungen, Statistisches. Jahrbuch Deutscher Gemeinden Band 60.
1 Einschließlich Samtgemeinden.
2 Selbständige Orientierungsstufe.

geordnet. Diese Zuordnung ist mit gewissen Unschärfen verbunden, dergestalt, daß sowohl Beträge miteinbezogen werden, die nicht als zentralörtlich einzustufen sind, als auch umgekehrt, daß Zahlungen für bzw. von zentralörtlichen Einrichtungen nicht erfaßt werden. Ein Beispiel für letzteren Fall stellen die allgemeinen Verwaltungskosten dar, die entweder im Einzelplan 0 oder in den übrigen Einzelplänen im ersten Abschnitt aufgeführt werden. Diese Ausgaben konnten wegen fehlender Zurechenbarkeit nicht berücksichtigt werden.

Innerhalb der kommunalen Jahresrechnungen, die von den Gemeinden (GV) für das niedersächsische Landesverwaltungsamt zusammengestellt werden, sind Einrichtungen gleicher Gliederungsnummern zusammengefaßt. Eine weitere Aufteilung, wie z.B. zwischen Zahlungen an Theater oder an Musikschulen ist dann nach der Jahresrechnungsstatistik nicht mehr möglich. Aus diesem Grunde ist eine Zuordnung nach Zentralitätsstufen in vielen Fällen nur grob möglich. Hinzu kommt, daß bestimmte Einrichtungen nicht nach mittel- bzw. oberzentralen Funktionen aufgeteilt werden können, d.h. in einem Schwerpunktkrankenhaus kann nicht nach normaler ärztlicher Versorgung und spezialisierter Versorgung unterschieden werden, bei einer integrierten Gesamtschule oder einem Gymnasium nach den Sekundarstufen I und II. Es werden in dieser Arbeit daher alle Einnahmen und Ausgaben für zentralörtliche Einrichtungen addiert und im allgemeinen nicht nach ober-, mittel- und grundzentralen Einrichtungen differenziert. Wenn man von der Annahme ausgeht, daß die einzelnen Zentralitätsstufen pro Einwohner unterschiedlich belastet werden, so muß sich dies aus der Summe der Belastungen für die einzelnen zentralörtlichen Einrichtungen erweisen.

Die Belastungen der Gemeinden durch einzelne zentralörtliche Einrichtungen und durch alle Einrichtungen insgesamt sollen anhand der Differenz der Einnahmen und Ausgaben des jeweiligen Haushaltsabschnittes (A) bzw. -unterabschnittes (UA) gemessen werden. Fallen die Ausgaben größer als die Einnahmen aus, spricht man von Mehrausgaben oder Zuschußbedarf. Übersteigen die Einnahmen die Ausgaben, bezeichnet man die Differenz als Mehreinnahmen oder auch als Überschuß.

Aufgrund des Gesamtdeckungsprinzips im kommunalen Haushalt werden der Erhalt von Darlehen, deren Tilgung sowie Schuldendiensthilfen nur im Einzelplan 9 verbucht, auch wenn die Mittel zweckgebunden sind. Eine Zurechnung zu einzelnen Haushaltsabschnitten konnte daher nur teilweise erfolgen. Schließlich werden auch kalkulatorische Kosten nur erfaßt, wenn es sich um eine kostenrechnende Einrichtung handelt, bzw. in den gezahlten Zuschüssen die Deckung von Abschreibungen bei Unternehmen enthalten ist.

Tabelle 4.3 - Gemeinden mit Ausgaben im Verwaltungshaushalt für zentralörtliche Einrichtungen in Niedersachsen 1979[+]

Zentralitäts- stufe / Landkreise	Gemein- den (GV) Anzahl	Sonder- schulen UA 210	Allgemein- bildende Schulen (außer Grund- schulen) UA 219	Berufs- schulen A 25	Volks- hochschu- len UA 350	Bücherei- en UA 352	Kranken- häuser A 51	Eigene Sportan- lagen A 56	Bäder A 57	Museen A 32	Theater, Musik- schulen A 33	Messen A 84
Oberzentren	7	7	7	5	7	7	7	7	7	7	7	7
Mittelzentren	82	19	62	7	40	81	20	77	79	49	79	27
Grundzentren	168	8	78	1	67	159	13	156	136	45	125	11
Nebenzentren	168	3	45	2	40	143	5	157	106	20	97	7
Landkreise	37	37	37	37	32	34	37	4	13	30	36	1

[+] Quelle: Niedersächsisches Landesverwaltungsamt und eigene Berechnungen.

4.3 MEHRAUSGABEN DURCH ZENTRALÖRTLICHE EINRICHTUNGEN

4.3.1 SCHULE

Bis auf die Grundschulen werden alle Schultypen als zentralörtliche Einrichtungen eingestuft. Mittelzentrale Bedeutung haben dabei die gymnasialen Oberstufen und die berufsbildenden Schulen, während die übrigen Schultypen der grundzentralen Versorgung dienen. Schulträger sind in Niedersachsen bei den Grundschulen die Gemeinden bzw. Samtgemeinden, bei den übrigen Schulformen die kreisfreien Städte und die Landkreise (4). Auf Antrag kann die Schulbehörde die Schulträgerschaft auf kreisangehörige Gemeinden übertragen, wenn bestimmte Bedingungen erfüllt sind. Eine Übertragung von berufsbildenden Schulen ist nicht möglich.

In den niedersächsischen Städten über 50.000 Einwohner sinkt der Anteil auswärtiger Schüler mit zunehmender Gemeindegröße (vgl. Tabelle 4.4), ein Phänomen, das sich auch in anderen Bundesländern nachweisen läßt (5). Dieser Anstieg kann auf das relativ größere Schuleinzugsgebiet der kleineren zentralen Orte zurückzuführen sein, daneben spielen - wie die großen Schwankungsbreiten zeigen - sicherlich noch andere Faktoren eine Rolle. Die höchsten Auswärtigenanteile sind an den berufsbildenden Schulen zu finden. Sie überschritten dort in zwei Fällen sogar die 50 v.H.-Marke; Träger dieser Schulen ist der jeweilige Landkreis.

Die Einführung der Regelschulträgerschaft der Landkreise für die allgemeinbildenden Schulen der Sekundarstufe I und II durch das Schulgesetz 1974 war heftig umstritten (6), da die Schulträgerschaft zum Grundelement des eigenen Wirkungskreises einer Gemeinde gehört. Begründet wurde diese Regelschulträgerschaft mit dem Argument, daß aus bildungspolitischen Gründen in jedem Einzugsbereich nur ein Schulträger und ein Schulstandort für die Sekundarstufe I vorhanden sein sollten (7). Die Mehrzahl der Gemeinden könne aber nicht die erforderliche Schülerzahl für derartige Schulzentren stellen. Nur Städte mit 30.000 und mehr Einwohnern wären leistungsfähig genug, Schulträgerschaften der Sekundarstufe I zu übernehmen. Dagegen wurde und wird von den Städten und Gemeinden dargelegt, daß eine ortsnahe Wahrnehmung der Aufgaben der Schulträgerschaft durch die Gemeinden die sachgerechteste Lösung sei (8). Insbesondere wurde betont, daß die Schulen einen unmittelbaren örtlichen

---

4 § 82 a NSchG.
5 Vgl. BERNHARD MEWES, Wirkungsbereich der Stadt 1976, in: Statistisches Jahrbuch Deutscher Gemeinden, Jg. 64 (1977), S. 428 ff.
6 Niedersächsisches Schulgesetz vom 30.5.1974 (Nds. GVBl. S. 289). Die Landkreise waren davor schon Träger der Berufsschulen und hatten die Trägerschaft von allgemeinbildenden Schulen übernommen.
7 Entwurf eines niedersächsischen Schulgesetzes vom 30.10.1973, Niedersächsischer Landtag, Drucksache 7/2190, S. 93.
8 Vgl. REGELSCHULTRÄGERSCHAFT DER GEMEINDEN UND VERBESSERUNG DER SCHULFINANZIERUNG NOTWENDIG, in: Niedersächsischer Städteverband. Nachrichten für Städte, Gemeinden, Samtgemeinden, 1980, S. 1 ff.

Tabelle 4.4 — Anteil auswärtiger Nutzer in ausgewählten zentralörtlichen Einrichtungen in Städten über 50.000 Einwohner in Niedersachsen 1976[+]

Stadt	Anteil auswärtiger Sonderschüler	Anteil auswärtiger Sonderschüler in den Sekundarstufen[2]	Anteil auswärtiger Berufsschüler	Anteil auswärtiger Platzmieter am Theater	Anteil auswärtiger Teilnehmer an Volkshochschulkursen	Anteil auswärtiger Teilnehmer an Musikschulen	Anteil auswärtiger Patienten in städtischen Krankenhäusern
		Anteil Auswärtiger in v.H.					
Hannover	10,3	6,0	15,1	30,0	12,9	10,0	23,6
Braunschweig	6,5	7,1	15,1	.	.	8,6	31,9
Osnabrück	29,9	18,6	44,2	36,6	.	20,7	38,7
Oldenburg	2,2	6,4	27,3	29,0	11,0	9,8	52,5
Wofsburg	14,1	7,5	9,0	–	.	.	33,9
Göttingen	7,8	26,8	30,3	24,4	10,0	32,1	–
Salzgitter	7,6	7,5	5,6	–	20,0	4,4	26,2
Hildesheim	2,9	11,8	.	16,5	35,3	13,0	53,6
Wilhelmshaven	8,5	3,5	8,3	.	34,3	.	35,3
Celle	26,1	36,4	.	40,0	14,9	14,5	–
Delmenhorst	2,6	9,8	17,3	.	16,7	31,8	38,3
Lüneburg	22,4	28,1	31,4	70,3	30,0	.	51,8
Hameln	37,8	30,6	41,9	.	.	–	–
Cuxhaven	3,2	3,5	7,4	6,2	–	0,7	26,5
Garbsen	4,2	7,6	.	–	–	.	–
Goslar	.	10,5	.	–	–	.	–
Emden	8,6	9,3	31,2	10,3	5,2	12,4	25,8
Wolfenbüttel	.	18,3	.	–	–	.	43,0
Insgesamt[1]				27,5	16,6		

[+]Quelle: Deutscher Städtetag und eigene Berechnungen.
1 Soweit Angaben vorhanden.
2 Weiterführende allgemeinbildende Schulen.

Ansprechpartner brauchten, wie u.a. die vielen Fälle zeigen, in denen Gemeinden die laufende Verwaltung von Schulen übernommen haben, deren Träger die Landkreise sind.

Die Folgen der gesetzlichen Änderung der Schulträgerschaft waren erheblich. Bereits vor dem 1.1.1975 haben 80 gemeindliche Schulträger, die 153 Schulen unterhielten, die Trägerschaft an den Landkreis abgegeben (9). In weiteren 58 Fällen wurde den Anträgen auf Beibehaltung der Schulträgerschaft nicht stattgegeben, entweder wegen fehlender Deckungsgleichheit von Gemeindegebiet und Einzugsbereich oder wegen unzureichender finanzieller Leistungsfähigkeit (10). Es bestanden daher 1979 nur noch rund 130 gemeindliche Schulträgerschaften mit dem Angebot der Sekundarstufen gegenüber 154 Standorten mit Kreisträgerschaften (vgl. Tabelle 4.2). Auch Sonderschulen werden nur zum kleinen Teil von kreisangehörigen Gemeinden geführt. Land, Zweckverbände sowie Private spielen bei der Trägerschaft von Schulen keine wesentliche Rolle.

Von Landkreis zu Landkreis fällt die Verteilung der Schulträgerschaft zwischen Gemeinden und Landkreis unterschiedlich aus. Während beispielsweise im Landkreis Hannover alle allgemeinbildenden Schulen von den Städten und Gemeinden getragen werden, ist in 7 Landkreisen nur eine Gemeinde Schulträger im Sekundarbereich und in mindestens einem Fall keine einzige Gemeinde. Diese Trägerschaftsstruktur führt dazu, daß die Mehrausgaben im Bereich Schulen, bezogen auf den Einwohner, zwischen den Gemeinden auch gleicher Zentralitätsstufe stark schwanken.

Die Höhe der Mehrausgaben wird daneben noch maßgeblich von der Finanzierung der Schulen beeinflußt. Grundsätzlich trägt das Land Niedersachsen die Personalkosten der Lehrer, während die Schulträger die sächlichen Kosten der Schulen wie Unterhaltung, Investitionen etc. sowie die Personalkosten der Hausmeister und Sekretärinnen zu finanzieren haben (11). Daneben bezuschußt das Land noch den Schulbau und die Schülerbeförderung (12). Auch der Landkreis ist verpflichtet, den Schulbau in seinem Gebiet zu fördern, wozu eine Kreisschulbaukasse eingerichtet wird (13). Außerdem hat der Landkreis den Schulträgern der Sekundarbereiche Zuweisungen zwischen 30 und 70 v.H. (ab 1981: 50 - 80 v.H.) der laufenden Kosten zu gewähren (14). Zu erwähnen ist noch, daß unter bestimmten Voraussetzungen vom Schulträger Gastschulbeiträge für auswärtige Schüler erhoben werden können. Auf die Finanzierung der Schulen wird in den folgenden Kapiteln noch ausführlich eingegangen.

Der Zuschußbedarf zu den einzelnen Schultypen (ohne Zahlungen an die Kreisschulbaukassen) ist in Tabelle 4.5 für die verschiedenen Zentrali-

---

9 GEMEINDLICHE SCHULTRÄGERSCHAFT NACH DEM NIEDERSÄCHSISCHEN SCHULGESETZ - Zwischenbilanz - , in: ebenda, 1976, S. 81 ff.
10 Zum Kriterium der hinreichenden Leistungsfähigkeit einer Gemeinde als Grundlage für die Übertragung der Schulträgerschaft vgl. OVG Lüneburg, Urteil vom 8.3.1977.
11 §§ 92, 93 NSchG.
12 §§ 94, 96 NschG.
13 § 99 NSchG.
14 § 98 NSchG.

Tabelle 4.5 - Zuschussbedarf fuer verschiedene Schularten in DM pro Einwohner nach Zentralitaetsstufen und Gemeindestatus in Niedersachsen (ohne Kreisschulbaukassen und Landkreis Diepholz) *

Zentralitaets- stufe/Gemein- destatus	An- zahl	Einwohner am 30.6.1979	Sonderschulen Zuschussbedarf			Allgemeinbildende Schulen (1) Zuschussbedarf			Berufsschulen Zuschussbedarf			Schulen insgesamt Zuschussbedarf		
			im VerwH	im VermH	insge- samt	im VerwH	im VermH	insge- samt	im VerwH	im VermH	insge- samt	im VerwH	im VermH	insge- samt
			DM pro Einwohner											
Oberzentren	7	1428387	7,92	1,42	9,35	61,01	44,74	105,75	14,59	23,79	38,39	83,53	69,96	153,50
davon kreisfrei	5	1198335	8,24	1,64	9,89	59,15	42,82	101,98	17,39	26,21	43,60	84,80	70,68	155,48
eingekreist	2	230052	6,25	0,26	6,51	70,70	54,70	125,40	0,00	11,23	11,23	76,95	66,19	143,15
Mittelzentren	79	2576095	1,40	0,17	1,58	27,16	31,54	58,71	2,54	3,68	6,23	31,12	35,40	66,53
davon kreisfrei	4	364472	6,67	1,30	7,98	75,50	51,03	126,53	18,04	26,03	44,08	100,23	78,37	178,60
eingekreist(2)	3	198442	1,53	0,19	1,72	44,92	11,56	56,48	-0,02	0,25	0,22	46,43	12,00	58,43
sonstige mit Mittelbereich														
ueber 80000 E	15	556900	0,61	-0,26	0,35	15,50	48,71	64,21	-0,02	-0,06	-0,09	16,08	48,37	64,46
40000-80000 E	28	818257	0,43	-0,10	0,54	19,85	16,31	36,17	0,00	-0,00	-0,00	20,28	16,42	36,70
unter 40000 E	29	638024	0,29	0,00	0,30	13,59	31,16	44,76	0,00	0,00	0,00	13,89	31,17	45,07
Grundzentren	161	1811552	0,26	-0,06	0,19	7,44	13,94	21,39	0,01	0,00	0,02	7,73	13,88	21,61
Nebenzentren	163	1267392	0,01	0,00	0,01	3,87	1,99	5,87	0,00	0,00	0,00	3,88	1,99	5,88
Landkreise	36	5520619	6,35	2,14	8,50	55,21	28,39	83,60	14,20	20,30	34,51	75,78	50,83	126,61

*Quelle: Niedersaechsisches Landesverwaltungsamt - Statistik und eigene Berechnungen
(1) Ohne Grundschulen
(2) Nur die Staedte Celle, Cuxhaven und Lueneburg

tätsstufen dargestellt. Bezogen auf die Einwohnerzahl der jeweiligen Zentralitätsstufe lassen sich folgende Aussagen treffen:

- Die Mehrausgaben für <u>Sonderschulen</u> machten 1979 im Landesdurchschnitt rund 5 v.H. der Mehrausgaben für zentralörtliche Schultypen aus. Überwiegend entstanden Mehrausgaben im Verwaltungshaushalt, da keine größere Bautätigkeit zu verzeichnen war. Mehrausgaben fielen aufgrund der Trägerschaft fast ausschließlich bei den kreisfreien Städten und den Landkreisen an.

- Rund zwei Drittel des Zuschußbedarfs entfielen auf die <u>höheren allgemeinbildenden Schulen</u>, der Zuschußbedarf pro Einwohner lag bei den Oberzentren und kreisfreien Mittelzentren über 100 DM, bei den Landkreisen bei fast 90 DM. Die Bezuschussung der laufenden Kosten durch den Landkreis drückte den Zuschußbedarf der kleineren Mittelzentren sowie der Grund- und Nebenzentren herab. Zudem trug nicht jedes dieser Zentren eine eigene Schule, so daß sich der Zuschußbedarf im Durchschnitt minderte: Die Grund- und Nebenzentren mit Orientierungsstufen oder Hauptschulen mit Realschulklassen mußten einen wesentlich höheren Zuschußbedarf pro Einwohner abdecken (15). Trotz Zuweisung von Staat und Landkreis waren die Mehrausgaben im Vermögenshaushalt recht hoch und übertrafen bei den Mittelzentren z.T. den entsprechenden Zuschußbedarf des Verwaltungshaushaltes, ein Indikator für die Bautätigkeit in diesem Bereich im Jahre 1979 (16). Nach Abschluß der Baumaßnahmen wird wahrscheinlich noch ein Anstieg der laufenden Kosten eintreten.

- Da die Schulträgerschaft bei den <u>berufsbildenden Schulen</u> ausschließlich von den Landkreisen und kreisangehörigen Städten wahrgenommen wird, haben nur sie Defizite in diesem Bereich zu finanzieren. Eine Ausnahme bildet lediglich das Oberzentrum Hildesheim, das dem Landkreis eine jährliche Zuweisung für den Bau der Berufsschulen aufgrund des Einkreisungsvertrages überweist (1979: 2,58 Mio. DM). Auch in diesem Bereich übersteigen die Mehrausgaben des Vermögenshaushaltes als Folge der regen Investitionstätigkeit die Pro-Kopf-Mehrausgaben des Verwaltungshaushaltes.

Zusammenfassend sind im Schulbereich (ohne Grundschulen) zwischen den einzelnen Zentralitätsstufen wesentliche Unterschiede im Zuschußbedarf zu konstatieren, die zum einen durch die unterschiedliche Aufteilung der Schulträgerschaften zwischen den Städten, Gemeinden und Landkreisen hervorgerufen werden; zum anderen beeinflussen der Ausstattungsstandard sowie das Bauvolumen maßgeblich die Struktur des Zuschußbedarfs; schließlich ist die Bezuschussungspraxis innerhalb der Landkreise zu beachten.

---

15 Nur bezogen auf diese Zentren waren die Mehrausgaben im Durchschnitt mit 15,34 DM mehr als doppelt so hoch wie im Durchschnitt aller Grundzentren.

16 Einer Erklärung bedürfen die <u>Mehreinnahmen</u> im Vermögenshaushalt der Grundzentren: Mit Beginn des Haushaltsjahres 1979 trat im Landkreis Diepholz eine Neuregelung des Schullastenausgleichs für den Sekundarbereich in Kraft. Zu diesem Zwecke wurden die von den Gemeinden aufgenommenen Kredite durch Zuweisungen des Landkreises abgelöst.

4.3.2 KULTUR

Der Begriff Kultur soll hier den bereits behandelten Schulbereich ausschließen und sich auf diejenigen Einrichtungen beschränken, die in der Finanzstatistik im Einzelplan 3 aufgeführt werden. Einige kulturelle Einrichtungen wie Theater, Orchester oder Museen haben in der Regel einen Einzugsbereich, der sonst nur noch von wenigen anderen zentralörtlichen Einrichtungen, wie Schwerpunktkrankenhäusern oder Messen erreicht wird. Von den Theaterplatzabonnements des Niedersächsischen Staatstheaters Hannover wurden beispielsweise im Jahre 1973 mehr als ein Viertel von Auswärtigen abgenommen, deren Wohnorte teilweise über 50 km von Hannover entfernt lagen (17). Dieses weite Einzugsgebiet führt dazu, daß auch Oberzentren einen hohen Anteil an auswärtigen Besuchern bei ihren Theatern aufweisen können (vgl. Tabelle 4.4). Ähnlich hohe Auswärtigenanteile wie bei den Theatern dürften auch bei der Nutzung von Museen, zoologischen Gärten oder wissenschaftlichen Bibliotheken zu finden sein (18), während die Auswärtigenanteile in den Bereichen Volkshochschulen, Musikschulen und Büchereien für die Städte über 50.000 Einwohner geringer sind als im Theaterbereich (vgl. Tabelle 4.4). Für kleinere zentrale Orte sind die Auswärtigenanteile derartiger Einrichtungen möglicherweise höher, Nutzerstatistiken liegen jedoch nicht vor.

Mehrausgaben im Bereich der Museen, wissenschaftlichen Bibliotheken, Stadtarchive und zoologischen Gärten etc. haben vor allem die Oberzentren zu tragen: Pro Einwohner betrug der Zuschußbedarf der Oberzentren knapp 17 DM (vgl. Tabelle 4.6). Von diesen Mehrausgaben entfielen über 20 v.H. auf den Zoologischen Garten Hannover, weitere größere Zuschüsse mußten u.a. für das Roemer- und Pelizäus-Museum in Hildesheim und das Kunstmuseum mit der Sammlung Sprengel in Hannover bereitgestellt werden. Der Zuschußbedarf fiel u.a. deshalb so hoch aus, weil das Land zu den laufenden Ausgaben, gemessen an der überregionalen Bedeutung dieser Einrichtungen, relativ wenig zuschoß. Eine Ausnahme bildet das Kunstmuseum Hannover, bei dem das Land 50 v.H. der Kosten trägt (19). Zu bemerken wäre, daß der Umlandverband Hannover sich an den Baukosten des Zoologischen Gartens und des Kunstmuseums Hannover mit 3,5 Mio. DM im Jahre 1979 beteiligt hat. Auch in den großen Mittelzentren verursachen die Museen und Stadtarchive noch durchschnittliche Mehrausgaben zwischen 3 und 11 DM pro Einwohner - vor allem in der Stadt Celle durch das Bomann-Museum - , während in den übrigen Gemeinden und Landkreisen dafür nur sporadisch größere Pro-Kopf-Ausgaben in den Haushaltsrechnungen zu finden sind.

---

17 Anteil nach heutigem Gebietsstand; vgl. GERLINDE NEITZKE-HENSEN, Die Abonnenten der Niedersächsischen Staatstheater GmbH nach Wohngemeinden, in: Statistische Vierteljahresberichte der Landeshauptstadt Hannover, 1973, S. 56 ff.

18 Nach einer Befragung im Folkwang Museum Essen kamen über 50 v.H. der Besucher von außerhalb, 14 v.H. wohnten sogar außerhalb von Nordrhein-Westfalen; vgl. JOACHIM SCHARIOTH, Kulturinstitutionen und ihre Besucher. Eine vergleichende Untersuchung bei ausgewählten Theatern, Museen und Konzerten im Ruhrgebiet, Diss. Bochum 1974.

19 Vereinbarung zwischen dem Land Niedersachsen und der Landeshauptstadt Hannover über die Errichtung und Unterhaltung einer Galerie für Werke der Malerei, der Plastik und der Grafik, Niedersächsischer Landtag, Drucksache 8/61.

Tabelle 4.6 - Zuschussbedarf pro Einwohner fuer verschiedene kulturelle Einrichtungen nach Zentralitaetsstufen und Gemeindestatus in Niedersachsen 1979 *

Zentralitaets-stufe/Gemeindestatus	An-zahl	Einwohner am 30.6.1979	Museen und Zoo			Theater (1)			Volkshochschulen			Buechereien			Kultur insgesamt		
			VerwH	VermH	insgesamt	VerwH	VermH	insgesamt	VerwH	VermH	insgesamt	VerwH	VermH	insgesamt	VerwH	VermH	insgesamt
			Zuschussbedarf im			Zuschussbedarf im			Zuschussbedarf im			Zuschussbedarf im			Zuschussbedarf im		
			DM pro Einwohner														
Oberzentren	7	1428387	13,32	3,21	16,54	35,71	1,06	36,78	3,48	0,33	3,82	14,80	0,78	15,59	67,32	5,40	72,73
davon kreisfrei	5	1198335	13,26	2,80	16,07	37,80	0,93	38,74	3,57	0,36	3,93	15,75	0,91	16,66	70,39	5,01	75,41
eingekreist	2	230052	13,62	5,37	18,99	24,82	1,75	26,58	3,03	0,22	3,25	9,88	0,11	9,99	51,35	7,46	58,82
Mittelzentren	82	2620081	2,06	0,75	2,82	5,01	0,67	5,69	1,49	0,10	1,59	5,84	1,49	7,33	14,41	3,03	17,44
davon kreisfrei	4	364472	4,12	2,43	6,56	10,21	1,35	11,56	5,93	0,39	6,32	14,36	0,30	14,66	34,63	4,49	39,12
eingekreist(2)	3	198442	9,69	0,82	10,51	15,52	0,12	15,65	2,98	0,00	2,98	9,38	6,49	15,87	37,59	7,44	45,03
sonstige mit Mittelbereich																	
ueber 80000 E	15	556900	2,24	1,10	3,34	5,89	1,01	6,91	0,48	0,10	0,58	5,73	1,68	7,41	14,35	3,90	18,26
40000-80000 E	30	850912	0,46	0,20	0,66	2,22	0,09	2,32	0,89	0,08	0,97	3,50	1,01	4,51	7,08	1,40	8,48
unter 40000 E	30	649355	0,53	0,20	0,73	1,78	0,93	2,71	0,20	0,00	0,20	3,13	1,10	4,23	5,64	2,24	7,89
Grundzentren	168	1918425	0,17	0,15	0,33	0,85	0,16	1,01	0,35	0,14	0,49	1,10	0,17	1,27	2,48	0,63	3,12
Nebenzentren	168	1298454	0,06	0,13	0,19	0,44	0,06	0,51	0,06	0,00	0,06	0,84	0,26	1,11	1,42	0,46	1,88
Landkreise	37	5702540	0,45	0,32	0,77	2,69	0,07	2,76	1,43	0,08	1,51	0,58	0,18	0,76	5,16	0,66	5,82

*Quelle: Niedersaechsisches Landesverwaltungsamt - Statistik und eigene Berechnungen
(1) Einschliesslich Orchester und Musikschulen
(2) Nur die Staedte Celle, Cuxhaven und Lueneburg

Da das Theater im "Gesamtgefüge der kulturellen Einrichtungen einer
Stadt eine zentrale Stellung" besitzt (20) und gleichzeitig am Beispiel
der Theater in Niedersachsen Formen interkommunaler Zusammenarbeit besonders gut studiert werden können, sei dieser Bereich etwas eingehender analysiert. Beschränkt man die Betrachtung zuerst auf die öffentlichen Theater mit eigenem Ensemble, so kann man feststellen, daß nur
die größeren Städte ein eigenes öffentliches Theater unterhalten; eine Ausnahme bildet die Stadt Wolfsburg, in deren Theater nur Gastspiele stattfinden. Nach der Rechtsform eingeteilt, werden zwei dieser Theater als Regiebetrieb des Landes geführt, sechs Theater haben die Rechtsform einer GmbH und jeweils ein Theater firmiert als Zweckverband bzw.
eingetragener Verein (vgl. Tabelle 4.7). Der Betriebszuschuß dieser 10
Theater belief sich in der Theatersaison 1979/80 auf insgesamt 11 Mio.
DM, das waren rund 61 DM pro Besucher, da von den Betriebsausgaben nur
rund ein Fünftel durch Kartenverkauf u.ä. gedeckt werden konnte (vgl.
Tabelle 4.7). Nicht enthalten sind in diesen Zahlen Zuschüsse zur Finanzierung von baulichen Änderungen und zur Deckung von aufgenommenen Krediten.

Dieser Betriebszuschuß wurde ganz überwiegend durch Zahlungen von Land,
Städten und Landkreisen abgedeckt. Alle öffentlichen Theater des Landes wurden 1979 durch das Land subventioniert, allerdings in recht unterschiedlicher Höhe (21). Aufgrund von älteren Verträgen finanzieren
die Städte Braunschweig und Oldenburg 30 bzw. 25 v.H. des Betriebszuschusses der dortigen Staatstheater, die als Regiebetrieb des Landes
geführt werden. Der Zuschuß des Landes an das dritte Staatstheater in
Hannover beläuft sich hingegen nur auf 50 v.H., den Rest hat die Landeshauptstadt Hannover zu tragen (22). Für die beiden Landesbühnen gibt
das Land Zuwendungen in Höhe von 70 v.H. des Betriebszuschusses. Die
übrigen kommunalen Theater erhalten aufgrund von Verträgen 35 v.H. des
Betriebszuschusses ersetzt, seit 1979 gewährt das Land noch einen freiwilligen Zuschuß von 5 v.H. (23). Die Bezuschussungspraxis des Landes
differiert also nach Art der Bühne und Eigentümer. Inwieweit diese Unterschiede gerechtfertigt sind, ist schwierig zu beurteilen, da neben
der Bezuschussungsquote auch die Höhe des Zuschusses beachtet werden
muß. Jedenfalls mußten 1979 von den Sitzgemeinden der Theater pro Einwohner recht unterschiedliche Zuschüsse gezahlt werden.

Bei sieben Theatern sind neben den Städten jeweils auch Kreise an der
Deckung des Betriebszuschusses beteiligt. An der Defizitdeckung der
zwei Landesbühnen beteiligen sich jeweils mehrere Landkreise sowie
Städte und Gemeinden, so daß die Finanzierung dieser Bühnen räumlich
recht weit gestreut ist, was sinnvoll ist, da es sich in beiden Fällen

---

20 AUFGABEN UND FINANZIERUNG DER STÄDTISCHEN THEATER. Entschließung
   des Präsidiums des Deutschen Städtetages vom 29.11.1973, in: Bildungs- und Kulturpolitik in der Stadt, Empfehlungen und Stellungnahmen des Deutschen Städtetages 1970-1974, Köln 1975, S. 83 (DST-Beiträge zur Bildungspolitik, H. 7).
21 Vgl. Haushaltsplan des Landes Niedersachsen 1981, Titel 0675.
22 Das Staatstheater wird daher den Zweckverbänden zugeordnet. Über eine höhere Beteiligung des Landes an der Gesellschaft (66 2/3 v.H.)
   wurde Mitte 1981 noch verhandelt; vgl. Niedersächsischer Landtag,
   Drucksache 9/2877.
23 Niedersächsischer Landtag, Stenographisches Protokoll der 17. Plenarsitzung am 7.6.1979, Sp. 1994.

Tabelle 4.7 - Öffentliche Theater und Orchester mit eigenem Ensemble in Niedersachsen in der Spielzeit 1979/80[*]

Theater/ Orchester	Rechts-form	Besucher 1979/80 am Ort	Betriebszuschuß in 1000 DM	Betriebszuschuß je Besucher	Einspielergebnis in vH	Zuweisungen/Zuschüsse zum ungedeckten Zuschußbedarf (ohne Baukosten und Tilgung)						
						insgesamt in 1000 DM	Land in v.H.	darunter				
								Sitzgemeinde des Theaters in v.H.	in DM/E	Kreis/Kreise[2] in v.H.	in DM/E	sonstige Städte in v.H.	in DM/E
Niedersächsisches Staatstheater Hannover	GmbH	509643	37171	72,94	18,06	37321	50	50	35,03	-	-	-	-
Landesbühne Hannover	ZV	191677[1]	3964	20,68[1]	29,5	3827	70	15	1,09	-	0,31	6	0,94
Staatstheater Braunschweig	Regiebetrieb d. Landes	295398	17962	60,81	13,0	18124	70	30	22,18	-	-	-	-
Städtische Bühnen Osnabrück	GmbH	211036	12409	58,80	15,9	12936	35 + 5	55	53,16	5	1,77	-	-
Oldenburgisches Staatstheater	Regiebetrieb d. Landes	202311	14470	71,52	10,9	14693	75	25	27,06	-	-	-	-
Deutsches Theater Göttingen	GmbH	114628	5754	50,20	18,4	5754	35 + 5	40	17,32	20	8,46	-	-
Stadttheater Hildesheim	GmbH	184081	9400	51,06	18,9	9435	35 + 5	30	29,29	30	17,02	-	-
Landesbühne Niedersachsen Nord, Wilhelmshaven	GmbH	248374[1]	2975	19,80[1]	20,6	35,72	70	9	3,00	7	0,50	13	1,50
Schloßtheater Celle	e.V.	88707	2808	31,65	23,5	2919	35 + 5	30	12,65	30	10,07	-	-
Stadttheater Lüneburg	GmbH	95393	4161	43,62	18,6	4373	35 + 5	30	21,89	30	19,97	-	-
Göttinger Symphonieorchester	e.V.	11300	1843	163,10	23,7	1843	53	33	4,58	14	1,56	-	-

[*] Quelle: Theaterstatistik 1979/80 sowie eigene Berechnungen.
[1] Auch auswärtige Gastspiele.
[2] Ohne Sitzgemeinde.

um Wanderbühnen handelt. Das Defizit der übrigen 5 Theater teilen sich nach Abzug des Landeszuschusses im wesentlichen die Städte und die umliegenden Landkreise als Gesellschafter der Theater. Allerdings ist der Anteil des Landkreises am Defizit der Städtischen Bühnen Osnabrück mit 4 v.H. als recht klein zu bezeichnen.

Die Landkreise Hildesheim, Celle und Lüneburg sind jeweils mit 50 v.H. am Defizit der Theater beteiligt, der Landkreis Göttingen zahlt ein Drittel des Defizits des Deutschen Theaters Göttingen sowie einen Teil des Defizits des Göttinger Symphonieorchesters (vgl. Tabelle 4.7). Diese Anteile wurden in den jeweiligen Verhandlungen über die Einkreisung der Städte bestimmt. Sie sind daher als Teil des Kompensationsgeschäftes angesehen worden, das die jeweilige Einkreisung regelte (24). Daher ist es schwierig, die tatsächliche Belastung des jeweiligen Landkreises durch die Beteiligung an den Theatern zu ermitteln; denn die eingekreisten Städte finanzieren zumindest über die Interessenquote die Zahlungen des Landkreises mit.

Festzuhalten bleibt, daß die kreisfreien Städte für ihr Theater kaum Zuschüsse von den umliegenden Landkreisen erhalten, während sich als Folge der Einkreisungsverträge institutionalisierte Beteiligungen der Landkreise an den Theatern der eingekreisten Städte ergaben. Auch wenn die Entlastung der Sitzgemeinden nicht genau quantifiziert werden kann, so kann konstatiert werden, daß die restlichen Gemeinden dieser Landkreise über die Kreisumlage zur Finanzierung der Theater herangezogen werden.

Neben Theatern, Orchestern und anderen kulturellen Aktivitäten fließen in den Abschnitt 33 der kommunalen Haushalte auch die Einnahmen und Ausgaben für Musikschulen ein. Die Förderung der Musikschulen ist primär als kommunale Aufgabe anzusehen: Von den Anfang 1980 im Landesverband Niedersächsischer Musikschulen organisierten Institutionen waren 30 in kommunaler Trägerschaft, drei wurden als Zweckverbände betrieben, und weitere 28 Musikschulen befanden sich in der Trägerschaft eines eingetragenen Vereins, wurden aber hauptsächlich durch Gemeinden (GV) unterstützt (25). Damit ist eine flächendeckende Versorgung im Land Niedersachsen fast erreicht (26). Knapp die Hälfte der Einnahmen entstammen den Unterrichtsgebühren (49 v.H.), die Zuschüsse des Landes zu den Personalkosten machten 6 v.H. der Einnahmen aus, während der Rest (44 v.H.) von den Gemeinden (GV) getragen wurde (27). Im Vergleich zu den Mehrausgaben für Theater (7 DM pro Einwohner) fielen die kommunalen Zuschußbeträge für die Musikschulen 1979 mit etwas über 2 DM pro Einwohner im Landesdurchschnitt niedriger aus (28).

---

24 Die Interessenquote, welche der Landkreis Göttingen von der Kreisumlage der Stadt Göttingen einbehält, wurde auf 14 statt auf 12 v.H. angesetzt, da der Landkreis sich am Defizit des Deutschen Theaters beteiligt.
25 VERBAND DEUTSCHER MUSIKSCHULEN, Jahresbericht 1980. Statistische Angaben, Bonn 1980, S. 2.
26 RAUMORDNUNGSBERICHT NIEDERSACHSEN 1980, S. 144.
27 VERBAND DEUTSCHER MUSIKSCHULEN, S. 14 ff. Von einer Drittelung der Kosten zwischen Benutzer, Land und Gemeinde, wie sie der Ergänzungsplan zum Bildungsgesamtplan "Musisch-kulturelle Bildung" der Bund-Länder-Kommission für Bildungsplanung und Forschungsförderung vorsieht, ist Niedersachsen noch weit entfernt.
28 Ebenda.

Träger der Volkshochschulen sind in Niedersachsen die Gemeinden (GV), welche die Volkshochschulen entweder als kommunale Einrichtung direkt in ihrem Haushalt führen oder wenn die Volkshochschulen in Vereinsform betrieben werden, mit den entsprechenden Zuschüssen finanzieren.

Im Erwachsenenbildungsgesetz hat sich das Land Niedersachsen verpflichtet, Finanzhilfen für Personal und Bildungsarbeit zu gewähren (29). Die Gewährung dieser Landesmittel hat die Einnahmestruktur der Volkshochschulen wesentlich mitgeprägt: Im Durchschnitt aller Volkshochschulen kamen knapp 37 v.H. der Einnahmen aus Landesmitteln, die kommunalen Mittel erreichten 27 v.H., und die Teilnehmergebühren machten genau 30 v.H. aus, bei einem gesamten Einnahmevolumen von 21 Mio. DM (30). Auf den einzelnen Einwohner bezogen, verzeichneten die Ober- und großen Mittelzentren die höchsten Mehrausgaben mit Werten von über 3 DM pro Einwohner, während die übrigen Gemeinden nur sehr kleine Mehrausgaben auswiesen. Den relativ geringen Mehrausgaben der Landkreise entspricht eine unterdurchschnittliche Zahl von Unterrichtsstunden pro 1.000 Einwohner in den meisten Landkreisen, so daß im Raumordnungsbericht 1980 eine "regionale Unausgewogenheit" konstatiert wurde (31).

Von den rund 1.700 öffentlichen Büchereien hatten Ende 1980 annähernd 62 v.H. einen kommunalen Träger, die übrigen Bibliotheken wurden größtenteils von den Kirchen unterhalten. Bemerkenswert ist der geringe Anteil der Kreisbüchereien, was damit zusammenhängt, daß Büchereien im wesentlichen als örtliche Angelegenheit angesehen werden. Regional zeigen sich in diesem Bereich erhebliche Streuungen um den Landesdurchschnitt von ca. einem Buch pro Einwohner (32): So verfügten 1978 nur 19 Grundzentren über eine hauptamtlich betreute Bibliothek, bei den Mittelzentren konnte nur die Hälfte den von ihnen im Bibliotheksplan von Niedersachsen geforderten Ausstattungsstandard erfüllen (33). Die Finanzierung der Ausgaben für Bibliotheken im Jahre 1979 hatten die Städte und Gemeinden fast nur selbst zu tragen. Das Land stellte 1979 zwar aus der Spielbankenabgabe Mittel zur Verfügung, diese wurden jedoch gezielt für den Ausbau von Bibliotheken in Mittelzentren verwendet. Mit Pro-Kopf-Mehrausgaben von 16 DM lagen die kreisfreien Städte an der Spitze der Gemeinden, die übrigen Ober- und Mittelzentren mußten immerhin noch im Durchschnitt Beträge von über 6 DM pro Einwohner finanzieren, während die Grundzentren nur rund 1 DM pro Einwohner zu tragen hatten. Deutlich ist auch zu erkennen, daß die kleineren Mittelzentren 1979 im Vermögenshaushalt relativ hohe Mehrausgaben auswiesen, ein Indiz für die in einigen Mittelzentren durchgeführten Investitionen für den Bau von Büchereien.

---

29 Gesetz zur Förderung der Erwachsenenbildung - EBG - vom 13.1.1970 (Nds.GVBl. S. 7).
30 LANDESVERBAND DER VOLKSHOCHSCHULEN NIEDERSACHSENS, Statistische Materialien VI zur Erwachsenenbildung in Niedersachsen 1980, Hannover 1981, S. 7 ff.
31 RAUMORDNUNGSBERICHT NIEDERSACHSEN 1980, S. 142.
32 Ebenda, S. 143.
33 BIBLIOTHEKSPLAN FÜR NIEDERSACHSEN, vorgelegt vom Niedersächsischen Beirat für Bibliotheksangelegenheiten, im Auftrag des Niedersächsischen Ministers für Wissenschaft und Kunst, o.O 1978, S. 18.

Zusammenfassend wird die Dominanz der Oberzentren im Kulturbereich auch
an den Mehrausgaben deutlich, die sie trotz der Zuweisungen des Staates
zu tragen haben. Mit fast 73 DM pro Einwohner weist der Zuschußbedarf
ein deutliches Gefälle zu den Mittelzentren (18 DM pro Einwohner) sowie den Grundzentren (3 DM pro Einwohner) aus. Im Vergleich zu dem Zuschußbedarf für Personal und laufenden Sachaufwand fallen die Mehrausgaben für Investitionen kaum ins Gewicht.

4.3.3 GESUNDHEIT UND SPORT

Die Landkreise und die kreisfreien Städte haben in Niedersachsen die
Krankenhausversorgung der Bevölkerung sicherzustellen, soweit nicht andere Träger die Krankenversorgung übernehmen (34). Die Wahrnehmung dieser Aufgabe des eigenen Wirkungskreises schlägt sich in den Zahlen
über die Trägerschaft der Krankenhäuser nieder. Von den knapp 54.000
Betten in Akutkrankenhäusern standen Ende 1978 etwa weniger als die
Hälfte (48,5 v.H.) in kommunalen Krankenhäusern (vgl. Tabelle 4.2).
Wie auch in anderen Bundesländern spielen zudem die freigemeinnützigen
und kirchlichen Träger eine große Rolle. Etwas über die Hälfte der Betten wurde in Kreiskrankenhäusern gezählt, in den Krankenhäusern der
kreisfreien Städte befanden sich 30 v.H. der Betten, so daß dort - bezogen auf die ansässigen Einwohner - die größte Bettendichte vorhanden
war. Da Krankenhäuser erst ab einer Mindestgröße wirtschaftlich arbei-
ten können und zudem noch nach ihren Funktionen abgestuft werden, ist
der Anteil auswärtiger Patienten im Krankenhausbereich besonders groß.
Wie die Tabelle 4.4 zeigt, waren 1976 Auswärtigenanteile von über
50 v.H. in städtischen Kliniken keine Seltenheit.

Zur Finanzierung der Krankenhäuser wird im Krankenhausfinanzierungsgesetz (KHG) und in der Bundespflegesatzverordnung von dem Grundsatz ausgegangen (35), daß die Vorhaltung von Krankenhäusern eine öffentliche
Aufgabe sei und daß daher die Investitionen in den Krankenhäusern aus
Steuermitteln zu decken seien, während die Benutzungskosten über die
Pflegesätze aufzubringen seien. Maßstab für die Förderung durch die
öffentliche Hand ist ein sparsam wirtschaftendes und leistungsfähiges
Krankenhaus. Von den anerkannten Investitionskosten trägt im Prinzip
der Bund ein Drittel, während der Rest von den Ländern und Kommunen
zu finanzieren ist. In Niedersachsen werden die Landkreise und kreisfreien Städte über die Krankenhausumlage zur Finanzierung eines Drit-
tels der Investitionskosten herangezogen (36).

Trotz der genannten Finanzierungsprinzipien zeigen sich in der Haushaltsrechnung der Kommunen im Abschnitt 51 (Krankenhaus) z.T. recht
hohe Mehrausgaben, auch wenn man die Ausgaben für die Krankenhausumlage eliminiert. Diese Mehrausgaben entstehen vor allem durch die Zuschüsse, welche die Gemeinden (GV) an ihre aus dem Haushaltsplan ausge-
gliederten Krankenhäuser zahlen müssen. Mehrere Faktoren haben 1979
diese Mehrausgaben bedingt:

---

34 § 1 Nds.KHG.
35 Gesetz zur wirtschaftlichen Sicherung der Krankenhäuser und zur Regelung der Krankenhauspflegesätze (Krankenhausfinanzierungsgesetz -
   KHG) vom 29.6.1972 (BGBl. I S. 1009), zuletzt geändert durch Gesetz
   vom 22.12.1981 (BGBl. I S. 1568).
36 § 2 Nds.KHG.

- Bestimmte Investitionen im Krankenhaussektor, wie Ausbildungsstätten oder Schwesternwohnheime werden nur z.T. in die öffentliche Förderung einbezogen und müssen daher vom Krankenhausträger finanziert werden.

- Einige Ausgaben der Krankenhäuser, wie für Instandhaltung oder für kurz- und mittelfristige Wirtschaftsgüter werden pauschaliert abgegolten. Die Höhe der Pauschalen deckt jedoch nicht die effektiven Kosten ab.

- Der Bau von Krankenhäusern wird nur dann gefördert, wenn er im Krankenhausbedarfsplan des Landes ausgewiesen wird. Baumaßnahmen außerhalb des Planes müssen daher vom Träger selbst finanziert werden.

- Schließlich ist nicht auszuschließen, daß einige Krankenhäuser den Grundsätzen der Sparsamkeit nicht gerecht wurden.

Die Mehrausgaben pro Einwohner waren 1979 im Krankenhausbereich in den kreisfreien Mittelzentren (18 DM) sowie in den Mittelzentren mit einem Mittelbereich unter 40.000 Einwohner (15 DM) (vgl. Tabelle 4.8) am höchsten. Auch die kreisfreien Oberzentren sowie die Landkreise wiesen noch im Durchschnitt Pro-Kopf-Mehrausgaben von über 12 DM aus. Zwischen den einzelnen Städten und Landkreisen gab es jedoch - besonders im Vermögenshaushalt - sehr große Unterschiede in den Mehrausgaben, da nur der kleinere Teil der Mittelzentren überhaupt über eigene Krankenhäuser verfügt und zudem größere Bau- und Umbaumaßnahmen nur in wenigen Krankenhäusern erfolgen.

Nach der letzten Zählung der Sportanlagen in Niedersachsen gab es Anfang 1976 knapp 22.000 Sportstätten, darunter 6.500 Sportplätze, 2.500 Sporthallen, 329 Hallenbäder sowie 437 Freibäder (37). Im Zeitraum 1977 bis 1979 sind noch 716 Sportanlagen hinzugekommen (38). Diese Sportanlagen, deren Besitzverhältnisse nicht erfaßt wurden, dürften überwiegend von den Gemeinden (GV) gebaut und auch unterhalten werden (39). Diese Annahme wird auch dadurch bekräftigt, daß ein großer Teil der Sportstätten den Schulen angegliedert ist, außerhalb der Schulzeiten aber von Vereinen und anderen Interessenten mitgenutzt werden kann (40).

Das kommunale Haushaltsrecht unterscheidet die Förderung des Sports (A 55) von dem Betrieb eigener Sportanlagen (A 56) und Schwimmbäder (A 57) (41). Auch die Förderung des Sports wurde in die Berechnungen des Zuschußbedarfs einbezogen, da zum einen eine Ergänzung zwischen

---

37 ERHEBUNGEN ÜBER DEN BESTAND AN ERHOLUNGS-, SPIEL- UND SPORTANLAGEN - Sportstättenstatistik in der Bundesrepublik Deutschland, hrsg. von der Deutschen Olympischen Gesellschaft, Frankfurt/M. 1978.
38 RAUMORDNUNGSBERICHT NIEDERSACHSEN 1980, S. 153.
39 In Nordrhein-Westfalen befanden sich 1980 rund 90 v.H. der Sportstätten (Hallen- und Freibäder, Sporthallen und -plätze) im Eigentum der Gemeinden (GV); ORTRUD KÖTZ, Zur Grundversorgung mit Sportstätten, in: Statistische Rundschau für das Land Nordrhein-Westfalen, Jg. 34 (1982), S. 92.
40 Für den Schulsport sind die Mehrausgaben in den Ansätzen des Einzelplans 2 (Schulen) enthalten.
41 In einigen Fällen werden Sportanlagen, insbesondere Bäder, auch als wirtschaftliche Unternehmen geführt. Für die Städte Braunschweig und Lüneburg wurde der Zuschuß an die Unternehmen dem Sportbereich hinzugeschlagen.

Tabelle 4.8 - Zuschussbedarf pro Einwohner fuer Krankenhaeuser und Sporteinrichtungen nach Zentralitaetsstufen und Gemeindestatus in Niedersachsen 1979 (ohne Krankenhausumlage) *

Zentralitaets-stufe/Gemeindestatus	An-zahl	Einwohner am 30.6.1979	Krankenhaeuser Zuschussbedarf			Foerderung Sport Zuschussbedarf			Sportstaetten Zuschussbedarf			Schwimmbaeder Zuschussbedarf			Gesundheit, Sport Zuschussbedarf		
			imH VerwH	im VerwH	insge samt	im VerwH	im VermH	insge samt	im VerwH	im VermH	insge samt	im VerwH	im VermH	insge samt	im VerwH	im VermH	insge samt
			DM pro Einwohner														
Oberzentren	7	1428387	-0,29	9,31	9,01	6,56	4,11	10,67	7,31	8,52	15,84	25,05	2,48	27,54	38,63	24,43	63,07
davon																	
kreisfrei	5	1198335	-0,70	11,01	10,30	6,87	4,60	11,48	6,68	7,61	14,30	26,06	3,18	29,24	38,91	26,41	65,33
eingekreist	2	230052	1,82	0,46	2,28	4,96	1,51	6,47	10,57	13,28	23,86	19,80	-1,15	18,65	37,17	14,11	51,28
Mittelzentren	82	2620081	1,85	6,74	8,60	5,29	3,29	8,58	7,19	10,64	17,84	20,07	6,86	26,93	34,41	27,54	61,96
davon																	
kreisfrei	4	364472	6,34	11,23	17,57	13,53	3,53	17,07	10,14	12,13	22,27	29,55	1,68	31,23	59,57	28,58	88,15
eingekreist(1)	3	198442	0,19	11,69	11,88	6,37	1,30	7,68	5,01	5,78	10,80	14,72	2,24	16,97	26,31	21,02	47,33
sonstige mit Mittelbereich																	
ueber 80000 E	15	556900	1,01	0,52	1,53	4,82	4,53	9,35	8,78	13,56	22,35	18,47	5,50	23,97	33,09	24,12	57,22
40000-80000 E	30	850912	0,97	3,07	4,05	3,40	2,87	6,27	6,51	11,31	17,82	20,10	10,22	30,33	31,00	27,48	58,48
unter 40000 E	30	649355	1,71	12,87	14,58	3,20	3,24	6,45	5,75	7,93	13,68	17,71	7,93	25,64	28,38	31,98	60,36
Grundzentren	168	1918425	0,56	0,09	0,65	1,88	2,62	4,51	5,28	13,73	19,02	13,13	7,37	20,50	20,86	23,82	44,69
Nebenzentren	168	1298454	0,14	0,01	0,16	1,66	2,64	4,31	5,49	10,12	15,62	11,01	5,36	16,38	18,32	18,15	36,48
Landkreise	37	5702540	5,07	6,97	12,04	1,33	5,82	7,16	0,23	0,30	0,53	0,61	0,68	1,29	7,25	13,78	21,03

*Quelle: Niedersaechsisches Landesverwaltungsamt - Statistik und eigene Berechnungen
(1) Nur die Staedte Celle,Cuxhaven und Lueneburg

kommunalen und vereinseigenen Anlagen besteht, zum anderen in diesem Abschnitt auch die Zuweisungen der Landkreise an die Gemeinden enthalten sind. Ihre Ausgaben für laufende Zwecke im Sportbereich haben die Gemeinden (GV) fast allein zu decken, die Zuweisungen des Landes werden vor allem für den Bau von Schulsportanlagen vergeben.

Die Sportanlagen sind überwiegend grundzentrale Einrichtungen. Diese Aussage wird einmal durch die hohe Zahl von Gemeinden belegt, die Zahlungen in diesem Bereich aufweisen (vgl. Tabelle 4.3), daneben aber auch durch den hohen Zuschußbedarf in den Grundzentren (44 DM pro Einwohner) und den Nebenzentren (36 DM pro Einwohner). Der höhere Zuschußbedarf der Oberzentren (54 DM pro Einwohner) und der Mittelzentren (53 DM pro Einwohner) - insbesondere im Verwaltungshaushalt - könnte auf die Bereitstellung von Sportanlagen hindeuten, die überörtliche Bedeutung besitzen.

Grund- und Nebenzentren weisen im übrigen einen höheren Zuschußbedarf pro Einwohner im Vermögenshaushalt der Abschnitte "Eigene Sportstätten" und "Schwimmbäder" auf als die Ober- und Mittelzentren, d.h. in den kleineren Gemeinden wurden 1979 im Durchschnitt mehr Sportanlagen erstellt als in den Groß- und Mittelstädten. Die Landkreise engagieren sich finanziell nur in der Förderung des Sports, ein Zuschußbedarf für eigene Anlagen besteht hingegen kaum.

4.3.4 MESSE UND STADTHALLEN

In allen 7 Oberzentren sowie einigen Mittelzentren werden von den Kommunen Messe-, Sport- oder Mehrzweckhallen betrieben (42). Betreiber ist dabei aus steuerlichen Gründen häufig eine Betriebs-GmbH o.ä., deren Verluste bzw. Kapitalbedarf von der Stadt gedeckt werden, während die Stadt selbst die baulichen Maßnahmen durchführt. Die Höhe des Zuschußbedarfs der Oberzentren wurde 1979 (und in den Folgejahren) vor allem durch Kapitalerhöhungen bei den Stadthallenbetrieben Hannover (3,9 Mio. DM) sowie den Neubau der Stadthalle in Osnabrück (7,2 Mio. DM) bestimmt. Im Durchschnitt machte der Zuschußbedarf bei den Oberzentren durch diese beiden Investitionen 12 DM pro Einwohner aus (vgl. Tabelle 4.9), bei den Mittelzentren noch 2 DM, während für Grund- und Nebenzentren sowie die Lankreise fast keine Ausgaben und Einnahmen entstanden.

4.3.5 ZENTRALÖRTLICHE EINRICHTUNGEN INSGESAMT

Die Belastung der kommunalen Haushalte durch das Betreiben von zentralörtlichen Einrichtungen sowie die Förderung derartiger Einrichtungen (ohne Kreisschulbaukasse und Krankenhausumlage) läßt sich durch Addition der aufgeführten Bereiche ermitteln. Die <u>Ausgaben</u> pro Einwohner nehmen mit zunehmender Zentralitätsstufe sowohl <u>im Verwaltungs-</u> als

---

42 Es konnten nur die als wirtschaftliche Unternehmen betriebenen Hallen (Abschnitt 84) einbezogen werden. Die Einnahmen und Ausgaben anderer Hallen, die im Einzelplan 7 verbucht werden, konnten aus der Finanzstatistik nicht ermittelt werden.

Tabelle 4.9 - Zuschussbedarf pro Einwohner fuer Messen
und Hallen nach Zentralitaetstufen und
Gemeindestatus in Niedersachsen 1979 (1) *

Zentralitaets-stufe/Gemein-destatus	Anzahl	Einwohner am 30.6.1979	Messen und Hallen Zuschussbedarf		
			im VerwH	im VermH	insgesamt
			DM pro Einwohner		
Oberzentren davon	7	1428387	3.79	8.40	12.19
kreisfrei	5	1198335	4.14	9.70	13.85
eingekreist	2	230052	1.95	1.62	3.57
Mittelzentren davon	82	2620081	0.83	1.36	2.19
kreisfrei	4	364472	2.19	2.33	4.53
eingekreist(2)	3	198442	-0.03	2.87	2.83
sonstige mit Mittelbereich					
ueber 80000 E	15	556900	1.38	0.79	2.18
40000-80000 E	30	850912	0.31	2.04	2.35
unter 40000 E	30	649355	0.54	-0.03	0.50
Grundzentren	168	1918425	0.10	0.51	0.61
Nebenzentren	168	1298454	-0.09	0.22	0.12
Landkreise	37	5702540	0.00	0.00	0.00

*Quelle: Niedersaechsisches Landesverwaltungsamt - Statistik und eigene Berechnungen
(1) Nur im Haushaltsabschnitt 84
(2) Nur die Staedte Celle, Cuxhaven und Lueneburg

auch im Vermögenshaushalt sprunghaft zu (vgl. Tabelle 4.10), wenngleich die Ausgabenbeträge im Vermögenshaushalt längst nicht so stark wie in dem Verwaltungshaushalt differieren. Die höchsten Ausgaben pro Einwohner wurden von den Oberzentren mit 365 DM getätigt, gefolgt von den Mittelzentren mit 283 DM, den Grundzentren mit 125 DM und den Nebenzentren mit 76 DM. Die Einnahmen pro Einwohner erreichen ihr Maximum hingegen bei den Mittelzentren mit 90 DM, Ober- und Grundzentren erhalten - wenn auch von unterschiedlichen Gebern - mit 63 bzw. 58 DM deutlich geringere Einnahmen. Die geringsten Einnahmen (16 DM pro Einwohner) hatten zwar die Nebenzentren zu verzeichnen; rund 41 v.H. ihrer Ausgaben wurden aber durch Einnahmen ausgeglichen, ein Quotient, der nur noch durch den der Mittelzentren mit 47 v.H. übertroffen wurde.

Bei den Mehrausgaben als Differenz von Ausgaben und Einnahmen zeichnet sich insgesamt eine, aufgrund ihrer Funktion zu erwartende stärkere Belastung der Ober- und Mittelzentren gegenüber den anderen Gemeinden ab, wenngleich die genaue Differenz aufgrund der Aufgabenteilung zwischen kreisangehörigen Gemeinden und Landkreisen nur schwer festzustellen ist:

Abbildung 4.1 - Zuschußbedarf (1) für zentralörtliche Einrichtungen nach Zentralitätsstufen und Struktur in Niedersachsen 1979

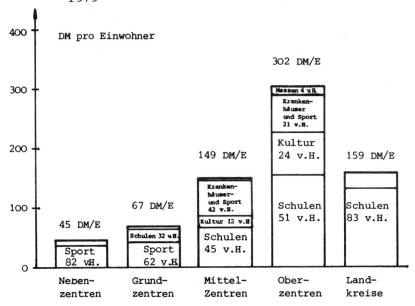

1 Ohne Krankenhausumlage, Kreisschulbaukassen und Finanzierungsbeiträge über die Kreisumlage.

Mehrausgaben bei den Oberzentren von 302 DM pro Einwohner standen 1979 Mehrausgaben bei den Nebenzentren von 45 DM pro Einwohner gegenüber, wie Abb. 4.1 zeigt. Die Belastungsunterschiede fallen dabei im Verwaltungshaushalt höher aus als im Vermögenshaushalt.

Um die Belastungen der kommunalen Haushalte durch die Förderung und Bereitstellung zentralörtlicher Einrichtungen nicht nur in absoluten Werten, sondern auch relativ zum übrigen Haushalt angeben zu können, wurde diese Belastung in Relation zu dem Zuschußbedarf der Summe der Einzelpläne 0 - 8 gesetzt (vgl. Tabelle 4.10). Diese Relation betrug

Tabelle 4.10 - Zuschussbedarf pro Einwohner fuer zentraloertliche Einrichtungen nach Zentralitaetsstufen und Gemeindestatus in Niedersachsen 1979 (ohne Krankenhausumlage und Kreisschulbaukasse sowie Landkreis Diepholz) *

Zentralitaets-stufe/Gemein-destatus	An-zahl	Einwohner am 30.6.1979	Verwaltungshaushalt			Vermoegenshaushalt		Zuschuss-bedarf	Zuschuss-bedarf insgesamt Sp 5 + Sp 8	Zuschussbedarf der Einzelplaene 0 - 8 (1)	Anteil Sp 9
			Ausga-ben	Einnahmen	Zuschuss-bedarf	Ausgaben	Einnahmen				in VH
	1	2	3	4	5	6	7	8	9	10	11
					DM pro Einwohner						
Oberzentren	7	1428387	233,48	40,18	193,30	131,38	23,16	108,21	301,52	939,74	32,08
davon											
kreisfrei	5	1198335	237,26	38,98	198,27	137,08	25,24	111,83	310,10	1015,66	30,53
eingekreist	2	230052	213,82	46,38	167,44	101,69	12,30	89,39	256,84	544,27	47,18
Mittelzentren	79	2576095	133,40	52,53	80,86	105,49	37,71	67,78	148,64	457,26	32,50
davon											
kreisfrei	4	364472	248,77	52,14	196,63	149,55	35,76	113,79	310,42	906,25	34,25
eingekreist(2)	3	198442	168,32	57,80	110,52	70,33	26,97	43,35	153,88	458,70	33,54
sonstige mit Mittelbereich											
ueber 80000 E	15	556900	127,27	62,34	64,93	115,85	38,63	77,21	142,14	422,92	33,60
40000-80000 E	28	818257	110,08	51,58	58,50	87,15	38,91	48,24	106,74	350,54	30,45
unter 40000 E	29	638024	91,88	43,72	48,15	105,74	39,81	65,92	114,08	367,17	31,07
Grundzentren	161	1811552	58,04	26,46	31,58	67,38	32,41	34,96	66,55	301,95	22,04
Nebenzentren	163	1267392	38,70	14,94	23,76	37,70	16,38	21,31	45,08	260,86	17,28
Landkreise	36	5520619	97,23	9,31	87,91	103,29	38,41	64,88	152,79	252,41	60,53

*Quelle: Niedersaechsisches Landesverwaltungsamt - Statistik und eigene Berechnungen
(1) Ohne Krankenhausumlage und Kreisschulbaukasse
(2) Nur die Staedte Celle, Cuxhaven und Lueneburg

für die Ober- und Mittelzentren ungefähr ein Drittel der gesamten Mehrausgaben, für die Grundzentren jedoch nur 22 v.H. und für die Nebenzentren nur 17 v.H. des gesamten Zuschußbedarfs. Die große Bedeutung, welche die Bereitstellung zentralörtlicher Einrichtungen für die Landkreise hat, äußert sich in deren Anteil von 61 v.H. des gesamten Zuschußbedarfs der Einzelpläne 0 - 8.

Nicht nur die Höhe, sondern auch die Struktur des Zuschußbedarfs für zentralörtliche Einrichtungen fiel zwischen den einzelnen Zentralitätsstufen sehr unterschiedlich aus: Mit zunehmender zentralörtlicher Bedeutung stieg der Anteil des Zuschußbedarfs für Schulen von 13 v.H. bei Nebenzentren, auf 51 v.H. bei Oberzentren an. Auch der Anteil des Kulturbereiches wuchs mit der zentralörtlichen Bedeutung, allerdings war er 1979 bei den Oberzentren mit 24 v.H. nur halb so hoch wie der Schulbereich. Hingegen nahm die Bedeutung des Bereiches Gesundheit und Sport mit zunehmender zentralörtlicher Bedeutung ab: Einem Anteil von 82 v.H. bei den Grundzentren stand ein Anteil von 21 v.H. bei den Oberzentren gegenüber. In der Struktur des Zuschußbedarfs unterschieden sich 1979 die Verwaltungs- und Vermögenshaushalte beträchtlich. Im Vergleich zum Vermögenshaushalt waren die relativen Anteile des Kulturbereiches im Verwaltungshaushalt wesentlich höher, so daß sich entsprechend geringere Anteile im Schul- und Sportbereich ergaben.

Abbildung 4.2 - Zuschußbedarf (1) für zentralörtliche Einrichtungen nach regionalen Gebieten in Niedersachsen 1979

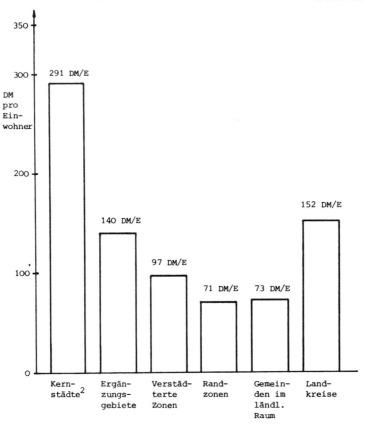

1 Ohne Krankenhausumlage, Kreisschulbaukassen und Finanzierungsbeiträge über die Kreisumlage.
2 Ohne Hamburg, Bremen und Bremerhaven.

Bei einer Aufgliederung der zentralörtlichen Belastungen nach regionalen Kriterien erwiesen sich die Kernstädte mit einem Zuschußbedarf von 291 DM pro Einwohner als diejenigen Gebietskörperschaften, deren Haushalte die höchsten Belastungen zu tragen hatten. Mit wachsendem Abstand von der Kernstadt nahm der Zuschußbedarf des Umlandes stark ab (vgl. Abb. 4.2), wobei allerdings wiederum auf die Aufgabenwahrnehmung durch die Landkreise geachtet werden muß. Zwischen städtischen und ländlichen Landkreisen bestanden im übrigen kaum Unterschiede in der Höhe und der Struktur der zentralörtlichen Belastungen.

Soweit ein Landkreis zentralörtliche Aufgaben selbst durchführt, sollten entsprechende Einnahmen und Ausgaben bei den kreisangehörigen Städten und Gemeinden nicht anfallen und umgekehrt. Zu erwarten wäre daher, daß zwischen dem Zuschußbedarf eines Landkreises und seinen kreisangehörigen Gemeinden ein negativer Zusammenhang zu finden war, d.h. daß dort, wo ein Landkreis z.B. mittelzentrale Aufgaben nicht selbst durchführte, die Haushalte der Mittelzentren entsprechend höhere Belastungen auswiesen. Für die kreisangehörigen Mittelzentren ließ sich ein solcher negativer Zusammenhang nur für den Zuschußbedarf im Verwaltungshaushalt nachweisen ($r = -0,62$); der Zuschußbedarf im Vermögenshaushalt ist hingegen positiv korreliert ($r = +0,18$), d.h. dort, wo die Landkreise pro Einwohner tendenziell einen hohen Zuschußbedarf für investive Zwecke im Jahre 1979 ausgewiesen hatten, hatten auch die Mittelzentren eher überdurchschnittliche Mehrausgaben pro Einwohner zu tragen.

5. NOTWENDIGKEIT UND MÖGLICHKEIT EINES INTERKOMMUNALEN LASTENAUSGLEICHS

5.1 ZAHLUNGSSTRÖME ZWISCHEN GEBIETSKÖRPERSCHAFTEN

Im Grundsatz sind die Träger der zentralörtlichen Einrichtungen für die Deckung des Defizits ihrer Einrichtungen zuständig. So haben beispielsweise die niedersächsischen Gemeinden die zur Erfüllung ihrer Aufgaben notwendigen Mittel aus eigenen Einnahmen aufzubringen (1). Die Träger der zentralörtlichen Einrichtungen müssen jedoch im allgemeinen den entstehenden Zuschußbedarf nicht allein tragen. Vielmehr erhalten sie neben den Gebühreneinnahmen von Gebietskörperschaften und anderen Institutionen Zahlungen, mit denen dieser Zuschußbedarf gemindert wird. Soweit diese Zahlungen unter den Haushaltsstellen der einzelnen zentralörtlichen Einrichtungen verbucht werden, werden sie im folgenden als direkte Zahlungen bezeichnet. Abbildung 5.1 gibt einen Anhaltspunkt hinsichtlich der <u>Anzahl</u> - also nicht des Volumens - der 1979 zwischen den Gemeinden (GV), dem Land und den Zweckverbänden geleisteten Zahlungen. Bei der Interpretation dieser Werte, die auch die Kreisschulbaukasse und die Krankenhausumlage enthalten, sind vor allem zwei Faktoren zu beachten:

Abbildung 5.1 - Zahl der in der Rechnungsstatistik ausgewiesenen Zahlungen für zentralörtliche Einrichtungen zwischen Land, Gemeinden un Landkreisen+

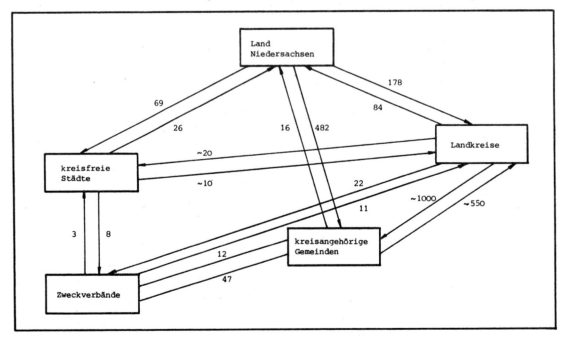

Abbildung 5.1: Zahl der in der Rechnungsstatistik ausgewiesenen Zahlungen für zentralörtliche Einrichtungen zwischen Land, Gemeinden und Landkreisen+

+ Quelle: Niedersächsisches Landesverwaltungsamt und eigene Berechnungen.

---

1 § 3 Abs. 1 NGO.

- In der Haushaltsrechnung sind die verschiedenen Einnahmen und Ausgaben der Gemeinden auch nach den Zahlungsgebern bzw. den Zahlungsempfängern aufgeschlüsselt, soweit diese Zahlungen nicht "ein marktübliches oder marktähnliches Entgelt für die Einbringung einer bestimmten Leistung darstellen" (2). In der Jahresrechnung sind häufig mehrere Zahlungen gleicher Gruppierungs- und Gliederungsnummern zusammengefaßt, z.B. Zahlungen für Schulbauten vom Landkreis an seine Gemeinden.

- Zahlungen zwischen Gemeinden (GV) werden zusammengefaßt, d.h. bei den ausgewiesenen Beträgen bleibt unklar, ob sie z.B. an eine kreisfreie Stadt, einen Landkreis oder eine kreisangehörige Gemeinde gehen. Lediglich Zahlungen an Zweckverbände werden getrennt ausgewiesen. Innerhalb des kommunalen Zahlungsverkehrs nach Empfängern bzw. Gebern zu differenzieren, ist daher sehr häufig nur dann möglich, wenn die Erläuterungen der einzelnen Zahlungsvorgänge aus den Haushaltsplänen der einzelnen Gemeinden (GV) bekannt sind. Bei der großen Zahl von Gemeinden läßt sich ein derartiges Verfahren nur für die wichtigsten Gemeinden (GV) anwenden, im übrigen ist man auf plausible Annahmen angewiesen. Eine Methode der Kontrolle der Ergebnisse ist dabei, daß Einnahmen einer Gemeinde entsprechende Ausgaben anderer Gemeinden gegenübergestellt werden können. Dieses Verfahren funktioniert allerdings nur zum Teil, da es voraussetzt, daß die jeweiligen Buchungen in der gleichen Gliederungsnummer und entsprechenden Gruppierungsnummer erfolgen: Einige Ausgaben wie Schuldendiensthilfen werden jedoch auf der Ausgabenseite in den jeweiligen Einzelplan verbucht, auf der Einnahmenseite hingegen im Einzelplan 9 (Allgemeine Finanzwirtschaft) und vermischen sich möglicherweise mit anderen Beträgen. Hinzu kommt, daß Abweichungen von der offiziellen Buchungspraxis auftreten, die vom Niedersächsischen Landesverwaltungsamt nicht alle korrigiert werden können. Soweit derartige "Falschbuchungen" erkannt wurden, wurden sie korrigiert.

Die in Abbildung 5.1 aufgeführten Werte können daher nur als erster Anhaltspunkt dafür angesehen werden, zwischen welchen Gebietskörperschaften bzw. Zweckverbänden Zahlungen erfolgen. Gleichwohl werden bereits einige Konturen der Ausgleichszahlungen sichtbar:

- Viele kommunale Gebietskörperschaften hatten 1979 sowohl Einnahmen für zentralörtliche Einrichtungen als deren Träger erhalten als auch an andere Träger Zahlungen getätigt.

- Im horizontalen Ausgleich, d.h. zwischen den Gemeinden (GV) war der Zahlungsverkehr zwischen kreisangehörigen Gemeinden und ihren Landkreisen besonders ausgeprägt, was sich teilweise aus der großen Anzahl kreisangehöriger Gemeinden erklären läßt.

- Zwischen kreisfreien Städten und den Landkreisen wurden nur relativ wenige Ausgleichszahlungen getätigt.

- Mit Zweckverbänden bestanden nur wenige Zahlungsströme.

- Umfangreich ist auch der vertikale Zahlungsverkehr zwischen den Kommunen und dem Land. Dies deutet darauf hin, daß das Land in vielfältiger Weise mithilft, die zentralörtlichen Einrichtungen zu finanzieren.

---

2 FRIEDRICH MENGERT, CHRISTA KUNERT und JOHANN REHM, Kommunalhaushalt in Schlagworten, 2. Aufl. Köln u.a. 1974, S. 109.

Tabelle 5.1 - Direkter Zahlungsverkehr zwischen Land, Gemeinden(GV) und Zweckverbaenden fuer zentraloertliche Einrichtungen nach Zentralitaetsstufen und Gemeindestatus in Niedersachsen 1979 in DM pro Einwohner (1) *

Zentralitaets-stufe/Gemeindestatus	Anzahl	Einwohner am 30.6.1979	Einnahmen aus Zahlungsverkehr			Ausgaben fuer Zahlungsverkehr		
			im VerwH	in VermH	insgesamt	im VerwH	im VermH	insgesamt
			DM pro Einwohner					
Oberzentren	7	1428387	10,88	20,69	31,58	33,58	10,52	44,10
davon								
kreisfrei	5	1198335	9,80	22,99	32,80	33,97	10,29	44,27
eingekreist	2	230052	16,49	8,72	25,22	31,54	11,68	43,22
Mittelzentren	82	2620081	32,20	37,08	69,29	4,06	10,50	14,57
davon								
kreisfrei	4	364472	17,38	26,36	43,74	9,72	9,37	19,09
eingekreist(2)	3	198442	39,66	25,73	65,39	11,23	16,41	27,65
sonstige mit Mittelbereich								
ueber 80000 E	15	556900	41,22	37,36	78,58	0,78	9,66	10,44
40000-80000 E	30	850912	34,08	43,52	77,60	2,32	10,41	12,73
unter 40000 E	30	649355	28,06	37,90	65,96	3,78	10,18	13,97
Grundzentren	168	1918425	17,86	54,39	72,25	2,32	14,30	16,63
Nebenzentren	168	1298454	8,59	14,78	23,37	0,60	13,29	13,89
Landkreise	37	5702540	4,28	82,84	87,13	34,32	94,63	128,96

*Quelle: Niedersaechsisches Landesverwaltungsamt - Statistik und eigene Berechnungen
(1) Einschliesslich Erstattungen
(2) Nur die Staedte Celle, Cuxhaven und Lueneburg

Für die finanzielle Situation der Träger von zentralörtlichen Einrichtungen ist jedoch weniger die Tatsache von Bedeutung, von wem er Zahlungen erhält, als vielmehr der Umfang derartiger Zahlungen. In Tabelle 5.1 sind die direkten Zahlungen summiert, die die zentralen Orte vom Land, den Gemeinden (GV) oder Zweckverbänden erhalten bzw. an diese zahlen. Die Einnahmen überwiegen - bis auf die Oberzentren und die Landkreise - die Ausgaben, d.h. der Zuschußbedarf, wie er etwa im Kapitel 4 für die einzelnen zentralörtlichen Einrichtungen ausgewiesen wurde, wäre noch wesentlich höher, wenn die zentralen Orte nicht von anderen Gebietskörperschaften Zahlungen erhielten. Auffallend ist weiterhin, daß die Grundzentren im Durchschnitt ebenso viele Einnahmen aufwiesen wie die Mittelzentren, da sie hohe Zahlungen im investiven Bereich vor allem für Schulen vereinnahmen konnten. Auf der Ausgabenseite zahlten vor allem die Oberzentren hohe Beträge für laufende Zwecke an die anderen Gebietskörperschaften. Die besondere Stellung der Landkreise als Träger und Finanzier von zentralörtlichen Einrichtungen geht aus dem hohen Einnahmen- und Ausgabenvolumen pro Einwohner und dem zu tragenden Defizit hervor.

Die genaue Be- bzw. Entlastung der Gemeinden (GV) kann aber mit Hilfe der direkten Zahlungen allein nicht festgestellt werden (3). Es müssen zusätzlich all diejenigen indirekten Zahlungen miteinbezogen werden, die im Einzelplan 9 verbucht werden, da sie nicht einzelnen Haushaltsstellen zugeordnet werden können, aber auch zur Deckung des Zuschußbedarfs zentralörtlicher Einrichtungen gewährt bzw. abgefordert werden. Beispiele hierfür sind die Kreisumlagen, aus denen auch zentralörtliche Einrichtungen auf Gemeinde- und Kreisebene finanziert werden oder die allgemeinen Schlüsselzuweisungen des Landes, mit denen z.T. besondere Belastungen abgedeckt werden sollen. Der Anteil, der bei diesen indirekten Zahlungen auf die Finanzierung von zentralörtlichen Einrichtungen entfällt, ist häufig nur sehr schwer zu ermitteln. Annahmen über Zurechnungen und Modellrechnungen müssen daher zu Hilfe genommen werden, um in etwa die indirekten Zahlungen miteinbeziehen zu können.

In den folgenden Kapiteln werden diese Zahlungen näher untersucht. Die Analyse beschränkt sich dabei auf solche Fälle, in denen die Gemeinden (GV) Zahlungen als Träger von zentralörtlichen Einrichtungen erhalten oder an andere kommunale Träger leisten. Nicht miteinbezogen werden, bis auf die Gebühren, Zahlungen an oder von Unternehmen und übrigen Bereichen, die ohnehin bei den zentralörtlichen Einrichtungen zumeist nur eine untergeordnete Bedeutung besitzen. In der Berechnung des Zuschußbedarfs sind diese Zahlungen aber enthalten.

---

3 Vgl. VOGT, S. 101.

5.2 AUSGLEICHSZAHLUNGEN NACH DEM ÄQUIVALENZPRINZIP

Träger von zentralörtlichen Einrichtungen erhalten also Zahlungen von anderen Institutionen, durch die der Zuschußbedarf gemindert wird. Welches sind nun die Gründe, die Gebietskörperschaften dazu veranlassen, die Errichtung und das Betreiben von zentralörtlichen Einrichtungen mitzufinanzieren? Nach welchen Kriterien sollten sich gegebenenfalls derartige Zahlungen richten?

Ähnlich wie in der Steuerwirkungslehre werden auch in staatlichen und kommunalen Bereichen zwei Grundprinzipien unterschieden, nach denen Zahlungen zwischen den Gebietskörperschaften erfolgen können (4):
Bei Zahlungen nach dem Äquivalenzprinzip erfolgt für die Leistungen des Trägers eine Gegenleistung, die sich in ihrer Höhe entweder nach dem Nutzen der Leistung für die Einwohner oder nach den Kosten des Trägers bemessen kann. Hingegen richten sich Zahlungen nach dem Leistungsfähigkeitsprinzip nicht nach dem Umfang der empfangenen Leistung, sondern orientieren sich an der Steuerkraft oder der Differenz zwischen Finanzbedarf und Steuerkraft der Empfängergemeinden bzw. bei Zahlungen des Landes des Trägers.

Welchem der beiden Prinzipien der Vorrang gegeben wird, ist einerseits eine Frage der verfolgten Zielvorstellungen, zum anderen aber auch eine Frage der Zu- und Berechenbarkeit. Selbst wenn in der Finanzwissenschaft die Anwendung des Äquivalenzprinzips zumindest bei den interkommunalen Beziehungen favorisiert wird (5), findet die Anwendung dieses Prinzips dort seine Grenzen, wo der Kreis der leistungsempfangenden Personen bzw. deren Wohnsitzgemeinden nicht mehr ermittelt oder wo die Kosten nicht mehr berechnet werden können. Letztendlich handelt es sich bei den konkreten Ausgestaltungen der Zahlungsmodalitäten aber immer um politische Entscheidungen, die sich sowohl nach dem Äquivalenz- als auch dem Leistungsfähigkeitsprinzip richten können, wie zahlreiche Beispiele in Kapitel 6 zeigen werden.

Das Äquivalenzprinzip findet vor allem bei der Berechnung von Gebühren für den einzelnen, kommunale Einrichtungen nutzenden Einwohner oder Betrieb seine Anwendung. In den Fällen, in denen keine Kostendeckung erzielt werden kann, geht man wohl in Analogie dazu davon aus, daß die Wohnsitz- bzw. Betriebssitzgemeinde dem Träger die anteilig entstandenen Kosten ersetzen bzw. für den empfangenen Nutzen zahlen soll. Soweit Träger und Gemeinde identisch sind, stellt sich dieser Ausgleich von allein ein.

Der Einzugsbereich der zentralörtlichen Einrichtungen geht aber in der Regel über die Gebietsgrenzen des Trägers hinaus. In der Sprache der Ökonomie entstehen sogenannte positive spillover-Effekte zugunsten der

---

4 Vgl. FÜRST, S. 19.
5 Vgl. KARL-HEINRICH HANSMEYER und DIETRICH FÜRST, Die Ausstattung mit zentralörtlichen Einrichtungen ausgewählter zentraler Orte in Rheinland-Pfalz, Mainz 1970, S. 137.

Umlandeinwohner (6). Da die Umlandeinwohner im Durchschnitt nicht die vollen Kosten der zentralörtlichen Einrichtungen tragen, stehen sie sich ökonomisch besser, ohne dafür entsprechende Gegenleistungen erbringen zu müssen. Die Folge sind Fehlallokationen von Ressourcen. Daraus wird die Forderung abgeleitet, daß entweder die Einzugsgebiete der Einrichtungen mit den Gebietsgrenzen der Träger übereinstimmen sollten, oder daß die Umlandgemeinden zu Ausgleichszahlungen herangezogen werden.

Die Diskussion über derartige Leistungen und Gegenleistungen bleibt aber in aller Regel nicht auf zentralörtliche Einrichtungen beschränkt. Vielmehr werden von seiten der Umlandgemeinden sehr schnell Gegenrechnungen aufgemacht, über Leistungen, die das Umland für die zentralen Orte, insbesondere für die Kernstädte der Ballungszentren erbringt. Genannt wird hier vor allem die Funktion des Umlandes für die Naherholung, für die Müllbeseitigung etc. Daneben wird auf den Einkommens- und Steuerzuwachs verwiesen, der durch die Berufs- bzw. Einkaufspendler für den zentralen Ort entsteht. Auch von seiten der zentralen Orte lassen sich noch weitere Leistungen geltend machen.

Im Anschluß an die Diskussion in den USA über eine mögliche Ausbeutung der Kernstadt durch das Umland (7) wurden auch in der Bundesrepublik und der Schweiz einige theoretische und empirische Untersuchungen darüber angestellt, wie der Gesamtsaldo der Leistungen zwischen Städten und ihrem Umland aussieht:

- Conrad schätzt für die Stadt Frankfurt a.M., daß "wegen der hohen Erwerbszentralität Frankfurts nicht auf finanzielle Disparitäten zu Lasten der Kernstadt geschlossen werden kann" (8). Er betont aber gleichzeitig: "Die Situation in anderen Ballungsgebieten mag freilich ganz anders zu beurteilen sein." (9)

- Für Zürich kommt Kesselring in einer empirischen Untersuchung zu dem Ergebnis, daß zwar die von der Kernstadt für die Agglomerationsgemeinden erbrachten spillover-Effekte überwiegen (10). Jedoch kommt dem spillover-Ausgleich gegenüber dem Ausgleich der Steuerkraft betragsmäßig nur untergeordnete Bedeutung zu. Außerdem zeigt sich, daß in zahlreichen Bereichen die statistischen Unterlagen so schlecht sind, daß auch eine grobe Schätzung nicht in Frage kommt.

- Für den Stadtstaat Hamburg hat Mielke berechnet, daß 5,3 % der Gesamtausgaben dem Umland zugute kamen (11). Andererseits weist Tesch darauf hin, daß es Hamburg gelingt, einen Teil seiner Steuerlast zu exportie-

---

6 Vgl. dazu im einzelnen MIELKE, S. 54 ff., und HEINER FRÖLING, Nicht geregelte interkommunale Finanzbeziehungen. Eine Bilanz ihrer räumlichen Inzidenz zwischen Kernstadt und Vorort, München 1979, S. 85 ff. (Schriftenreihe Wissenschaftliche Forschung und Entwicklung, Bd. 40).
7 Ebenda, S. 1 ff.
8 CONRAD, S. 218.
9 Ebenda.
10 KESSELRING, S. 175.
11 MIELKE, S. 127 ff.

ren und Einkommensströme aus dem Umland und entfernten Regionen an sich zu ziehen, so daß unklar bleibt, wie der Gesamtsaldo für Hamburg und sein Umland aussieht (12).

- Aufgrund von theoretischen Überlegungen kommt Fröling zu dem Schluß, daß die These der Ausbeutung der Kernstadt durch den suburbanen Vorort als nicht sehr fundiert angesehen werden kann (13).

Wenngleich diese Untersuchungen zum Teil von recht unterschiedlichen Annahmen ausgehen und alle Verfasser große Schwierigkeiten hatten, die einzelnen Leistungsströme zu quantifizieren, so bleibt dennoch festzuhalten, daß bisher keine eindeutigen Aussagen getroffen werden können, ob das Umland die Kernstadt "ausbeutet" oder nicht. Es ist ohnehin fraglich, ob eine Quantifizierung aller spillover-Effekte jemals möglich sein wird.

Für die Diskussion um die Ausgleichszahlungen für zentralörtliche Einrichtungen bedeutet dieses Ergebnis einmal, daß im Grunde das Äquivalenzprinzip nur angewandt werden kann, wenn man sich auf den Ausgleich einzelner Leistungsströme beschränkt (14). Gleichzeitig mindert aber die nicht entschiedene Frage des Gesamtsaldos der Leistungen die Bereitschaft der Umlandgemeinden, einen freiwilligen Finanzierungsbeitrag auch für einzelne Leistungen zu erbringen.

Auch nach einer grundsätzlichen Entscheidung, das Äquivalenzprinzip anzuwenden, verbleiben eine Reihe von schwierigen Problemen. Zunächst wäre zu klären, wie die Kosten zwischen zentralem Ort und den umliegenden Gemeinden verteilt werden können. Ist von den tatsächlichen Kosten der Nutzung auszugehen, oder kommt es auch auf die potentielle Nutzungsmöglichkeit an, d.h. sollte dem zentralen Ort auch die bloße Bereitstellung von Kapazitäten honoriert werden, wobei es gleich bleibt, ob diese genutzt werden oder nicht? Üblicherweise wird von der tatsächlichen Nutzung ausgegangen, da sonst die Gefahr gesehen wird, daß zu große Kapazitätsplanungen bei einer zentralörtlichen Einrichtung zu Lasten der umliegenden Gemeinden gingen.

Da die Inanspruchnahme durch die Einwohner eines Ortes von Gemeinde zu Gemeinde schwankt, ist ein geeigneter Maßstab für die Verteilung zu finden. Zumeist wird der einzelne Nutzer als Maßstab gewählt, nur in den Fällen, in denen die Intensität der Nutzung sehr unterschiedlich ausfallen kann, werden zusätzliche Maßstäbe notwendig sein (Aufenthalt nach Krankenhaustagen, Schüler nach Schulformen etc.).

Für den Fall, daß von einer Verteilung der Kosten ausgegangen wird, muß festgelegt werden, wie die Kosten berechnet werden sollen. Sind nur die laufenden oder auch die investiven Kosten zu ersetzen? Sollen die Durchschnittskosten verwendet werden oder die Grenzkosten? Letztere können gleich Null sein, wenn für einen zusätzlichen Nutzer noch die entsprechende Kapazität vorhanden ist oder hoch ausfallen, wenn zusätzliche

---

12 HELMUT TESCH, Öffentliche Finanzwirtschaft in Ballungsräumen, dargestellt am Ballungsraum Hamburg, Hamburg 1976, S. 189 ff. (Veröffentlichungen des HWWA-Instituts für Wirtschaftsforschung Hamburg).

13 FRÖLING, S. 243.

14 HANSMEYER, Der kommunale Finanzausgleich, S. 96.

Kapazitäten geschaffen werden müssen (15). In der Praxis durchgesetzt
hat sich das Durchschnittskostenprinzip, wobei zumindest die laufenden
Kosten als Berechnungsgrundlage gewählt werden. Dieses Verfahren hat
den Vorteil, daß Schwankungen in der Kapazitätsnutzung gleichmäßig von
allen Nutzern mitgetragen werden.

Die Höhe des Nutzens, der den Nutzern der zentralörtlichen Einrichtungen zufließt, ist noch sehr viel schwieriger zu messen als die Kosten
der Einrichtung, so daß Argumente hinsichtlich des Nutzens eher qualitativ verwendet werden können. Ein Argument aus der Nutzenbemessung
taucht aber häufig in den Begründungen von Zahlungen auf: Gegenüber den
Einwohnern des Umlandes haben die Einwohner des zentralen Ortes den Vorteil, daß sie die zentralörtliche Einrichtung zumeist schneller mit geringeren Fahrtkosten erreichen können, daß die Nutzenintensität also
höher ist (16). Daher wird eine "Interessenquote" oder ähnliches vom
zentralen Ort gefordert, mit der dieser Vorteil ausgeglichen werden
soll. So richtig dieses Argument auch sein mag, ist es nur schwer anwendbar, da die "richtige" Höhe der Interessenquote nicht berechenbar
ist.

5.3 AUSGLEICHSZAHLUNGEN NACH DEM LEISTUNGSFÄHIGKEITSPRINZIP

Bei der Anwendung des Leistungsfähigkeitsprinzips wird vor allem auf
die unterschiedliche finanzielle Situation der einzelnen Gemeinden abgestellt: Die Steuerkraft oder die Differenz von Finanzbedarf und Steuerkraft wird als Maßstab dafür herangezogen, in welchem Umfang eine Gemeinde zur Mitfinanzierung einer zentralörtlichen Einrichtung beizutragen hat, bzw. wie hoch die Zuweisungen ausfallen, die ein zentraler
Ort zur Erfüllung seiner Aufgaben erhält. Das Ergebnis ist ein Umverteilungsprozeß, da eine leistungsfähigere Gemeinde mehr an Mitteln zu zahlen hat, bzw. weniger an Zuweisungen erhält als eine andere Gemeinde in
vergleichbarer Situation, die aber weniger leistungsfähig ist. Von der
konkreten Gegenleistung wird dabei zwar abstrahiert, es wäre aber falsch,
daraus den Schluß zu ziehen, daß überhaupt keine Gegenleistung erbracht
werde. Vielmehr kann oder soll diese Gegenleistung nicht im einzelnen
zugerechnet werden. So wird die Kreisumlage nach der Steuerkraft erhoben, die damit finanzierten zentralörtlichen Einrichtungen des Kreises
müssen dann aber in aller Regel auch allen Einwohnern des Kreises zugute kommen, wenn auch nicht mit gleicher Intensität.

Die Messung der Leistungsfähigkeit einer Gemeinde gestaltet sich als
sehr schwierig. Selbst wenn man sich nur auf die Steuerkraft bezieht,
treten eine Reihe von Berechnungsproblemen auf, die bereits in Kapitel
3.5 erörtert wurden. Da der Bedarf an Finanzmitteln bei einer Gemeinde
objektiv in der Praxis nicht feststellbar ist, so läßt sich dieser Bedarf nur mit Hilfskonstruktionen messen (vgl. Kapitel 8.2). Dieses auf-

---

15 Das preußische Volksschulfinanzgesetz sah vor, daß die Mehrkosten
   für den gastweisen Besuch, aber auch die Ersparnisse der die Schüler
   entsendenden Gemeinde zu berücksichtigen waren (§ 8 Abs. 1 Preußisches Volksschulfinanzgesetz vom 2.12.1936 (GS. S. 161)).
16 Vgl. HANSMEYER, Der kommunale Finanzausgleich, S. 97.

wendige Verfahren wird daher in der Regel nur vom Land als Grundlage für die Verteilung von Mitteln gewählt, in den anderen Fällen wird die Leistungsfähigkeit einer Gemeinde anhand der Steuerkraft festgestellt.

Der Umverteilungsprozeß zwischen den Gemeinden entspricht den Zielsetzungen der Länder, die Unterschiede in den Einnahmen der Gemeinden im Rahmen des kommunalen Finanzausgleichs zu verringern. Daher orientieren sich die Länder sowohl bei der Vergabe der allgemeinen, nicht-zweckgebundenen Finanzmittel als auch der speziellen Zuweisungen an der Leistungsfähigkeit der Kommunen. Aber auch bei den Zahlungen zwischen Gemeinden, die vom Land geregelt werden, werden explizit oder implizit Elemente der Leistungsfähigkeit miteinbezogen, wie z.B. bei der Kreisumlage oder der Krankenhausumlage. Inwieweit diese Regelungen darauf zurückzuführen sind, daß äquivalente Leistungen nicht berechnet werden können (17), ist schwer zu beurteilen. Eher scheint sich aber aus den Begründungen für die einzelnen Regelungen zu ergeben, daß das einzelne Land auch auf diesem Wege eine ausgeglichenere Finanzstruktur in den Landkreisen bzw. zwischen den Landkreisen und kreisfreien Städten fördern will.

Zwischen einzelnen Gemeinden besteht wenig Anreiz, Verteilungsmaßstäbe für Ausgleichszahlungen nach der Leistungsfähigkeit zu wählen. Da die konkrete Gegenleistung in die Bemessung nicht einfließt, wäre zu solchen Regelungen ein außergewöhnlicher Konsens innerhalb einer Region notwendig. Der zentrale Ort wird in der Regel auf seine finanziellen Belastungen durch die zentralörtlichen Einrichtungen verweisen, die umliegenden Gemeinden auf ihre geringere Steuerkraft. Daher werden derartige Lösungen regelmäßig an der fehlenden politischen Durchsetzbarkeit scheitern. Wie Beispiele in Kapitel 6 zeigen, werden jedoch manchmal Maßstäbe gewählt, in die die Steuerkraft der betroffenen Gemeinden nur zur Hälfte eingeht, während die restliche Hälfte an konkreten Leistungen ausgerichtet ist.

Im übrigen sei darauf hingewiesen, daß auch die Nichtregelung von Ausgleichszahlungen zu Umverteilungseffekten führt (18). Steht sich der zentrale Ort finanziell besser als seine Umlandgemeinden und gibt er zentralörtliche Leistungen an diese ab, ohne dafür Ausgleichszahlungen zu erhalten, kann ein solcher Umverteilungseffekt politisch durchaus erwünscht sein, um regionale Wohlstandsdisparitäten zu mildern. Von Region zu Region fallen die finanziellen Unterschiede zwischen zentralem Ort und seinem Umland aber viel zu uneinheitlich aus, als auf eine Kompensation der zentralörtlichen Leistungen verzichtet werden könnte.

---

17 FÜRST, S. 21.
18 HANSMEYER, Der kommunale Finanzausgleich, S. 99.

6. AUSGLEICH ZENTRALÖRTLICHER BELASTUNGEN ZWISCHEN DEN GEMEINDEN

6.1 MÖGLICHKEITEN DER GEBÜHRENPOLITIK

Der Zuschußbedarf, den die einzelne Gemeinde für ihre zentralörtlichen Einrichtungen zu zahlen hat, wird vor allem dadurch bestimmt, daß die Einnahmen aus diesen Einrichtungen wesentlich unter den Ausgaben liegen, d.h. die Nutzer dieser Einrichtungen kein kostendeckendes Entgelt leisten. Ein nach betriebswirtschaftlichen Grundsätzen kalkuliertes kostendeckendes Entgelt, wie es das Niedersächsische Kommunalabgabengesetz (NKAG) für die Gebührenrechnung vorsieht (1), würde verhindern, daß bei den laufenden Ausgaben ein Zuschußbedarf entsteht, bei den Investitionen wäre allerdings noch eine Vorfinanzierung durch die Gemeinde notwendig (2). Gerade bei den zentralörtlichen Einrichtungen ist jedoch festzustellen, daß die von den Benutzern gezahlten Entgelte sehr häufig nur einen kleinen Teil der laufenden Ausgaben ausmachen (vgl. Tabelle 6.1). Aufgrund von gesetzlichen Bestimmungen sowie sozialpolitischen und kulturpolitischen Zielsetzungen sehen sich die Gemeinden nicht in der Lage, einen kostendeckenden Satz zu erheben (3).

Tabelle 6.1 - Anteil der Gebühren an den Ausgaben des Verwaltungshaushaltes von zentralörtlichen Einrichtungen in Niedersachsen 1979 in vH[+]

Zentralörtliche Einrichtung	Gebühren in v.H. der Ausgaben des Verwaltungshaushaltes
Allgemeinbildende höhere Schulen	0,4
Sonderschulen	0,3
Berufsbildende Schulen	2,4
Museen etc.	8,1
Öffentliche Theater	17,1
Musikschulen	48,0
Volkshochschulen	30,0
Büchereien	8,3
Krankenhäuser	87,8
Eigene Sportstätten	8,4
Schwimmbäder	21,3
Messen etc.	.

[+] Quelle: Niedersächsisches Landesverwaltungsamt, Niedersächsischer Volkshochschulverband, Verband Deutscher Musikschulen und eigene Berechnungen.

---

1 § 5 Niedersächsisches Kommunalabgabengesetz vom 8.2.1973 (Nds.GVBl. S. 41).
2 Die Investitionen werden über ihre Nutzungsdauer abgeschrieben und verzinst. Die Vorfinanzierung kann durch die Abschreibungen früherer Investitionen teilweise finanziert werden.
3 Vgl. HANNS KARRENBERG und ENGELBERT MÜNSTERMANN, Gemeindefinanzbericht 1981, in: Der Städtetag, N.F. Jg. 34 (1981), S. 55.

Im Bereich der Schulen sind durch die Abschaffung des Schulgeldes, das ohnehin dem Land zufloß, Hemmnisse abgebaut worden, die einer besseren schulischen Ausbildung von Kindern aus minderbemittelten Familien u.a. im Wege standen. Entsprechend ist der eigene finanzielle Beitrag der Schüler bzw. ihrer Eltern praktisch gleich Null anzusetzen. Bei den übrigen Einrichtungen sind die Gemeinden - soweit es Einrichtungen waren, für die Gebühren erhoben wurden - von den Möglichkeiten des NKAG ausgegangen, im öffentlichen Interesse von Gebühren abzusehen oder einen nicht kostendeckenden Gebührensatz zu erheben (4). Aus Gründen der Volksbildung werden für den Besuch von Museen oder der Ausleihe von Büchern, im Durchschnitt nur sehr geringe Gebühren erhoben. Sehr viel höher, aber längst noch nicht kostendeckend sind die Gebühren bzw. privatwirtschaftliche Entgelte, die für den Besuch von Theatern, Volks- und Musikhochschulen sowie Schwimmbädern zu zahlen sind (5). Einen Sonderfall stellen die Krankenhäuser dar, in denen die Kranken die Pflegesätze nur in den seltensten Fällen selbst zahlen, vielmehr ihre Krankenkassen zur Zahlung verpflichtet sind. Die Berücksichtigung sozialpolitischer Belange wird im Krankenhaussektor bereits bei der Erhebung der Versicherungsbeiträge in Relation zum Einkommen vorgenommen - wenn man von den Privatversicherten absieht. Eine Gebührenerhebung nach dem Äquivalenzprinzip und dem Kostendeckungsprinzip kollidiert demnach bei den meisten zentralörtlichen Einrichtungen mit anderen Zielsetzungen, Anhebungen des Kostendeckungsgrades scheinen nur schwer durchsetzbar zu sein.

Die Subventionierung der zentralörtlichen Einrichtungen durch die Gemeinde führt zu einer Minderung der frei verfügbaren Finanzmittel in der Trägergemeinde, für andere Aufgaben stehen entsprechend weniger Mittel zur Verfügung oder es müssen höhere Hebesätze bei den Realsteuern angewandt werden. Soll daher die Gemeinde auch die Inanspruchnahme der Einrichtungen durch Auswärtige mitsubventionieren? Einen Anspruch auf Nutzung der gemeindlichen Einrichtungen haben nur die dortigen Einwohner und Gewerbetreibenden, sieht man von den Schulen und Krankenhäusern ab (6). Gestattet die Gemeinde auch Auswärtigen die Nutzung der Einrichtungen, so ist umstritten, ob sie einen gespaltenen Gebührentarif (für Einheimische und für Auswärtige) für die Inanspruchnahme der gleichen Leistung festsetzen darf. Während die Befürworter eines möglichen Auswärtigenzuschlags die Meinung vertreten, aus sachlichen Gründen wie mangelnder Kapazität einer Einrichtung oder schlechter allgemeiner Finanzlage sei eine erhöhte Abgabe nicht möglich (7), führen

---

4 § 5 Abs. 1 NKAG.

5 In Tabelle 6.1 sind auch die Gebühren der privatrechtlichen organisierten Vereine enthalten.

6 Vgl. dazu HANS-JOACHIM SCHMIDT, Die Benutzung der öffentlichen Einrichtungen einer Gemeinde durch Nichteinwohner, in: Die öffentliche Verwaltung, Jg. 16 (1963), S. 217 ff.

7 Vgl. DAHMEN/DRECHAUS/KÜFFMANN/WIESE, Kommentar zum Kommunalabgabengesetz für das Land Nordrhein-Westfalen, 3. Aufl. Herne und Berlin 1981, S. 80; BAUERNFEIND/ZIMMERMANN, Kommunalabgabengesetz für das Land Nordrhein-Westfalen, 2. Aufl. Köln 1979, S. 28, und JÜRGEN RÜTTGERS, Sind Auswärtigenzuschläge bei allen kommunalen Gebühren unzulässig?, in: Kommunale Steuerzeitschrift, 1979, S. 125 ff.

die Gegner einer derartigen Regelung an, daß Gebührenunterschiede nur aufgrund von Unterschieden in der Inanspruchnahme der Einrichtung gerechtfertigt seien (8). Im übrigen ergäben sich für die Gemeinde keine Probleme, wenn sie von einer Subventionierung der Gebühren absehe (9).

Auch wenn die angeführten Gründe gegen einen Auswärtigenzuschlag nicht überzeugen können (10), dürfte gleichwohl die Realisierung eines derartigen Zuschlags kaum möglich sein:

- Häufig werden die zentralörtlichen Einrichtungen von ihrer Kapazität so bemessen, daß sie auch die Versorgung der Auswärtigen mit übernehmen können. Eine Unterauslastung durch einen Rückgang der Auswärtigenzahl aufgrund von höheren Entgelten wäre daher aus planerischen Gründen nicht erwünscht.

- Zuwendungen vom Land oder vom Kreis für Bau und Unterhaltung von Einrichtungen werden nicht nur für die Inanspruchnahmen durch Einheimische gewährt. Zudem sollen mit diesen Zuwendungen teilweise gerade die Kosten der Inanspruchnahme durch Auswärtige ausgeglichen werden.

- Zwischen Auswärtigen aus dem Umland und weiteren Gebieten läßt sich nur schwer differenzieren. Die Inanspruchnahme von Einrichtungen wie Theatern oder Museen durch Besucher aus entfernteren Regionen kann jedoch zur Förderung des Fremdenverkehrs durchaus erwünscht sein.

- In den Fällen, in denen keine Einschreibung mit Adressenangabe erfolgt, wie etwa bei Volkshochschulen oder Krankenhäusern, wäre zwar auch eine Wohnortfeststellung der Nutzer möglich, aber mit erheblichem Verwaltungsaufwand verbunden.

Eine direkte Belastung der auswärtigen Nutzer zentralörtlicher Einrichtungen müßte daher schon aus Gründen der Praktikabilität scheitern.

6.2 GASTSCHULBEITRÄGE ALS BEISPIEL VON KOSTENERSTATTUNGEN

Da die Gebührenerhebung bei auswärtigen Nutzern entweder nicht möglich oder nicht kostendeckend ist, stellt sich die Frage, inwieweit nicht die Wohnsitzgemeinde oder ihr Landkreis zur Deckung dieser Kosten herangezogen werden kann. Bei der Beantwortung dieser Frage ist zwischen Pflicht- und freiwilligen Aufgaben zu unterscheiden (11). Bei Pflichtaufgaben, die der zentrale Ort für die Einwohner anderer Gemeinden bzw. Landkreise überregional erledigt, werden jene Gemeinden (GV) finanziell entlastet, die derartige Einrichtungen zwar im Prinzip anzubieten hätten, von dieser Pflicht aber befreit werden, weil andere diese Einrich-

---

8 OVG Lüneburg, Urteil vom 25.1.1979 (VIII OVG, Az/78).
9 Ebenda.
10 Vgl. RÜTTGERS, S. 128.
11 Vgl. HORST HACKER, Finanzausgleich, in: Handbuch der kommunalen Wissenschaft und Praxis, Bd. 3, Berlin u.a. 1959, S. 423.

tungen vorhalten. Obwohl eine derartige Beschränkung des Angebots aus
ökonomischen Gründen sehr sinnvoll sein kann und einen Grundgedanken
des Konzepts der zentralen Orte bildet, kann sich aus der Aufgabenwahrnehmung ein öffentlich-rechtlicher Erstattungsanspruch ergeben (12),
jedenfalls dann, wenn dem zentralen Ort dadurch nennenswerte zusätzliche
Kosten entstehen, die anderweitig nicht ausgeglichen werden.

Die Wahrnehmung von Pflichtaufgaben für andere Gebietskörperschaften
ist aber in der Regel nur dann möglich, wenn entsprechende gesetzliche
Vorschriften oder öffentlich-rechtliche Vereinbarungen vorliegen, was
bei den zentralörtlichen Einrichtungen nur im Schul- und Krankenhausbereich der Fall ist (13). Bei den freiwilligen Aufgaben läßt sich aufgrund der Freiwilligkeit der Leistungserbringung keine Forderung ableiten, auch andere Gemeinden (GV) an den Kosten dieser Leistungen zu beteiligen. In diesen Fällen kann ein Lastenausgleich nur durch Verhandlungen zwischen den Gemeinden (GV) bzw. durch entsprechende staatliche
Zuschüsse gefunden werden.

Kostenerstattungen für auswärtige Schüler (14), auch Gastschulbeiträge
oder Gastschulgelder genannt, sind in den meisten Bundesländern in
Teilbereichen vorgesehen, wie Tabelle 6.2 zeigt. Eine Ausnahme bildet
lediglich das Bundesland Nordrhein-Westfalen, in dem keine derartigen
Erstattungen möglich sind. Der Verzicht auf eine Regelung in diesem
Bundesland sowie die speziellen Regelungen in den übrigen Bundesländern
sind vor allem im Zusammenhang mit den Zahlungen des jeweiligen Landes
an die Schulträger zu sehen:

- In den Schulbereichen, in denen die Länder die Sachkosten der Schulen
  insgesamt oder für Gastschüler weitgehend bezuschussen, entfällt die
  Notwendigkeit, Kostenerstattungen zu verlangen, da den Schulträgern
  nur Kosten entstehen, wenn diese über dem Landesdurchschnitt liegen.
  Beispiele hierfür sind der Sachkostenbeitrag in Baden-Württemberg
  (ohne Grund- und Fachschüler) (15) und die Zuweisungen an die Schulträger von Realschulen und Gymnasien (ohne Oberzentren) nach § 18
  FAG Schleswig-Holstein, wenngleich diese Zuweisungen die auswärtigen
  Schüler sehr pauschaliert bezuschussen (16).

---

12 Vgl. HANS J. WOLFF und OTTO BACHOF, Verwaltungsrecht I, 9. Aufl.
   München 1974, S. 340.
13 Der Bereich der Krankenhäuser, auf den diese Argumentation auch zutrifft, wird im Kapitel 6.4 behandelt.
14 Berufsschüler gelten als auswärtig, wenn sie ihre Ausbildungsstätte
   nicht im Gebiet des Schulträgers haben.
15 § 17 des Gesetzes über den kommunalen Finanzausgleich (FAG 1978),
   i.d.F. vom 4.8.1978 (GBl. S. 399).
16 § 18 des Gesetzes über den Finanzausgleich in Schleswig-Holstein
   (Finanzausgleichsgesetz - FAG), i.d.F. vom 28.9.1981 (GVBl. S. 222).
   § 18 sieht die Zahlung eines festen Betrages pro Schule vor, der
   etwa ein Viertel der Durchschnittskosten abdeckt (vgl. Schleswig-Holsteinischer Landtag, Entwurf eines Gesetzes zur Änderung des Finanzausgleichsgesetzes, Drucksache 9/797).

Tabelle 6.2 - Ausgleichszahlungen für auswärtige Schüler in den verschiedenen Bundesländern zwischen Gemeinden (GV), soweit nicht öffentlich-rechtliche Vereinbarung getroffen wurde+

Land	Bezeichnung der Ausgleichszahlung	Erhebung für folgende Schultypen möglich	Mindestanteil an Auswärtigen für Erhebung	Berechnung der Ausgleichszahlung		zu zahlen von
				Grundlage	Berechnung	
Baden-Württemberg	Schullastenausgleich (§ 19 FAG)	Grundschule, wenn Schule eines anderen Schulträgers besucht wird	Keiner	Angemessener Ausgleich der laufenden sächlichen Schulkosten 1981: Abweichende Vereinbarung möglich	Durch VO festgelegt	Für Wohnort zuständige Schulträger
Bayern	Gastschulbeitrag Art. 43 VoSchG bzw. Gastschülerbeitrag Art. 8 SchFG bzw. Kostenersatz nach Art. 24 GbSch	1. Volksschulen, (Grund- u. Hauptschulen) 2. öffentliche Gymnasien, Realschulen und Kollegs zur Erlangung der Hochschulreife, soweit kommunale Träger des Sachaufwandes 3. Berufsschulen	Keiner	1 Laufender Unterhalt 2 laufender Sachbedarf einschl. des Aufwandes für Hauspersonal (ohne Gastschülerzuschuß) 3 anderweitig nicht gedeckten Kosten	1 Durchschnittswert der Volkssch. bzw. Verbandes 2 Maximal kann Durchschnittswert verlangt werden 3 Anteiliger Wert	1 Zuständige Gemeinde 2 zuständiger Landkreis bzw. kreisfr. Stadt
Hessen	Gastschulbeiträge § 35 SchVG	Alle Schulformen (ohne Schulträger Land und Landeswohlfahrtsverband)	10 vH einer Schule für eine Schulform		Durch VO festgelegt, differenziert nach Schultypen	Kreisfr. Städte bzw. Landkreise, in denen Schüler ihren Wohnsitz bzw. ihre Ausbildungsstätt. haben
Niedersachsen	Beiträge nach § 85 NschG	Alle Schulformen	Mindestens 25 vH aus dem nach der Schulentwicklungsplanung maßgebl. Einzugsbereich; bei Schülerwohnheimen kein Mindestanteil; gilt nicht innerhalb eines Landkreises einer Schule	Kostendeckender Beitrag, ohne Baugrundstück	Kann durch VO festgelegt werden, differenziert n. Schulformen etc. RdErl v. 6.3.1978 berücksichtigt auch Zinsen u. Abschreibungen	Zuständige Schulträger

+ Quelle: Eigene Zusammenstellung.

Tabelle 6.2 - Ausgleichszahlungen für auswärtige Schüler in den verschiedenen Bundesländern zwischen Gemeinden (GV), soweit nicht öffentlich-rechtliche Vereinbarung getroffen wurde* (Fortsetzung)

Land	Bezeichnung der Ausgleichszahlung	Erhebung für folgende Schultypen möglich	Mindestanteil an Auswärtigen für Erhebung	Berechnung der Ausgleichszahlung Grundlage	Berechnung	zu zahlen von
Nordrhein-Westfalen	Keine Zahlungen					
Rheinland-pfalz	§ 65 Abs. 1 SchG	Hauptschule in Schulzentrum	Keiner	Nicht gedeckte Kosten	Tatsächliche Kosten	Gebietskörperschaft, die Schüler entsendet
Saarland	Schulsachkostenbeiträge § 48 SchoG	1 Bei zentralisierten Grund- u. Hauptschulen u. Orientierungsstufe; 2 bei zugewiesenem Schulbesuch bei anderem Schulträger, auch bei Berufs- u. Sonderschulen	1 Keiner; 2 bei mehr als 5 Schülern	Angemessene Beteiligung an Schulsachkosten	Durch VO festgelegt, kann differenziert werden	Bei 1. Gemeinden, die Schüler entsendet bei 2. Schulträger
Schleswig-Holstein	Gastschulbeiträge §§ 66,67 SchulG	1. Grund-,Haupt, u. Schule für Lernbehinderte, wenn Gemeinde nicht an Trägerschaft beteiligt; nicht bei Schulen des Kreises 2. Bei übrigen Sonderschulen, deren Träger Kreis bzw. kreisfreie Städte sind 3. Für Berufsschüler von Bezirksfachklassen oder Landesberufsschulen	Keine	Laufende Sachkosten und Verwaltungs- und Hilfspersonal	1 und 2 durch VO wird Richtwert festgelegt, der im Landesdurchschnitt für einen Schüler eines Schulorts aufzuwenden ist; Höhe des Beitrags wird zwischen Beteiligten festgelegt, wobei vom Richtwert um ± 25 vH abgewichen werden darf 3 durch VO festgelegt	1 Gemeinde, in der Schüler gewöhnlichen Aufenthalt hat 2 Kreis bzw. kreisfr. Stadt 3 Zuständiger Kreis bzw. kreisfr. Stadt

* Quelle: Eigene Zusammenstellung.

- Schwieriger ist die Frage eines Verzichts auf Kostenerstattung zu beantworten, wenn die Schülerzahl als Bedarfskomponente in die Berechnung der Schlüsselzuweisungen eines Landes eingeht, wie etwa in Nordrhein-Westfalen (17) oder Rheinland-Pfalz (18). Die Höhe der sich ergebenden Zahlungen des Landes hängt dann vor allem von der Größe der Schlüsselmasse und der finanziellen Situation der Gemeinde ab. In Nordrhein-Westfalen wurden z.B. in den letzten Jahren durch den Schüleransatz die landesdurchschnittlichen Kosten pro Schüler weitgehend ausgeglichen, sofern der Schulträger überhaupt Schlüsselzuweisungen erhielt, was nur bei sehr wenigen, überdurchschnittlich finanzstarken Gemeinden nicht der Fall war (19).

- Durch die nur teilweise Kompensation von Belastungen wie in Hessen (20) oder durch die Gastschülerzuschüsse in Bayern (21) wird andererseits das Problem der Kostenbelastungen durch auswärtige Schüler nur gemindert, die Kosten sind noch so hoch, daß eine Regelung der Gastschulbeiträge erforderlich erscheint.

Durch Zahlungen des Landes für alle oder speziell für auswärtige Schüler mindert sich also die Kostenbelastung des Trägers und damit auch die Notwendigkeit einer Kostenerstattungsregelung. Umgekehrt besteht in denjenigen Ländern, in denen keine oder nur eine teilweise staatliche Bezuschussung der laufenden Kosten erfolgt, ein Bedürfnis, die Kostenbelastungen auszugleichen.

In einigen Ländern wird die Kostenerstattungspflicht dadurch eingeschränkt, daß eine Mindestzahl bzw. ein Mindestanteil an auswärtigen Schülern an einer Schule überschritten werden muß, ehe eine Kostenerstattung gefordert werden kann (vgl. Tabelle 6.2). Als Verwaltungsvereinfachung ist ein derartiger Mindestanteil bis zu einer bestimmten Höhe durchaus sinnvoll, obwohl dieses Argument bei einer Kostenpauschalierung durch das Land viel an Gewicht verliert. Als selbstzutragende "Belastungsgrenze" für den Schulträger ist ein Mindestanteil jedoch problematisch, da damit impliziert wird, daß der Schulträger entweder bis zu diesen Grenzen keine zusätzlichen Kosten für die auswärtigen Schüler hat, oder daß er wirtschaftlich leistungsfähiger ist als

---

17 § 8 Abs. 2 Nr. 2 des Gesetzes zur Regelung der Zuweisungen des Landes Nordrhein-Westfalen an die Gemeinden und Gemeindeverbände im Haushaltsjahr 1982 (Gemeindefinanzierungsgesetz - GFG 1982) vom 2.2.1982 (GVBl. S. 42).
18 § 10 Abs. 4 Nr. 5 des Landesgesetzes über den Finanzausgleich in Rheinland-Pfalz (Finanzausgleichsgesetz - FAG) vom 28.10.1977 (GVBl. S. 353).
19 Vgl. FERDINAND ESSER, Der kommunale Finanzausgleich 1979 in Nordrhein-Westfalen, in: Städte- und Gemeinderat, Jg. 33 (1979), S. 61.
20 § 23 des Gesetzes zur Regelung des Finanzausgleichs (Finanzausgleichsgesetz - FAG) i.d.F. vom 2.1.1981 (GVBl. S. 2).
21 Nach Art. 8 Abs. 1 des Schulfinanzierungsgesetzes i.d.F. vom 14.3.1966 (GVBl. S. 111) gewährt der Staat einen Gastschülerzuschuß bei Realschulen und Gymnasien, wenn der Auswärtigenanteil 15 v.H. überschreitet.

die Wohnsitzgemeinden der auswärtigen Schüler (22). Inwieweit diese Annahmen zutreffen, kann nur am Einzelfall festgestellt werden.

Zur Berechnung der zu erstattenden Kosten wird in allen Flächenstaaten auf die durchschnittlichen Kosten pro Schüler zurückgegriffen. Unterschiede in der Berechnung zwischen den einzelnen Ländern bestehen vor allem in der Abgrenzung der Kosten, ob z.B., wie in Niedersachsen, kalkulatorische Abschreibungen und Zinsen einbezogen werden sollen oder nicht (23). In einigen Bundesländern hat das Land diese durchschnittlichen Kosten bestimmt, eine Regelung, die sicherlich verwaltungsvereinfachend wirkt und Streitigkeiten vermeiden hilft, wenn sie auch im Einzelfall zu Ungleichheiten führt.

Das Land Niedersachsen zeichnet sich durch eine ausgeprägte Regelung der Schullasten auf kommunaler Ebene aus, da, wie erwähnt, eine Bezuschussung der laufenden Schulkosten durch das Land fehlt (24). De facto haben sich zwei Regelungssysteme entwickelt, die nebeneinander bestehen: Der Lastenausgleich zwischen kreisfreien Städten und Landkreisen untereinander durch Gastschulbeiträge und der Lastenausgleich innerhalb der Landkreise durch Zuweisungen der Landkreise für laufende Ausgaben und Schulbauten, auf den im nächsten Kapitel eingegangen wird.

Bis zur Änderung des Schulgesetzes 1981 bestand auch für kreisangehörige Schulträger die Möglichkeit, Gastschulbeiträge zu erheben. Inwieweit von dieser Möglichkeit im Jahre 1979 Gebrauch gemacht wurde, ließ sich aus der Rechnungsstatistik nicht mehr nachvollziehen (25). Nach Aussagen des Niedersächsischen Städtetages sollen die Gastschulbeiträge im Einzelfall bis zu 1,9 Mio. DM jährlich betragen haben (26), insgesamt dürften die Zahlungen aber nicht sehr verbreitet gewesen sein. Nunmehr

---

22 Vgl. die Begründung zum Niedersächsischen Schulgesetz 1973 (Niedersächsischer Landtag, Entwurf eines Niedersächsischen Schulgesetzes (NSchG), Drucksache 7/2190, S. 95).
23 Die Kostenberechnung ist für Niedersachsen detailliert geregelt im Runderlaß der Ministerkonferenz vom 6.3.1978 (Nds.MBl. S. 493).
24 Die in der Rechnungsstatistik ausgewiesenen Zuweisungen des Landes (Gruppierungs-Nr. 171) dienen vor allem zur Abgeltung von Gastschulgeldern, welche für niedersächsische Berufsschüler im Land Bremen gezahlt werden müssen (vgl. Runderlaß des Niedersächsischen Kultusministers vom 12.9.1968 (Nds.MBl. S. 999)).
25 In der Rechnungsstatistik sind die Einnahmen aus den Gastschulbeiträgen mit sonstigen Kostenerstattungen zusammengefaßt.
26 Stellungnahme zur geplanten Schulgesetznovelle, in: Niedersächsischer Städteverband - Nachrichten, 1979, S. 228.

ist die Zahlung von Gastschulbeiträgen zwischen Gemeinden (GV) innerhalb eines Landkreises nicht mehr zulässig (27):

> Ebenso, wie bei den staatlichen Zuschüssen, verlieren die Gastschulbeiträge nämlich in dem Maße ihre Existenzberechtigung, wie durch andere Zahlungsverfahren die Belastungen der Schulträger gemindert werden. Da durch das geänderte Schulgesetz die Mindestbezuschussung der Sachkosten durch den jeweiligen Landkreis von 30 auf 50 v.H. angehoben wurde und je nach Anteil der Schüler in den landkreiseigenen Schulen bis 80 v.H. ansteigen kann (28), wurde gleichzeitig die Zahlung von Gastschulbeiträgen innerhalb des Landkreises ausgeschlossen. Andernfalls hätte die Möglichkeit bestanden, daß ein Landkreis 100 v.H. der Sachkosten aufbringen müßte, ohne selbst Schulträger zu sein.

Der in Niedersachsen angewandte Mindestauswärtigenanteil von 25 v.H. an einer Schule bzw. einem Schulzweig zur Erhebung von Gastschulbeiträgen muß als recht hoch angesehen werden, insbesondere, wenn man sich die Vorschriften in den anderen Bundesländern ansieht (vgl. Tabelle 6.2). Außerdem kommt in Niedersachsen hinzu, daß auswärtige Schüler nur dann berücksichtigt werden, "wenn sie aus dem für die Schule nach dem Schulentwicklungsplan maßgeblichen Einzugsbereich kommen" (29). Auf diese Weise soll verhindert werden, daß "sich ein Schulträger bei sinkenden Schülerzahlen unter Spekulation auf Gastschulbeiträge um auswärtige Schüler bemüht und damit benachbarte Schulen anderer Träger in ihrer Existenz gefährdet" (30). Allerdings wurde in den öffentlich-rechtlichen Verträgen zwischen den Schulträgern z.T. auf derartige Einschränkungen verzichtet (31).

Für die kreisfreien Städte in Niedersachsen haben die Gastschulbeiträge eine besondere Bedeutung, stellen sie doch die einzigen größeren Zahlungen dar, die sie direkt für die auswärtigen Nutzer der zentralörtlichen Einrichtungen erhalten. Für das Haushaltsjahr 1979 beläuft sich der Wert der Beiträge laut den jeweiligen Haushaltsplänen auf 10,3 Mio. DM, darin sind allerdings noch 1,6 Mio. DM Nachzahlungen für frühere Jahre enthalten (vgl. Tabelle 6.3) (32). Überwiegend wurden diese Beiträge von den umliegenden Landkreisen gezahlt. Der Grund ist vor allem in einer vernünftigen Aufteilung des Schulangebotes zu sehen. Die starke Differenzierung der Berufsschulausbildungsgänge bedingt kleine Fachklassen mit großen Einzugsgebieten, die nur an wenigen Schulen angeboten werden. Daneben besteht bei den Landkreisen, deren Kreissitz eine kreisfreie Stadt ist, die Tendenz, Gymnasien nicht am Kreissitz zu unterhalten, so daß die Gemeinden um die kreisfreien Städte herum zu deren schulischem Einzugsgebiet gehören.

---

27 § 85 Abs. 5 NSchG.
28 § 99 Abs. 1 NSchG.
29 § 85 Abs. 4 NSchG.
30 Niedersächsischer Landtag, Stenographischer Bericht der 43. Sitzung am 3.7.1980, Sp. 5629.
31 Vgl. z.B. den Vertrag zwischen der Stadt Braunschweig und dem Landkreis Wolfenbüttel vom 23.5.1980.
32 An andere kreisfreie Städte und Landkreise wurden 1,4 Mio. DM entrichtet.

Um eine Vorstellung der Größenordnung dieser Beträge geben zu können, wurden die Gastschulbeiträge in Relation zu dem Zuschußbedarf im Verwaltungshaushalt der einzelnen Schulzweige gestellt, wobei der Zuschußbedarf um die Gastschulbeiträge bereinigt wurde. Für die kreisfreien Städte insgesamt machten die Gastschulbeiträge im Bereich der Sonderschulen 4,6 v.H. des Zuschußbedarfs im Verwaltungshaushalt aus, bei den höheren allgemeinbildenden Schulen lag dieser Anteilsatz mit 4,8 v.H. fast ebenso hoch, während bei den Berufsschulen immerhin 10,9 v.H. des Zuschußbedarfs abgedeckt wurden. Bei der Beurteilung dieser Zahlen ist zu beachten, daß im Jahre 1979 von drei kreisfreien Städten keine Gastschulbeiträge erhoben wurden (vgl. Tabelle 6.3). Nach den in den Haushaltsplänen ausgewiesenen Ansätzen werden die kreisfreien Städte ihre Einnahmen aus den Gastschulbeiträgen 1982 auf 18,0 Mio. DM steigern. Diese Steigerung wird vor allem verursacht durch den Abschluß neuer Verträge (Stadt und Landkreis Hannover) und der Ansetzung höherer Kostenrichtwerte.

Zusammenfassend läßt sich für Niedersachsen konstatieren, daß die Erfüllung von Pflichtaufgaben für einen anderen Schulträger zur Notwendigkeit der Zahlung von Gastschulbeiträgen führt. Ein differenziertes schulisches Angebot bei den Berufsschulen sowie die Beschränkung in der Wahl der Schulstandorte führen zu Zahlungen der Schulträger untereinander, so daß trotz der gesetzlichen Begrenzungen ein beschränkter Lastenausgleich erreicht wird. Durch die Regelungen des innerkreislichen Schullastenausgleichs und dem damit zusammenhängenden Verbot der Zahlung von Beiträgen ist dieser Lastenausgleich quantitativ aber sehr eingeschränkt.

6.3 ZWECKVERBÄNDE

Eine weitere Möglichkeit des zwischengemeindlichen Lastenausgleichs bildet die Übertragung der Trägerschaft einer zentralörtlichen Einrichtung an einen Verband, Verein oder eine privatrechtliche Gesellschaft. Die einzelne Gemeinde (GV) ist dann über eine Umlage u.ä. am Defizit des Trägers beteiligt, sie hat aber auch Sitz und Stimme in der Verbands-, Vereins- bzw. Gesellschafterversammlung und damit Einfluß auf die Entscheidungen. Klassisches Instrument dieser Form interkommunaler Zusammenarbeit ist der Zweckverband; Vereine und Gesellschaften kommen jedoch ebenfalls recht häufig vor.

In Niedersachsen gab es 1980 insgesamt 183 Zweckverbände und andere juristische Personen zwischengemeindlicher Zusammenarbeit (vgl. Tabelle 6.4), davon war aber nur der geringere Teil auf Gebieten tätig, die den Bau und den Unterhalt von zentralörtlichen Einrichtungen beinhalten (33). Die Zahl dieser Zweckverbände dürfte um die 20 betragen haben, wovon der größere Teil auf Theatergesellschaften und -zweckverbände entfiel, während in dem sonst sehr wichtigen Sekundarschulbereich fast keine Zweckverbände zu finden waren, da die Regelungen des Niedersächsischen Schulgesetzes eine Zusammenarbeit in Form von Zweckverbänden nicht möglich bzw. nicht notwendig machen (34).

Gemessen an ihren Gesamtausgaben lag der Schwerpunkt der in zentralörtlichen Bereichen tätigen Zweckverbände u.ä. im Bereich der Theater- und Musikschulen (A 33) und der vier Zweckverbandskrankenhäuser, auf die 40 bzw. 48 v.H. der Ausgaben von 134 Mio. DM entfielen (35). Zu 90 v.H. wurden diese Ausgaben für laufende Zwecke getätigt, wohl aufgrund geringer Investitionstätigkeit der vier Zweckverbandskrankenhäuser und der Übernahme der Bautätigkeit im Theaterbereich durch die Sitzgemeinde bzw. das Land.

Nur ein kleiner Teil der niedersächsischen Gemeinden war 1979 Mitglied in diesen Zweckverbänden (vgl. Tabelle 6.5). In den meisten Fällen bestanden diese Zweckverbände u.ä. nur aus zwei Mitgliedern, eine größere Zahl von Mitgliedern besaßen nur die zwei Theaterzweckverbände. Häufig trat die Kombination Landkreis/kreisangehörige Stadt auf (Theater, Krankenhäuser), während die kreisfreien Städte außerhalb des Theaterbereichs kaum an derartigen Zweckverbänden beteiligt waren.

---

33 Die Finanzstatistik erfaßt derartige Zusammenschlüsse, die anstelle kommunaler Körperschaften kommunale Aufgaben erfüllen, rechtlich selbständig sind und mindestens eine kommunale Gebietskörperschaft als Mitglied haben (vgl. MICHAEL REIDENBACH, Bedeutung und Finanzen der kommunalen Zweckverbände und anderer juristischer Personen zwischengemeindlicher Zusammenarbeit, in: Zeitschrift für Kommunalfinanzen, Jg. 31 (1981), S. 8 ff.). Häufig ist jedoch die Abgrenzung, insbesondere zu den Vereinen recht schwierig.

34 Nach § 84 NSchG können nur Landkreise und kreisfreie Städte untereinander Zweckverbände in den Sekundarschulbereichen bilden, nicht jedoch mehrere kreisangehörige Gemeinden zusammen.

35 Siehe NIEDERSÄCHSISCHES LANDESVERWALTUNGSAMT - STATISTIK, Staatliche und kommunale Finanzen - Jahresrechnung 1979, S. 250 ff.

Tabelle 6.3 — Einnahmen aus Gastschulgeldern (ohne Grundschulen) der kreisfreien Städte Niedersachsens 1979 - 1982[+]

kreisfreie Stadt	Einnahmen aus Gastschulgeldern (ohne Grundschule) im Jahre			
	1979[1]	1980[1]	1981[2]	1982[2]
	in 1.000 DM			
Braunschweig[3]	2.628	2.913	4.110	4.850
Salzgitter	637	700	1.117	1.116
Wolfsburg	631	586	666	685
Hannover	-	1.687	913	5.029
Delmenhorst	1.788	978	1.247	1.251
Emden	-	-	-	-
Oldenburg	3.391	2.006	1.852	1.962
Osnabrück	1.202	2.223	2.193	2.575
Wilhelmshaven	-	-	-	509
Summe	10.277	11.093	12.098	17.977

[+] Quelle: Haushaltspläne der Städte.
[1] Rechnungsergebnisse.
[2] Haushaltsansätze.
[3] enthält auch Grundschulen.

Tabelle 6.4 — Kommunale Zweckverbände und andere juristische Personen zwischengemeindlicher Zusammenarbeit nach zentralörtlichen Einrichtungen und Ländern[+]

Hauptaufgabengebiet	Anzahl der einbezogenen kommunalen Zweckverbände								
	Insgesamt 1979	Schleswig-Holstein 1979	Nieder-sachsen 1980	Nordrhein-Westfalen 1980	Hessen 1979	Rheinland-Pfalz 1979	Baden-Württem-berg 1978	Bayern 1980	Saarland 1980
				A n z a h l					
Realschulen	15	2	-	4	-	-	1	8	-
Gymnasien	26	3	-	4	-	-	4	15	-
Berufsschulen u.ä.	25	-	-	7	1	1	1	15	-
Sonderschulen	48	1	-	22	-	2	5	18	-
Gesamtschulen	10	-	-	-	-	3	-	7	-
Theater, Konzerte, Musikpflege	28	-	11	5	-	1	7	3	1
Volkshochschulen, sonstige Volksbil-dung	42	-	-	38	1	-	-	3	-
Krankenhäuser	37	4	4	6	2	2	5	14	-
Kommunale Zweckver-bände insgesamt	3.458	121	183	232	268	407	495	1.729	23

[+]Quelle: Statistisches Bundesamt, Statistische Landesämter und eigene Erhebungen.

Geographisches Institut
der Universität Kiel

Tabelle 6.5 - Umlagen an Zweckverbaende fuer zentraloertliche Einrichtungen nach Zentralitaetsstufen und Gemeindestatus in Niedersachsen pro Einwohner *

Zentralitaets-Stufe/Gemeindestatus	an zahl	Einwohner am 30.6.1979	Umlagen pro Einwohner
Oberzentren	5	1030266	32,98
davon			
kreisfrei	3	800214	33,40
eingekreist	2	230052	31,53
Mittelzentren	23	924030	5,09
davon			
kreisfrei	3	292556	5,56
eingekreist(1)	2	139154	15,92
sonstige mit Mittelbereich			
ueber 80000 E	5	181833	1,45
40000-80000 E	8	236649	2,14
unter 40000 E	5	73838	1,24
Grundzentren	16	215708	2,77
Nebenzentren	5	38488	4,90
Landkreise	16	2795357	2,88

*Quelle: Niedersaechsisches Landesverwaltungsamt - Statistik und eigene Berechnungen
(1) Nur die Staedte Celle, Cuxhaven und Lueneburg

Größere Zahlungen von und an die Zweckverbände fielen nur in Form von Umlagen an, die hauptsächlich von den Oberzentren und größeren Mittelzentren sowie einem Teil der Landkreise geleistet wurden (36). Soweit die Landkreise an städtischen Bühnen beteiligt waren, wie die Landkreise Hildesheim oder Lüneburg, mußten sie allerdings weit höhere Beträge aufbringen als es der Durchschnittswert in Tabelle 6.5 ausweist.

Das Zweckverbandsgesetz Niedersachsen sieht als Normalfall die Verteilung der Umlage nach dem Nutzen vor, den die einzelnen Mitglieder aus der Erfüllung der Aufgaben des Zweckverbandes erzielen, andere Regelungen wie z.B. die Verteilung nach der Steuerkraft sind aus besonde-

---

36 Als einzige größere Zahlungen von Zweckverbänden sind Zuweisungen des Großraumverbandes Hannover an die Stadt Hannover für den Bau von zentralörtlichen Einrichtungen in Höhe von 8 Mio. DM nachzuweisen. Diese Zahlungen, die im übrigen von der Stadt Hannover über die Verbandsumlage zu über 50 v.H. mitfinanziert wurden, sind 1981 mit der Bildung des Zweckverbandes eingestellt worden.

ren Gründen zulässig (37). Als Nutzenmaßstab käme daher die Zahl der tatsächlichen Inanspruchnahme der Einrichtungen aus den jeweiligen Gemeinden in Frage, wie Schülerzahl, Hörerstunden, Patiententage oder Zahl der Theaterbesucher. In Niedersachsen kommen derartige reine Nutzenmaßstäbe für die Umlage bei zentralörtlichen Einrichtungen nicht vor (38), vielmehr wird entweder an die Einwohnerzahl angeknüpft, eine Kombination mehrerer Nutzenmaßstäbe gewählt oder aber die Umlage unabhängig vom jeweiligen Nutzer festgelegt.

>So wird bei den beiden Landesbühnen die Einwohnerzahl als Umlagemaßstab verwendet; sie dürfte einen guten Maßstab für die Möglichkeit von Theaterbesuchen abgeben. Mehrere Volkshochschulen verteilen die Umlagen neben der Einwohnerzahl nach den Unterrichtsstunden in den Gebietskörperschaften (39). Die Finanzkraft wird nur in wenigen Fällen als Verteilungsmaßstab verwendet (40). Schließlich ist bei den Krankenhäusern und den Theatergesellschaften ein Verteilungsverhältnis in den Verträgen festgelegt, bei dem nicht mehr nachzuvollziehen ist, ob es einer früher vorhandenen Nutzenverteilung entspricht oder von anderen Faktoren bestimmt wird. In den Fällen, in denen sich aufgrund der Einkreisung von Städten die Landkreise an den Theatern beteiligten, kann die Umlagebemessung ohnehin nur als Ergebnis der Bargaining-Prozesse bei der Eingemeindung angesehen werden (vgl. Kapitel 4.3.2).

Zusammenfassend läßt sich für Niedersachsen zeigen, daß sich an den Zweckverbänden u.ä. im wesentlichen nur solche Körperschaften beteiligen, die ohnehin normalerweise Träger von zentralörtlichen Einrichtungen sind, eine direkte Beteiligung der Grund- und Nebenzentren besteht für den Bereich der zentralörtlichen Einrichtungen hingegen nicht. Über

---

37 § 29 Abs. 1 des Zweckverbandsgesetzes vom 7.6.1939 (RGBl. I S. 979), geändert durch Gesetz vom 21.6.1972 (Nds.GVBl. S. 309). Für die übrigen Flächenstaaten gelten ähnliche Bestimmungen (vgl. DIE GEMEINDEORDNUNGEN UND KREISORDNUNGEN IN DER BUNDESREPUBLIK DEUTSCHLAND, bearb. von Gerd Schmidt-Eichstaedt, Isabell Stade und Michael Borchmann, Stuttgart u.a. 1975 ff. (Schriften des Deutschen Instituts für Urbanistik, Bd. 47)).

38 In einigen Bundesländern wird bei der Bildung von Schulverbänden die Schülerzahl als Verteilungsmaßstab vorgeschrieben (§§ 63 ff. SchG Schleswig-Holstein für laufende Ausgaben, § 66 SchulG Rheinland-Pfalz, in Nordrhein-Westfalen (§ 8 SchFG) und in Schleswig-Holstein für den Schulbau je zur Hälfte nach Schülerzahl und Finanzkraft).

39 Z.B. Volkshochschulen Lingen, Uelzen - Lüchow-Dannenberg.

40 Z.B. Musikschule Bad Bentheim und Schüttorf, Schulzweckverband Wybelsum (inzwischen aufgelöst).

die Beteiligung der Landkreise an den zentralörtlichen Einrichtungen wird allerdings eine indirekte Finanzierung der Einrichtungen über die Kreisumlage erreicht (vgl. Kapitel 7). In einigen Fällen knüpft die Umlageverteilung mehr oder weniger stark an den Nutzen der Einrichtungen an; in den meisten Zweckverbänden u.ä. dürfte die Umlageverteilung jedoch eher das Ergebnis eines politischen Aushandelns sein. Durch die Verknüpfung mit anderen Zahlungen ist die Verteilungswirkung nur schwer zu ermitteln.

Die aufgezeigte geringe Bedeutung der kommunalen Zweckverbände in Niedersachsen läßt sich auch für die anderen Flächenstaaten feststellen (vgl. Tabelle 6.4). In allen Flächenstaaten existieren zwar Zweckverbände, die zentralörtliche Einrichtungen betreiben, ihre Aktivitäten fallen jedoch nur in wenigen Bereichen ins Gewicht. Da die oft beschworene interkommunale Zusammenarbeit (41) in diesen Bereichen offensichtlich nicht notwendig oder nicht durchführbar ist, muß nach den Gründen dafür gesucht werden:

- Durch die Gebietsreformen wurden sowohl auf Gemeinde- als auch auf Kreisebene Verwaltungseinheiten von solcher Größe gebildet, daß die Zweckverbände in vielen Fällen überflüssig wurden, wie der Rückgang der Zweckverbände im Schulbereich Mitte der 70er Jahre verdeutlicht.

- Der Zusammenschluß zu einem Zweckverband erfolgt in den meisten Fällen freiwillig, d.h. für die einzelnen Gebietskörperschaften müssen besondere ökonomische oder politische Anreize vorliegen, damit diese einem Zweckverband beitreten, wie z.B. die Bildung der Theatergesellschaften bei den Einkreisungen in Niedersachsen.

- Zweckverbandslösungen stehen in Konkurrenz zu anderen Lösungen, wie der Übernahme der Trägerschaft durch den Kreis, der Sachkostenbeteiligung, namentlich im Schulwesen, und öffentlich-rechtlichen Vereinbarungen anstelle von Zweckverbänden, bei denen eine Gebietskörperschaft Träger der Einrichtung bleibt, während die übrigen Finanzierungsbeiträge leisten (42).

- Die Stadt-Umlandverbände sind in aller Regel Planungsverbände, die zusätzlich noch einige überörtliche Aufgaben erfüllen können. Die Trägerschaft von zentralörtlichen Aufgaben gehört nicht zu ihren Aufgabenbereichen, wie beispielsweise der Großraum Hannover verdeutlicht (43).

---

41 Vgl. KOMMUNALE GEMEINSCHAFTSSTELLE FÜR VERWALTUNGSVEREINFACHUNG, Interkommunale Zusammenarbeit im Stadt-Umland, KGSt-Bericht, Nr. 2 (1976).

42 Vgl. z.B. die öffentlich-rechtlichen Vereinbarungen über die Hallenbäder in Gifhorn und Einbeck zwischen der jeweiligen Stadt und dem Landkreis.

43 Vgl. Bericht der ARBEITSGRUPPE GROSSRAUMVERBÄNDE ZUR NEUGLIEDERUNG DER VERWALTUNGSEBENEN IN DEN GROSSRÄUMEN BRAUNSCHWEIG UND HANNOVER, Teilbericht Hannover, Hannover 1980.

- Schließlich wird an den Zweckverbänden bemängelt, daß bei ihnen nur eine mittelbare Wahl der Vertretungsorgane möglich ist, so daß die hauptamtliche Verwaltung eine starke Stellung besitzt und die Bürgernähe nicht gewährleistet ist (44).

6.4 KRANKENHAUSUMLAGE

Auch ohne eine organisatorische Zusammenbindung kann ein Lastenausgleich zwischen den Gemeinden (GV) stattfinden, wenn eine höhere Gebietskörperschaft die Gemeinden (GV) ihres Gebietes verpflichtet, einen finanziellen Beitrag zur Deckung des Defizits bei einer kommunalen Aufgabe beizutragen. Ein Beispiel hierfür ist die Krankenhausfinanzierung, bei der die Kommunen einen angemessenen Anteil an den investiven Ausgaben im Krankenhausbereich in Form einer Umlage an das Land aufzubringen haben, und zwar unabhängig davon, welches der Stand der Krankenversorgung in einer bestimmten Region ist (vgl. Kapitel 4.3.3). Im Idealfall würde sich die Funktion der höheren Gebietskörperschaft darauf beschränken, die notwendigen Gelder als eine Art Clearing-Stelle einzuziehen und an die Träger der Einrichtungen zusammen mit anderen Mitteln weiterzuleiten. Es soll hier also nicht der Fall betrachtet werden, in dem das Land die Gemeinden über eine Landesumlage zur Finanzierung seiner eigenen Aufgaben heranzieht.

Eine derartige Umlage wird in aller Regel nur vom Land aufgrund gesetzlicher Bestimmungen über Höhe und Bemessungsgrundlage erhoben werden können, da eine freiwillige Einigung aller Gemeinden (GV) unwahrscheinlich ist. Damit gewinnt das Land eine sehr starke Stellung. Für eine derartige Umlage kommen nur Aufgabengebiete in Frage, bei denen das Land nicht selbst Träger der Einrichtungen ist, andererseits die Belastungsunterschiede zwischen den Gemeinden so groß sind, daß eine gemeinsame Finanzierung des kommunalen Anteils durch alle Gemeinden notwendig erscheint. Neben dem Krankenhausbereich wäre noch an die Schulen des Sekundarbereichs II oder den Theaterbereich zu denken.

In allen Flächenstaaten wird von den Gemeinden (GV) eine Krankenhausumlage erhoben, so daß sich Wirkungsweise und Ausformung einer Landesumlage an diesem Beispiel studieren lassen. In den meisten Ländern müssen durch die Krankenhausumlage "50 v.H. der durch den Bundesanteil nicht gedeckten Ausgaben aufgrund des Krankenhausfinanzierungsgesetzes" von den Gemeinden (GV) aufgebracht werden (vgl. Tabelle 6.6). Lediglich in Nordrhein-Westfalen wird ein geringerer Anteil von den Kommunen finanziert (20 v.H. der Ausgaben nach § 9 KHG). Durch die Plafondierung der Zahlungen des Bundes für den Krankenhausbau haben sich die Umlagen der Gemeinden (GV) daher anteilsmäßig über die ursprünglich beabsichtigte Drittelbeteiligung hinaus entwickelt.

Zweck der Krankenhausumlage war es bei der Einführung, einen Ausgleich zwischen den unterschiedlichen finanziellen Belastungen der Gemeinden (GV) zu erreichen, der dadurch entstand, daß die Trägerschaftsstruk-

---

44 Siehe JANBERND OEBBECKE, Zweckverbandsbildung und Selbstverwaltungsgarantie, Köln u.a. 1982, S. 32 ff. (Schriftenreihe des Freiherr-vom-Stein-Institutes, Bd. 1).

Tabelle 6.6 - Erhebung der Krankenhausumlage in den einzelnen Bundesländern[*]

Land	Fundstelle der Umlage und Kostenträger	Verteilungsschlüssel der Umlage auf Gemeinden (GV)	Kommunaler Kostenanteil
Baden-Württemberg	Finanzausgleichsumlage (1a FAG) enthält Umlage Gemeinden und Landkreise	1. Bei Gemeinden nach nivellierter Steuerkraft und Schlüsselzuweisungen 2. Bei Landkreisen nach erhaltenen Schlüsselzuweisungen und Grunderwerbsteuer	5o vH der durch den Bundesanteil nicht gedeckten Ausgaben aufgrund des KHG
Bayern	Krankenhausumlage (Art. 1o b FAG) Kreisefreie Städte und Landkreise	1. Örtliche Beteiligung (1o-2o vH) 2. Rest je 5o vH nach nivellierter Steuerkraft und 5o vH nach Einwohnerzahl	5o vH der durch den Bundesanteil nicht gedeckten Ausgaben aufgrund des KHG
Hessen	Krankenhausumlage (§ 40 FAG und § 2 Hs KHG) Kreisfreie Städte und Landkreise	Nach nivellierter Steuerkraft und 75 vH der Schlüsselzuweisungen	5o vH der durch den Bundesanteil nicht gedeckten Ausgaben aufgrund des KHG
Niedersachsen	Umlage (§ 2 Nds KHG) Kreisfreie Städte und Landkreise	5o vH nach der Einwohnerzahl und 5o vH nach nivellierter Steuerkraft und Schlüsselzuweisungen (§ 3 FAG)	5o vH der durch den Bundesanteil nicht gedeckten Ausgaben aufgrund des KHG
Nordrhein-Westfalen	Krankenhausumlage (§ 34 FAG) Gemeinden und Landschaftsverbände	1. bei Gemeinden: a. 5o vH nach Einwohnerzahl b. 5o vH nach Steuerkraftzahlen und Schlüsselzuweisungen 2. bei Landschaftsverbänden: jeweils notwendigen Förderungsmittel für eigene Einrichtungen	1. bei Gemeinden: 2o vH an den nach § 9 KHG förderungsfähigen Investitionskosten (ohne Mittel der Landschaftsverbände) 2. bei Landschaftsverbänden: 2o vH
Rheinland-Pfalz	Krankenhausumlage (§ 28 rpf. KRG und §§ 3, 21 FAG) Kreisfreie Städte und Landkreise	Nivellierte Steuerkraft und Schlüsselzuweisungen sowie Aufkommen aus Grunderwerbsteuer	5o vH der durch den Bundesanteil nicht gedeckten Ausgaben aufgrund des KHG
Saarland	Finanzausgleichsumlage (§ 2 LAGKHG und § 9 FAG Gemeinden	1. Abundante Gemeinden haben vorweg 5o vH der Differenz zwischen Steuerkraftmeßzahlen und Ausgangsmeßzahlen zu entrichten 2. Rest nach nivellierter Steuerkraft aller Gemeinden	5o vH der durch den Bundesanteil nicht gedeckten Ausgaben aufgrund des KHG bis zum 3fachen Betrages des Bundeszuschusses nach §§ 4 und 9 KGH
Schleswig-Holstein	Beitrag nach § 2 KIG Kreisfreie Städte und Landkreise	Nach Einwohnerzahl	Ein Drittel des Betrages, der für Investitionen an Krankenhäusern und Verpflichtungen nach § 19 Abs. 2 KHG aufgewendet wird

[*] Quelle: Eigene Zusammenstellung.

tur, die qualitative Ausstattung und die Einzugsbereiche der Krankenhäuser von Region zu Region sehr verschieden ausfielen. Da im dualen System der Krankenhausfinanzierung die investiven Ausgaben durch die öffentliche Hand und die laufenden Kosten über die Pflegesätze abgedeckt werden sollten, war im Grundsatz für ein sparsam wirtschaftendes leistungsfähiges Krankenhaus eine volle Deckung der Kosten vorgesehen. Die einzelne Trägergemeinde war - bis auf die Zahlung der Krankenhausumlage - im Grundsatz von den Krankenhauskosten befreit, eine Differenzierung nach einheimischen und auswärtigen Patienten erübrigte sich daher.

Das Risiko, als Patient ein Krankenhaus aufsuchen zu müssen, wird längerfristig für alle Einwohner eines Landes in etwa gleich sein, wenn man von Sonderfällen absieht (45). Es spricht daher einiges dafür, als Maßstab für die Nutzenverteilung eines gut ausgebauten Krankenhaussystems die Einwohnerzahl zu nehmen. Ein Vorteil für die Einwohner der Sitzgemeinde der Krankenhäuser besteht lediglich in der besseren Erreichbarkeit, ein Vorteil, der aber nur schwer zu quantifizieren ist und auch vom Ausbau der Rettungsdienste sowie der Verkehrssysteme abhängig ist.

Eine Verteilung der Krankenhausumlage nach der Einwohnerzahl wurde zwar für einige Bundesländer vorgeschlagen, derzeit aber nur in Schleswig-Holstein befolgt (46) (vgl. Tabelle 6.6). In anderen Ländern wird diese Nutzenbemessung hingegen nicht verwendet und nur an die finanzielle Leistungsfähigkeit der Gemeinden angeknüpft, so daß die Krankenhausumlage ein Element der Umverteilung zwischen den Gemeinden erhält, daß umso stärker ausfällt, je mehr nur die Steuerkraft der Gemeinden (GV) und nicht auch die Schlüsselzuweisungen als Bemessungsgrundlage herangezogen werden. Drei Länder, darunter auch Niedersachsen, haben sich zu einem Kompromiß zwischen den beiden Verteilungssystemen entschlossen, indem sie Einwohnerzahl und Finanzkraft zu je 50 v.H. bewerten.

Die Auswirkungen der verschiedenen Verteilungsansätze lassen sich für die niedersächsischen Landkreise und kreisfreien Städte aufzeigen (vgl. Tabelle 6.7). Bei einer Erhebung der Krankenhausumlage von 79 Mio. DM nur nach der Einwohnerzahl, wäre ein einheitlicher Betrag in Höhe von 10,79 DM pro Einwohner zu zahlen gewesen. Eine Aufbringung ausschließlich nach der Summe aus nivellierter Steuerkraft und Schlüsselzuweisung hätte hingegen eine Differenzierung der Umlage erbracht, bei der die Zahlungen pro Einwohner für den Landkreis Cloppenburg (8,82 DM) nur halb so hoch gewesen wären, wie für die Landeshauptstadt Hannover (16,65 DM). Eine Verteilung der Krankenhausumlage nach

---

45 Vgl. GEORG BRENNER u.a., Kommunaler Finanzausgleich für das Saarland, Saarbrücken 1981, S. 273 (Institut für empirische Wirtschaftsforschung, Forschungsberichte, H. 45).
46 Vgl. ebenda und Schleswig-Holsteinischer Landtag, Entwurf eines Gesetzes über die Beteiligung der Kreise und kreisfreien Städte an den Investitionskosten der Krankenhäuser, Drucksache 7/318, S. 5 f., und Landtag Rheinland-Pfalz, Entwurf eines Landesgesetzes zur Reform des Krankenhauswesens in Rheinland-Pfalz, Drucksache 7/1373, S. 20 und 30.

Tabelle 6.7 - Krankenhausumlage in Niedersachsen 1979 tatsaechlich und nach verschiedenen Berechnungsgrundlagen und Ausgaben fuer Krankenhaeuser insgesamt in DM pro Einwohner nach kreisfreien Staedten und Landkreisen *

Stadt bzw. Landkreis	Einwohner am 30.6.1978	Krankenhausumlage				Zuschuesse an Krankenhaeuser '79	Summe Krankenhaeuser(2)
		tatsaechlich	nach Einwohnerzahl	nach Finanzkraft	nach fikt. Finanzk.(1)		
		DM pro Einwohner					
LK CLOPPENBURG	108534.	9.80	10.79	8.82	9.47	0.23	10.03
LK LUECHOW-DANNENB.	48915.	9.86	10.79	8.92	9.53	50.32	60.19
LK ROTENBURG (W.)	138325.	9.92	10.79	9.05	9.63	64.76	74.69
LK OLDENBURG (OLD)	94554.	9.95	10.79	9.10	9.63	-0.00	9.94
LK GIFHORN	120098.	9.98	10.79	9.16	9.69	2.28	12.26
LK FRIESLAND	106736.	9.98	10.79	9.18	9.72	101.57	111.55
LK VECHTA	97024.	10.00	10.79	9.21	9.75	-0.60	9.39
LK LEER	141207.	10.05	10.79	9.30	9.80	8.99	19.04
LK HOLZMINDEN	90804.	10.08	10.79	9.36	9.86	12.05	22.14
LK EMSLAND	238138.	10.08	10.79	9.37	9.85	38.51	48.59
LK AURICH	165931.	10.08	10.79	9.38	9.86	4.07	14.16
LK DIEPHOLZ	181877.	10.12	10.79	9.45	9.89	28.24	38.36
LK NIENBURG (WESER)	117897.	10.12	10.79	9.45	9.94	34.65	44.77
LK UELZEN	96223.	10.12	10.79	9.45	9.91	-0.15	9.97
LK AMMERLAND	130393.	10.12	10.79	9.45	9.89	-0.94	9.17
LK OSTERHOLZ	94006.	10.14	10.79	9.49	9.93	22.52	32.66
LK WESERMARSCH	93543.	10.14	10.79	9.50	9.98	4.58	14.73
LK CUXHAVEN	192331.	10.15	10.79	9.51	9.93	7.12	17.28
LK SOLTAU-FALLINGB.	132457.	10.15	10.79	9.51	9.94	9.81	19.97
LK OSTERODE A.H.	92635.	10.15	10.79	9.49	9.92	4.34	14.50
LK OSNABRUECK	287723.	10.16	10.79	9.54	9.96	12.03	22.19
LK HARBURG	178949.	10.18	10.79	9.56	9.97	14.72	24.90
LK PEINE	117898.	10.19	10.79	9.60	10.02	0.30	10.50
LK SCHAUMBURG	153577.	10.20	10.79	9.60	10.02	27.77	37.97
LK NORTHEIM	153434.	10.23	10.79	9.67	10.08	0.61	10.85
LK VERDEN	109389.	10.26	10.79	9.72	10.12	103.61	113.88
LK GRAF. BENTHEIM	115876.	10.29	10.79	9.79	10.14	7.00	17.30
LK HELMSTEDT	100671.	10.30	10.79	9.80	10.17	10.20	20.50
LK WOLFENBUETTEL	118362.	10.37	10.79	9.96	10.28	0.81	11.19
LK GOSLAR	174267.	10.41	10.79	10.01	10.31	9.66	20.07
LK LUENEBURG	130145.	10.43	10.79	10.06	10.39	4.14	14.57
LK CELLE	171976.	10.47	10.79	10.15	10.44	0.00	10.47
LK HILDESHEIM	280903.	10.61	10.79	10.43	10.65	6.32	16.94
LK HANNOVER	536360.	10.66	10.79	10.52	10.68	7.18	17.84
LK STADE	159792.	10.68	10.79	10.56	10.77	16.11	26.79
LK GOETTINGEN	257134.	10.72	10.79	10.66	10.82	3.75	14.48
DELMENHORST,STADT	71850.	11.11	10.79	11.42	10.32	4.29	15.40
LK HAMELN-PYRMONT	164371.	11.24	10.79	11.69	11.59	13.61	24.85
SALZGITTER,STADT	114251.	11.52	10.79	12.26	11.07	-0.09	11.43
WILHELMSHAVEN,STADT	100829.	11.62	10.79	12.45	11.25	3.57	15.20
OLDENBURG,STADT	135408.	11.64	10.79	12.50	11.29	0.69	12.33
BRAUNSCHWEIG,STADT	264074.	11.87	10.79	12.95	11.70	17.99	29.87
EMDEN,STADT	52619.	12.06	10.79	13.33	12.05	1.49	13.56
OSNABRUECK,STADT	164291.	12.07	10.79	13.35	12.05	4.24	16.32
WOLFSBURG,STADT	128191.	13.48	10.79	16.16	14.60	47.04	60.52
HANNOVER,STADT	541635.	13.72	10.79	16.05	15.04	11.89	25.62

* Quelle: Niedersaechsisches Landesverwaltungsamt - Statistik und eigene Berechnungen
(1) Bei Gueltigkeit eines einheitlichen Nivellierungsatzes von 90 vH
(2) Summe aus Krankenhausumlage und sonstigem Zuschussbedarf im Krankenhausbereich

der Einwohnerzahl wurde daher bei der Einführung der Krankenhausumlage in Niedersachsen als zu große Entlastung der Städte angesehen, so daß die hälftige Lösung als Kompromiß gefunden wurde, obwohl die Verteilung nach der Einwohnerzahl als lastengerechte Kostenverteilung bezeichnet wurde (47). Entsprechend mindert sich bei der tatsächlichen Zahlung der Krankenhausumlage die Differenz zwischen höchster und geringster Belastung.

Auch wenn diese hälftige Lösung als akzeptabler Kompromiß angesehen werden kann, bestehen jedoch derzeit vor allem zwei kritische Punkte bei der Berechnung der Krankenhausumlage:

- Für die Bemessungsgrundlage werden in Niedersachsen im Gegensatz zu anderen Bundesländern nur die an die Gemeinden und Städte gezahlten Schlüsselzuweisungen nach der Einwohnerzahl herangezogen, nicht jedoch die Schlüsselzuweisungen an die Landkreise. Da bei der Höhe der Schlüsselzuweisungen an die kreisfreien Städte aber auch die Kreisfunktion dieser Städte berücksichtigt wird (48), wird ihre Umlagekraft im Vergleich zu den Kreisen zu hoch angesetzt. Die Einbeziehung der Schlüsselzuweisungen an die Landkreise würde die Differenz der zu zahlenden Umlage weit verringern, wie aus Tabelle 6.7 zu ersehen ist.

- Die Belastungen der Kommunen durch die Krankenhausumlage sind teilweise geringer als die an die Krankenhäuser zu zahlenden Zuschüsse. Auch wenn in diesen Zahlen z.T. einzelne, aperiodische Zahlungen enthalten sind, muß dennoch festgestellt werden, daß die Krankenhausumlage ihre Ausgleichsfunktion zwischen den einzelnen kreisfreien Städten und Landkreisen nur noch teilweise wahrnehmen kann, eine Tendenz, die sich angesichts der steigenden Defizite der Krankenhäuser noch verstärken dürfte.

In Bayern haben die kreisfreien Städte und die Landkreise bei Krankenhausinvestitionen auf ihrem Gebiet (soweit es sich nicht um Maßnahmen von freigemeinnützigen oder privaten Krankenhausträgern handelt) 10 bis 20 v.H. der förderungsfähigen Kosten zu übernehmen, wobei sich der Beteiligungssatz nach der Finanzlage und Größe des Einzugsgebietes richtet (50). Damit sollten die Krankenhausträger zu einer möglichst sparsamen Kostengestaltung angehalten und auch ein Ausgleich für den Standortvorteil gewährt werden (51).

---

47 Vgl. Niedersächsischer Landtag, Entwurf eines Niedersächsischen Gesetzes zum Bundesgesetz zur wirtschaftlichen Sicherung der Krankenhäuser und zur Regelung der Krankenhauspflegesätze, Drucksache 7/1626, S. 6.
48 Vgl. Kapitel 8.
49 Art. 10 b Abs. 2 FAG; bis 1980 mußte auch für diese Krankenhausträger eine örtliche Beteiligung gezahlt werden.
50 Bayerischer Landtag, Entwurf eines Gesetzes zur Änderung des Gesetzes über den Finanzausgleich zwischen Staat, Gemeinden und Gemeindeverbänden, Drucksache 7/3319, S. 5.
51 Ebenda.

Wenngleich diese örtliche Beteiligung durch den lokalen Bezug ein systemfremdes Element in die Krankenhausfinanzierung bringt und den Trägern bei einer regional ungleichmäßigen Verteilung der Krankenhäuser hohe Kosten auferlegt, so muß doch geprüft werden, ob nicht die vollständige Finanzierung der Investitionen aus einer gemeinsamen Kasse zu unnötigen Ausgaben führt und daher eine örtliche Beteiligung als Sparkorrektiv dienen kann. Dieses Argument scheint jedoch recht fragwürdig zu sein, da es voraussetzt, daß der Träger trotz Krankenhausbedarfsplanung des Landes und der Vorgabe von förderungsfähigen Kosten großen Einfluß auf die Kosten des Krankenhausbaus hat und beim Bau und späterem Unterhalt des Krankenhauses kein Defizit auftritt. Da diese Annahme in der gegenwärtigen Situation nicht zutreffen dürfte, ist anzunehmen, daß für den Träger auch ohne örtliche Beteiligung ein Anreiz zu sparsamer Mittelverwendung besteht, eine örtliche Beteiligung daher nicht notwendig erscheint (52).

Neben der Krankenhausumlage enthält nur noch die Finanzausgleichsumlage Baden-Württemberg Elemente der Finanzierung anderer zentralörtlicher Einrichtungen, da diese Umlage von ihrer Entstehungsgeschichte her zur Finanzierung der Sachkostenbeiträge an die Schulen dienen sollte, soweit die Umlage nicht an das Land floß (53).

Andere Landesumlagen werden für zentralörtliche Einrichtungen nicht mehr erhoben. Der Grund scheint vor allem in der Konkurrenz zu dem kommunalen Finanzausgleich des Landes zu liegen. Die Erhebung einer Umlage lohnt sich eigentlich erst dann, wenn ihr ein Maßstab zugrunde gelegt wird, der sich merklich von der Verteilung der Schlüsselzuweisungen unterscheidet. Andernfalls ließe sich die Aufbringung eines kommunalen Anteils auch bei der Verteilung der Schlüsselmassen des kommunalen Finanzausgleichs bewerkstelligen. Eine Ausnahme hierzu bilden die sog. abundanten Gemeinden, die wegen ihrer überdurchschnittlichen Finanzkraft keine Schlüsselzuweisungen erhalten und die nur über die Erhebung einer Umlage an dem kommunalen Anteil der Krankenhausfinanzierung beteiligt werden können, was besonders im Saarland praktiziert wird (54).

6.5 BEWERTUNG DES ZWISCHENGEMEINDLICHEN AUSGLEICHS

Ein Fazit der in diesem Kapitel aufgezeigten, in der Realität genutzten Möglichkeiten, einen zwischengemeindlichen Ausgleich von zentralörtlichen Belastungen herzustellen, verdeutlicht insbesondere für die kreisfreien Städte die recht geringe Bedeutung dieser Ansätze. Für einen Ausgleich der Belastungen auf freiwilliger Basis fehlt den umliegenden Gemeinden bzw. den Landkreisen in aller Regel der Anreiz, da sie davon

---

52 Das Argument des Standortvorteils trifft ebenfalls nur zu, wenn keine zusätzlichen Kosten auftreten. Durch den Wegfall des örtlichen Anteils bei freigemeinnützigen Krankenhausbauten ist es ohnehin problematisch geworden.
53 § 1 a FAG.
54 § 10 FAG.

ausgehen können, daß Auswärtige nicht von der Nutzung der zentralörtlichen Einrichtungen ausgeschlossen werden und sie so zum Bau und Unterhalt eigener Einrichtungen gezwungen wären. Zudem wird die Frage des Ausgleichs mit dem Hinweis auf eine höhere finanzielle Leistungsfähigkeit der Städte, vorhandene Kapazitäten, Leistungen für die Naherholung der Städter verbunden und negativ beschieden. Verhandlungen führen zumeist zu kleinlichen Aufrechnungen von beiden Seiten (55).

Die Ausgleichszahlungen, welche die kreisfreien Städte im Schulbereich erhalten sowie die gemeinsame Finanzierung der Krankenhausumlage sind nur möglich gewesen, weil sie auf Vorschriften beruhen, die vom Land erlassen wurden. Formal gesehen, beruhen die Gastschulbeiträge zwar auf öffentlich-rechtlichen Verträgen zwischen den Schulträgern und sind insofern freiwillig, dabei ist aber zu bedenken, daß das Land die Möglichkeit hat, bei Nichtzustandekommen eines Vertrages eine entsprechende Verordnung zu erlassen.

Auch bei Zweckverbänden zeigte sich das fast völlige Fehlen von Anwendungsbeispielen mit kreisfreien Städten als Mitgliedern. Die beiden Wanderbühnen, an denen sowohl kreisfreie Städte als auch andere Gebietskörperschaften beteiligt sind, sind atypisch, da die übrigen Gebietskörperschaften nur dann Vorstellungen vor Ort erhalten, wenn sie sich an den Umlagen beteiligen.

Die zwischengemeindlichen Lösungen besitzen also derzeit für die kreisfreien Städte in Niedersachsen nur geringe Bedeutung und tragen trotz z.T. hoher Auswärtigenanteile nur wenig zum Abbau des Zuschußbedarfs bei. Diese Situation der kreisfreien Städte in Niedersachsen ist nicht außergewöhnlich. Es gibt jedenfalls keine Hinweise dafür, daß die dargestellte Tendenz nicht auch für andere Bundesländer zuträfe, wohl aber Beispiele dafür, daß auch andere Lösungen möglich sind: Erwähnt sei beispielsweise der Krankenhauszweckverband Augsburg, an dem sich die Stadt und der Landkreis beteiligen.

Ähnlich wie bei den kreisfreien Städten gibt es auch für die kreisangehörigen Städte kaum Ausgleichszahlungen. Allerdings nimmt der jeweilige Landkreis z.T. diese Aufgaben wahr, dann aber zumeist auf der Grundlage von staatlichen Vorschriften. Bei den Zweckverbänden sind hingegen einige Beispiele zu finden, in denen sich mehrere kreisangehörige Gemeinden zusammengeschlossen haben, um eine zentralörtliche Einrichtung gemeinsam zu betreiben.

Eine besondere Rolle spielen die Theaterzweckverbände, an denen jeweils Landkreis und Kreisstadt beteiligt sind. Ihre Existenz macht deutlich, daß es besondere Situationen wie die Einkreisung geben kann, in denen es für zwei Gebietskörperschaften vorteilhaft sein kann, einen Zweckverband zum Betreiben einer zentralörtlichen Einrichtung zu gründen. Einen Regelfall stellen diese Situationen aber nicht dar.

---

55 KGSt-Bericht, Nr. 2 (1976), S. 29.

Angesichts dieser Konstellation sind ins Detail gehende Vorschläge für weitere zwischengemeindliche Lösungen weitgehend müßig. Eine umfassende Lösung kann für die kreisfreien Städte nur über den kommunalen Finanzausgleich des Landes gefunden werden (56).

---

56 Vgl. HANSMEYER, Interkommunaler Finanzausgleich, S. 275.

7. FINANZIERUNG ZENTRALÖRTLICHER EINRICHTUNGEN INNERHALB DER NIEDERSÄCHSISCHEN LANDKREISE

7.1 ZWISCHENGEMEINDLICHE ZAHLUNGSSTRÖME

Zwischen den niedersächsischen Landkreisen und ihren kreisangehörigen Gemeinden bestehen vielfältige Zahlungsströme, in die auch die Finanzierung der zentralörtlichen Einrichtungen einbezogen ist. In Tabelle 7.1 sind diese Zahlungsströme in zusammengefaßter Form für das Jahr 1979 dargestellt. Zum Verlauf der Zahlungsströme wird im folgenden unterstellt, daß die in der Jahresrechnungsstatistik ausgewiesenen Beträge bis auf die Zahlungen zwischen den Samtgemeinden im wesentlichen von den Landkreisen zu ihren kreisangehörigen Gemeinden und umgekehrt erfolgen, eine Annahme, die vom Volumen der Zahlungsströme her berechtigt ist, wie die Durchsicht zahlreicher Haushaltspläne zeigte. In der Darstellung sind die Erstattung von Verwaltungs- und Betriebsausgaben, bei denen der Zahlungsempfänger eine Leistung für eine andere Gemeinde (GV) erbracht hat, nicht enthalten. Außerdem sind die über die Landkreise weitergeleiteten Straßenbauzuweisungen des Landes herausgerechnet worden.

Aus Tabelle 7.1 ist zu ersehen, daß zwar die Zahlungen der Gemeinden an die Landkreise überwiegen, daß aber die Landkreise im Durchschnitt rund 35 v.H. dieses Zahlungsvolumens wieder an ihre Gemeinden zurückfließen lassen. Um Mißverständnisse zu vermeiden, sei darauf hingewiesen, daß die einzelne Gemeinde einen völlig anderen Zahlungssaldo mit ihrem Landkreis aufweisen kann. Geprägt wird dieser Zahlungsverkehr vor allem von der Kreisumlage, die über 90 v.H. der aus den kreisangehörigen Gemeinden abfließenden Mittel ausmacht. Die übrigen Zahlungsströme verteilen sich auf eine Vielzahl von Haushaltsabschnitten und Gruppierungsnummern. Ein größeres Gewicht besitzen auf der Einnahmenseite die laufenden und investiven Zuweisungen, mit denen die Landkreise gezielt die Tätigkeit der Gemeinden subventionieren können.

Bei der Beurteilung dieser Zahlungsströme sind zwei Momente besonders zu beachten:

- Über die Kreisumlage und z.T. die Kreisschulbaukassen werden alle Gemeinden eines Landkreises zur Mitfinanzierung der Leistung des Kreises und seiner Zahlungen an die Gemeinden herangezogen. Gemeinden, die Zahlungen vom Landkreis erhalten, finanzieren daher also diese Leistungen im Rahmen ihrer Beiträge an den Kreis mit.

- Die Zahlung an den Landkreis und der Erhalt von Zahlungen vom Landkreis erfolgen nach unterschiedlichen Kriterien. Je nach finanzieller Leistungsfähigkeit und Trägerschaft von durch den Landkreis subventionierten Einrichtungen können sich für die einzelne Gemeinde recht unterschiedliche Saldi in ihrem Zahlungsverkehr mit dem Landkreis ergeben.

Ein Teil der Zahlungen zwischen Landkreisen und kreisangehörigen Gemeinden hat sich schon bei der Berechnung des Zuschußbedarfs im Kapitel 4 ausgewirkt. Nicht in diese Berechnung einbezogen war jedoch jener Teil des Zahlungsverkehrs, der über den Einzelplan 9 oder über Sondervermögen abgewickelt wird. Wie die folgenden Berechnungen zeigen,

Tabelle 7.1 — Zahlungsverkehr[1] der kreisangehörigen Gemeinden mit anderen Gemeinden (GV) nach Einnahme- und Ausgabearten in Mio. DM 1979[+]

Einnahme-art	insgesamt in Mio. DM 1	davon für zentralört-liche Einrichtungen[2]		Ausgabeart	insgesamt in Mio. DM 4	davon für zentralört-liche Einrichtungen[2]	
		in Mio. DM 2	in v.H. von Sp. 3			in Mio. DM 5	in v.H. von Sp. 4 6
Rückzahlungen der Kreisumlage	121,5	–	–	Zuweisungen für laufende Zwecke	8,3	4,5	54
Zuweisungen für laufende Zwecke	135,9	101,4	75	Schuldendienst-hilfen	0,5	0,2	35
Zinseinnahmen	0,1	0,0	58	Zinsausgaben	0,8	(0,2)	(~30)
Schuldendienst-hilfen	38,1	(28,6)	(~75)	Kreisumlage	1.476,7	.	.
Rückflüsse von Darlehen	2,2	2,1	94	Gewährung von Darlehen	0,3	0,0	11
Zuweisungen für Investitionen[3]	243,0	154,8	64	Tilgung von Krediten	46,4	(44,1)	(~95)
Einnahmen aus Krediten	34,5	(32,8)	(~95)	Zuweisungen für Investitionen	87,1	71,4	82
Summe	575,3	258,3[4]	.	Summe	1.620,1	76,1[4]	.

[+] Quelle: Niedersächsisches Landesverwaltungsamt und eigene Berechnungen

1 Ohne Zahlungen innerhalb von Samtgemeinden.
2 Werte in Klammern geschätzt.
3 Ohne Zahlungen im A 63.
4 Nur soweit ausgewiesen.

kann sich bei der Einbeziehung dieser Zahlungen die zentralörtliche
Belastung der einzelnen Gemeinden wesentlich verändern. In diesem Kapitel wird daher der Zahlungsverkehr innerhalb der Landkreise einer
ausführlichen Analyse unterzogen und gleichzeitig geprüft, inwieweit
dieser Zahlungsverkehr geeignet ist, unterschiedliche Belastungen
durch zentralörtliche Einrichtungen abzubauen.

7.2 KREISUMLAGE

7.2.1 ERHEBUNG

Nach dem niedersächsischen Finanzausgleichsgesetz ist eine Umlage von
den kreisangehörigen Gemeinden zu erheben, "soweit die anderen Einnahmen eines Landkreises seinen Bedarf nicht decken können" (1). Im Unterschied zu den bisher behandelten Beiträgen und Einnahmen ist die
Erhebung der Kreisumlage - wenn man von den seltenen Fällen der Mehrbelastung absieht - nicht auf die Finanzierung bestimmter zentralörtlicher Aufgaben ausgerichtet, sondern dient der Wahrnehmung aller Aufgaben des Landkreises. Die "anderen Einnahmen" wie Steuern, Zuweisungen und Gebühren deckten im Jahre 1979 die bereinigten Einnahmen der
Landkreise nur zu ca. 70 v.H., der Rest wurde über die Kreisumlage
finanziert. Es kann daher davon ausgegangen werden, daß der Zuschußbedarf der Landkreise für zentralörtliche Einrichtungen im Durchschnitt
zu einem erheblichen Anteil aus der Kreisumlage finanziert wird.

An Kreisumlage hatten die kreisangehörigen Gemeinden Niedersachsens im
Jahre 1979 einen Betrag von 1,48 Mrd. DM aufzubringen. Die Kreisumlage wird als finanzkraftorientierte Umlage auf der Grundlage der nivellierten Steuereinnahmen der Gemeinden (Steuerkraftmeßzahlen) sowie
den Schlüsselzuweisungen des Landes "zur Ergänzung und zum Ausgleich
der Steuer- und Umlagekraft" von den Gemeinden erhoben (2). Sie wird
in Hundertsätzen der einzelnen Umlagegrundlagen festgesetzt. Zwischen
den einzelnen Landkreisen gibt es Unterschiede, sowohl was die absolute Höhe der Umlage pro Kreiseinwohner als auch was den Anteil der
Kreisumlage an der Umlagegrundlage angeht:

- Der niedrigste Pro-Kopf-Wert der Umlagegrundlage betrug 1979
  490 DM (Landkreis Cloppenburg), der höchste Wert wurde für den Landkreis Hameln-Pyrmont mit 655 DM verzeichnet, bei einem landesdurchschnittlichen Wert von 551 DM. Die Ursache für die Unterschiede in
  den Umlagegrundlagen ist vor allem in der Steuerkraft der einzelnen Landkreise zu sehen, d.h. trotz eines gewissen Ausgleichs zwischen den finanzkräftigen und finanzschwachen Gemeinden innerhalb
  eines Kreises können die regionalen Unterschiede in der Steuerkraft
  nur begrenzt ausgeglichen werden. Auch die Einbeziehung der Schlüsselzuweisungen des Landes kann diese Differenz nur teilweise kompensieren, da die Schlüsselzuweisungen zum einen Steuerkraftunterschiede nicht voll ausgleichen und zum anderen die Höhe der Schlüsselzuweisungen auch von den Aufgaben der Gemeinden abhängig ist (3).

---

1 § 23 Abs. 1 Nds.FAG.
2 § 23 Abs. 2 Nds.FAG.
3 Vgl. dazu Kapitel 8.

- Die Kreise nehmen ihre Aufgaben mit unterschiedlicher Intensität und Kostenstruktur wahr, sie verfügen darüber hinaus über unterschiedliche sonstige Einnahmen (z.B. aus Vermögen), so daß der Zuschußbedarf zwischen den Landkreisen sehr differenziert ausfallen kann.

Beide Faktoren - Umlagegrundlage und Zuschußbedarf - bewirken, daß die Kreisumlage pro Kreiseinwohner 1979 einen minimalen Wert von 190 DM und einen maximalen Wert von 313 DM aufwies.

Die Höhe der Pro-Kopf-Kreisumlage war positiv mit der Umlagegrundlage pro Einwohner korreliert (r = 0,54), d.h. diejenigen Landkreise, deren Gemeinden über eine überdurchschnittliche Finanzkraft verfügten, erhoben der Tendenz nach auch höhere Umlagen pro Einwohner und umgekehrt (4).

In Niedersachsen besteht die Möglichkeit, daß die Landkreise unterschiedliche Umlagesätze auf die einzelnen Steuern bzw. die Schlüsselzuweisungen erheben (5). Der höchste Umlagesatz soll den niedrigsten Satz nur in Ausnahmefällen um ein Drittel übersteigen. Durch die differenzierten Umlagesätze läßt sich die Ausgleichswirkung der Kreisumlage verstärken, indem beispielsweise die Gewerbesteuer stärker erfaßt wird als die Schlüsselzuweisungen des Landes. Von den 37 Landkreisen haben im Jahre 1979 jedoch nur fünf von einer differenzierten Umlagefestsetzung Gebrauch gemacht. In diesen Fällen wurden meistens die Schlüsselzuweisungen mit einem geringeren Umlagesatz berücksichtigt (6).

7.2.2 AUSGLEICHSWIRKUNG

Durch die Wahl der nivellierten Steuerkraft der Schlüsselzuweisungen nach der Einwohnerzahl als Bemessungsgrundlage für die Kreisumlage zahlen kreisangehörige Gemeinden mit überdurchschnittlicher finanzieller Ausstattung pro Einwohner eine höhere Kreisumlage als die übrigen kreisangehörigen Gemeinden. Allerdings trifft diese Aussage im strengen Sinne nur für die Gemeinden innerhalb eines Landkreises zu; denn durch die verschiedenen Umlagesätze in den einzelnen Landkreisen können durchaus Gemeinden mit gleicher Finanzkraft, die aber in verschiedenen Landkreisen gelegen sind, zu unterschiedlichen Kreisumlagen pro Einwohner herangezogen werden. Dieser Umstand erklärt wohl auch, warum - bezogen auf den einzelnen Einwohner - die Bemessungsgrundlagen der Kreisumlage und die Kreisumlage für die Gemeinden selbst zwar positiv miteinander korrelieren, der statistische Zusammenhang aber vergleichsweise schwach ausfällt (7).

---

4 Jeweils auf den Einwohner bezogen, fiel der Variationskoeffizient der Kreisumlagegrundlage geringer aus als der Variationskoeffizient der Kreisumlage.
5 § 22 Abs. 3 FAG.
6 Vgl. ALBERT GÜNTHER, Probleme des Kreisfinanzsystems, Berlin 1980, S. 64 (Schriftenreihe der Hochschule Speyer, Bd. 80).
7 Der Korrelationskoeffizient beträgt 0,46. Ein weiterer Störfaktor besteht darin, daß die hier verwandten Steuerkraftmeßzahlen sich auf den Zeitraum 1.10.1978 bis 30.9.1979 beziehen, der für die Berechnung der Kreisumlage 1980 maßgebend war. Die Kreisumlage 1979 wurde aber nach den Werten des Zeitraums 1.10.1977-30.9.1978 berechnet, so daß sich bei gravierenden Änderungen des Steueraufkommens einer Gemeinde keine Korrespondenz von Bemessungsgrundlage und Kreisumlage ergibt.

Trotz unterschiedlicher Umlagesätze in den einzelnen Landkreisen wächst mit zunehmender Zentralität auch die abzuführende Kreisumlage (vgl. Tabelle 7.2): Während in Grund- und Nebenzentren im Durchschnitt 235 DM pro Einwohner an Kreisumlage gezahlt werden mußten, führten die beiden kreisangehörigen Oberzentren 328 DM und die Mittelzentren 283 DM pro Einwohner ab. Zwischen den Mittelzentren verringert sich mit abnehmender Größe des Mittelbereichs auch die Kreisumlage.

Die Belastungen der Gemeindehaushalte mit der Kreisumlage werden aber durch Rückzahlungen korrigiert, von denen vorerst nur die ungebundenen Zahlungen berücksichtigt werden sollen. Abzuziehen sind zuerst die Teile der Kreisumlage, welche die ehemals kreisfreien Städte aufgrund der Einkreisungsverträge zurückerhalten (vgl. Tabelle 2.2). Zudem zahlen einige Landkreise an besonders finanzschwache Gemeinden allgemeine Finanzhilfen, damit diese Gemeinden besser ihre Aufgaben wahrnehmen können. Diese Zahlungen können als eine gezielte Minderung der Kreisumlage interpretiert werden. Damit ergänzen die Landkreise die bereits im kommunalen Finanzausgleich des Landes vorgesehenen Bedarfszuweisungen durch eigene Maßnahmen. Gemessen an der Gesamtsumme der Leistungen der niedersächsischen Landkreise handelt es sich dabei aber um den verhältnismäßig kleinen Betrag von 6 Mio. DM (8).

Sieht man von den Spezialfällen der eingekreisten Städte ab, bleibt auch nach Abzug dieser nicht zweckgebundenen Rückzahlungen festzuhalten, daß die Mittelzentren aufgrund ihrer höheren Umlagekraft im Durchschnitt mehr pro Einwohner an die Landkreise zu zahlen haben als die Grund- und Nebenzentren. Diese Ausgleichswirkung der Kreisumlage stellt sich aufgrund der Vorschriften über die Erhebung der Kreisumlage quasi automatisch ein und kann durch die Landkreise bis auf die unterschiedliche Gewichtung der Umlagegrundlagen nicht beeinflußt werden (9).

Häufig wird allerdings bestritten, daß eine derartige Ausgleichsfunktion der Kreisumlage existiert und auf eine negative Ausgleichswirkung hingewiesen (10). Bei dieser Argumentation wird in der Regel nicht auf die Zahlung pro Einwohner Bezug genommen, sondern von einer relativen Belastung der Gemeinden wie Kreisumlage zu Steueraufkommen oder Gesamtausgaben ausgegangen. Zudem wird darauf hingewiesen, daß von einem Ausgleich nur dann gesprochen werden könne, wenn die Gemeinden mit überdurchschnittlicher Finanzkraft in einem Landkreis stärker belastet werden als die Gemeinden mit unterdurchschnittlicher Finanzkraft (11).

Die Verwendung derartiger relativer Maßstäbe zur Messung einer Ausgleichswirkung kann in der Tat zu dem Ergebnis führen, daß der Anteil, den eine Gemeinde als Kreisumlage von ihren Steuern und Schlüsselzuweisungen abführen muß, mit wachsender Finanzkraft im Vergleich zu der an-

---

8 Die in Tabelle 7.2 ausgewiesenen Beträge sind etwas zu hoch, da in der Jahresrechnung auch ausgezahlte Totomittel sowie weitergeleitete Dividendenzahlungen enthalten sind, die mit den Ausgleichszahlungen unter derselben Gruppierungsnr. verbucht werden.
9 Vgl. FÜRST, Die Kreisumlage, S. 37.
10 Vgl. GÜNTHER, S. 101-104.
11 Vgl. FÜRST, S. 102.

Tabelle 7.2 - Zahlungsverkehr zwischen kreisangehoerigen Gemeinden (GV) pro Einwohner nach Zentralitaetsstufen und Gemeindestatus in Niedersachsen 1979 in DM pro Einwohner (ohne Landkreis Diepholz) (1) *

Zentralitaets-stufe/Gemein-destatus	An-zahl	Einwohner am 30.6.1979	Kreisum-lage (brutto)	Rueckzah-lungen der Kreisumlage	Kreisum-lage (netto)	Zahlungen von Gemein-den (GV)(1)	Zahlungen an Gemeinden (GV)(1)	Saldo der Zahlungen
					DM pro Einwohner			
Oberzentren	2	230052	328,20	192,83	135,37	13,56	15,20	133,73
davon eingekreist	2	230052	328,20	192,83	135,37	13,56	15,20	133,73
Mittelzentren	75	2211623	283,58	13,92	269,66	17,49	84,47	202,68
davon eingekreist(2)	3	198442	312,77	141,74	171,03	18,74	58,20	131,57
sonstige mit Mittelbereich								
ueber 80000 E	15	556900	314,24	0,32	313,92	15,05	86,07	242,89
40000-80000 E	28	818257	273,49	0,33	273,16	19,70	98,96	193,90
unter 40000 E	29	638024	260,67	3,45	257,21	16,41	72,68	200,94
Grundzentren	161	1811552	235,70	2,96	232,73	24,97	70,99	186,72
Nebenzentren	163	1267392	234,49	5,53	228,95	23,65	47,06	205,55
Landkreise	36	5520619	-258,83	-16,25	-242,58	139,75	73,06	-175,89

*Quelle: Niedersaechsisches Landesverwaltungsamt - Statistik und eigene Berechnungen
(1) Ohne Erstattungen und Samtgemeindeumlagen
(2) Nur die Staedte Celle, Cuxhaven und Lueneburg

derer Gemeinden im Landkreis abnimmt. In Abbildung 7.1 ist zur Verdeutlichung des Ausgleichseffekts auf der Abszisse für jede Gemeinde die Größenordnung (in v.H.) aufgetragen, um die die Summe der Steuerkraftmeßzahlen und der Schlüsselzuweisungen des Landes den entsprechenden <u>Kreisdurchschnitt</u> nicht erreicht bzw. überschreitet (12). Die finanzschwachen Gemeinden liegen links von der 100 %-Linie, die finanzstarken Gemeinden rechts davon. Auf der Ordinate ist der Anteil der Brutto-Kreisumlage an der genannten Summe in v.H. des Kreisdurchschnittes eingezeichnet. Gemeinden, die über 100 % Anteil erreichen, zahlen also einen überdurchschnittlichen Anteil und umgekehrt.

Aus dem Verlauf der eingetragenen Regressionsgeraden läßt sich ablesen, daß die finanzstarken Gemeinden tendenziell weniger von ihrer Finanzkraft brauchen, um die Kreisumlage zu bezahlen als die finanzschwachen Gemeinden. Bemerkenswert ist aber auch die starke Schwankung der Belastung durch die Kreisumlage zwischen 13 und 65 v.H. Bei Zugrundelegung des tatsächlichen statt des nivellierten Steueraufkommens würde der negative Effekt noch stärker ausfallen (13).

Von den 80 kreisangehörigen Ober- und Mittelzentren waren 1979 10 überwiegend kleinere Städte als finanzschwach innerhalb ihres Landkreises einzustufen. Hingegen hatten von diesen 80 Zentren zwei Drittel (54) einen Anteil der Kreisumlage an ihrer Finanzkraft zu verzeichnen, der über dem Kreisdurchschnitt lag. Dieses Bild verändert sich etwas, wenn die tatsächlichen Steuereinnahmen zusammen mit den Schlüsselzuweisungen als Maßstab genommen werden. Dann beträgt die Zahl der über dem Kreisdurchschnitt liegenden Ober- und Mittelzentren immer noch 33. Auch bei Verwendung von relativen Maßstäben kann daher von einer negativen Ausgleichswirkung innerhalb der Landkreise zugunsten der Mittelzentren nach dem hier verwandten Berechnungsverfahren nicht allgemein gesprochen werden. Vielmehr ist zu konstatieren, daß nicht selten innerhalb eines Landkreises ein Mittelzentrum sowohl höhere zentralörtliche Belastungen tragen muß als auch überproportional zur Kreisumlage herangezogen wird.

7.2.3 MINDERBELASTUNG

Die Höhe der von der einzelnen Gemeinde zu zahlenden Kreisumlage orientiert sich in Niedersachsen derzeit nicht an ihren wahrzunehmenden Aufgaben (14). Es besteht jedoch die Möglichkeit, diese Aufgaben auch bei der Erhebung der Kreisumlage zu berücksichtigen. So gab es bis Ende 1963 im niedersächsischen Finanzausgleichsgesetz eine Regelung, daß "bei der Heranziehung zur Kreisumlage auch die außergewöhnliche Belastung berücksichtigt werden (kann), die einzelnen kreisangehörigen Gemeinden daraus erwächst, daß sie Einrichtungen unterhalten, die auch der übrigen Bevölkerung des Kreises oder einzelnen Kreisteilen in besonde-

---

12 In den Schlüsselzuweisungen sind aus technischen Gründen auch die Schlüsselzuweisungen nach der Straßenlänge enthalten, die aber im Landesdurchschnitt nur ca. 3 v.H. der Schlüsselzuweisungen ausmachen.
13 Die Regressionsgerade dreht sich in diesem Falle zum Koordinatenursprung hin.
14 Diese Aussage ist nur dann richtig, wenn der Zusammenhang von Kreisumlage und eigener Aufgabenwahrnehmung vernachlässigt wird.

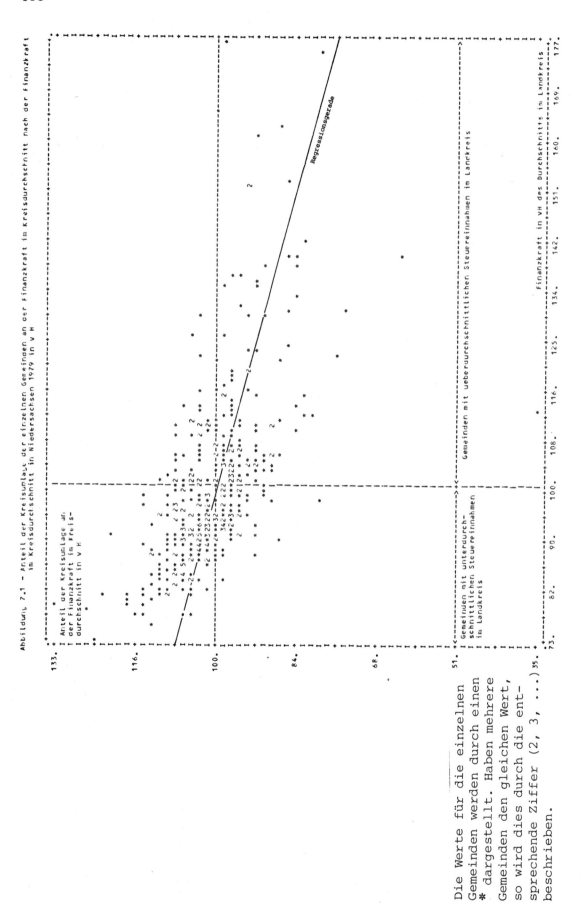

Abbildung 7.1 - Anteil der Kreisumlage der einzelnen Gemeinden an der Finanzkraft im Kreisdurchschnitt nach der Finanzkraft im Kreisdurchschnitt in Niedersachsen 1979 in v H

Die Werte für die einzelnen Gemeinden werden durch einen * dargestellt. Haben mehrere Gemeinden den gleichen Wert, so wird dies durch die entsprechende Ziffer (2, 3, ...) beschrieben.

rem Maße zustatten kommen" (15). Eine solche als Minderbelastung bezeichnete Reduzierung der Kreisumlage konnte insbesondere für zentralörtliche Einrichtungen wie Gymnasien, Theater oder Krankenhäuser gewährt werden, weil bei diesen Einrichtungen wohl am ehesten außergewöhnliche Belastungen und großes Einzugsgebiet zusammentreffen. Tatsächlich ließ sich aus der Vorschrift aufgrund der vielen unbestimmten Rechtsbegriffe aber nur ein sehr begrenzter Anspruch der kreisangehörigen Gemeinden auf eine Entlastung ableiten. Die Folge waren langwierige, unerfreuliche Verhandlungen zwischen den kommunalen Gebietskörperschaften, was letztendlich auch zur Abschaffung dieser Vorschrift führte (16). Insbesondere blieb unklar, wie hoch denn die Reduzierung der Kreisumlage zu sein hätte, ob etwa die Kosten der Einrichtung voll zu ersetzen wären oder nur der für die auswärtige Bevölkerung in Anspruch genommene Anteil der Kosten.

Bei der Diskussion zur Schulgesetznovelle 1979 hat der Niedersächsische Städteverband das Institut der Minderbelastung wieder aufgegriffen und angeregt, daß die laufenden Kosten für die Schulträgerschaft der Sekundarstufen durch eine Minderung bei der Kreisumlage berücksichtigt werden sollten (17).

Eine weitere Form der Minderbelastung ist dann gegeben, wenn ein Landkreis die Gemeinden, die nicht von seinen Einrichtungen profitieren - beispielsweise weil sie eigene Einrichtungen bereithalten - , um diesen Betrag von der Zahlung der Kreisumlage befreit. Auf diesem Wege soll vor allem eine Doppelbelastung derjenigen Gemeinden verhindert werden, die neben der eigenen Einrichtung gleiche Einrichtungen des Kreises über die Kreisumlage mitfinanzieren. Auch die Rückzahlung eines Teils der Kreisumlage an die ehemals kreisfreien Städte in Niedersachsen kann als eine Art Minderbelastung angesehen werden, nur daß in diesem Fall sich die Minderbelastung nicht auf eine einzelne Einrichtung bezieht, sondern auf ein ganzes Spektrum von Aufgaben (18). Der spiegelbildliche Fall der Mehrbelastung führt ebenfalls zu dem gleichen Ergebnis, da in diesem Fall nur die Gemeinden, welche Vorteile aus der Einrichtung des Kreises ziehen, mit den Kosten der Einrichtung belastet werden.

Vor allem Minderbelastungen wären vom Ansatz her geeignet, die Belastungen der zentralen Orte in zweierlei Hinsicht zu mildern: Zum einen, wenn der zentrale Ort allein im Landkreis eine teure Einrichtung mit überörtlicher Bedeutung unterhält (z.B. Theater oder Sportstadion), zum anderen, wenn der Landkreis neben der eigenen Einrichtung gleiche Einrichtungen für die anderen Kreisgebiete unterhält, der zentrale Ort diese Kreiseinrichtungen aber über die Kreisumlage mitzufinanzieren hat und so im Vergleich zu anderen Gemeinden "doppelt" belastet wird.

---

15 Vgl. § 39 Abs. 2 Nds.FAG vom 20.5.1954 i.d.F. vom 23.4.1957 (Nds.GVBl. S. 49).
16 Vgl. Stenographischer Bericht der 19. Sitzung des Niedersächsischen Landtages, 5. Wahlperiode, S. 1272 f., und VERWALTUNGS- UND GEBIETSREFORM IN NIEDERSACHSEN, S. 210.
17 REALSCHULTRÄGERSCHAFT, S. 1 ff.
18 Vgl. dazu GÜNTHER, S. 130 f.

Nur zwei Bundesländer (Hessen, Nordrhein-Westfalen) räumen derzeit den Landkreisen das Recht ein, Minderbelastungen festzulegen (19). Nach Günther scheint die Anwendung dieses Rechts nicht sehr häufig zu sein. Die Gründe für die geringe Bedeutung der Minderbelastung sind vielschichtig:

- Die Erhebung der Kreisumlage ist an der Finanzkraft der Gemeinden ausgerichtet. Die Berücksichtigung von wahrgenommenen Aufgaben bei der Bemessung der Kreisumlage wird daher als systemfremdes Element angesehen (20).

- Die Gewährung einer Minderbelastung liegt im Ermessen des Kreistages, auch wenn er durch eine Sollvorschrift wie in Nordrhein-Westfalen in seiner Entscheidungsfreiheit eingeschränkt wird. Der zentrale Ort wäre daher gezwungen, seine Ansprüche notfalls über die Rechtsaufsicht oder über die Verwaltungsgerichte durchzusetzen (21).

- Auch die Höhe der Minderbelastung wird schwierig festzulegen sein, da nicht jede, sondern nur außergewöhnliche Belastungen ausgeglichen werden sollen. Allerdings hätte der Landesgesetzgeber die Möglichkeit, hierzu präzise Vorschriften zu erlassen.

- Schwierigkeiten tauchen auch auf, wenn nicht nur für eine, sondern für mehrere Einrichtungen ein Nachteilsausgleich gewährt werden muß. Eine pauschalierte Veranschlagung der Minderbelastung, etwa als prozentualer Abschlag auf die Kreisumlage, dürfte sich angesichts der heterogenen Trägerschafts- und Kostenstrukturen nicht verwirklichen lassen.

- Schließlich wird darauf verwiesen, daß dem Kreis andere Mittel zur Minderung von Belastungen, etwa die Zuweisungen, zur Verfügung stehen (22).

Materiell lassen sich sowohl Minderbelastungen als auch Zuweisungen so ausgestalten, daß die finanzielle Entlastung des zentralen Ortes gleich hoch ausfällt. Die gesetzliche Regelung einer Minderbelastung macht aber deutlich, daß der zentrale Ort einen Anspruch auf einen angemessenen Ausgleich besitzt, im Gegensatz zu den Zuweisungen, die der Landkreis nach seinem Ermessen verteilen kann, es sei denn, es bestünden gesetzliche Vorschriften. In dem Maße, in dem das Land die Modalitäten der Zuweisungsvergabe vorschreibt, mindert sich daher auch die Notwendigkeit, eine Minderbelastung in der Kreisordnung oder im Finanzausgleichsgesetz vorzusehen. Bei strikter Regelung (wie z.B. im Schulgesetz) dürfte der Unterschied in der Anwendung nur noch psychologisch zu verstehen sein, indem der Landkreis die Zuweisungen "gewähren" kann, während die Gemeinde die Minderbelastung von der Kreisumlage "abziehen" kann. Die Möglichkeit einer Minderbelastung wird, insgesamt gesehen,

---

19 § 53 Abs. 3 Hessische Kreisordnung i.d.F. vom 1.4.1981 (GVBl. I S. 97) und § 30 Abs. 2 GFG 1982 Nordrhein-Westfalen.
20 HORST HACKER, Die Kreisumlage, in: Der Kreis. Ein Handbuch, hrsg. vom Verein für die Geschichte der Deutschen Landkreise, 2. Aufl. Köln und Berlin 1976, S. 373.
21 Vgl. HANS-JOSEF BODENSTAFF, Das Abgaberecht der Mehr- oder Minderbelastung für einzelne Kreisteile in den Landkreisverwaltungen von Nordrhein-Westfalen, Diss. Köln 1959, S. 132 ff.
22 HACKER, Die Kreisumlage, S. 374.

dann sinnvoll sein, wenn es sich zeigt, daß Doppelbelastungen einzelner
Gemeinden auf Dauer nicht durch Maßnahmen des Landes bzw. des Landkreises abgebaut werden, weil zwischen Landkreis und betroffenen Gemeinden
keine Einigung erzielt werden kann, bzw. das Land diesen Bereich kommunaler Selbstbestimmung nicht selbst regeln möchte. Diese Gemeinden
könnten dann versuchen, ihre Ansprüche auf gerichtlichem Wege geltend
zu machen.

Die Erhebung der Kreisumlage führt also pro Einwohner zu einer stärkeren Belastung der Mittel- und Oberzentren, da sie ausschließlich an deren Finanzkraft ausgerichtet ist. Auch bei relativen Maßstäben zeigt
sich z.T. eine überproportionale Belastung der Mittelzentren. Zwischen
den einzelnen Landkreisen sind wesentliche Unterschiede in der Finanzkraft zu konstatieren, die sich in differenzierten Umlagesätzen niederschlagen. Die Einführung der Minderbelastung scheint dann sinnvoll,
wenn Doppelbelastungen von Gemeinden auf Dauer nicht ausgeglichen werden.

7.3 KREISSCHULBAUKASSEN

Nach § 98 Nds.SchG sind die Landkreise verpflichtet, den kreisangehörigen Gemeinden und Samtgemeinden für den Bau und größere Instandsetzungen von Schulen Zuwendungen zu gewähren, die im Primarbereich mindestens
ein Drittel und im Sekundarbereich mindestens die Hälfte der notwendigen
Baukosten betragen sollen. Zur Finanzierung dieser Baukosten richten
die Landkreise Kreisschulbaukassen (KSBK) ein, die ein zweckgebundenes
Sondervermögen des Landkreises sind. Auch die Baukosten der kreiseigenen Schulen können aus der KSBK bestritten werden. Die Zuwendungen, die
aus der KSBK bezahlt werden, können Zuweisungen, zinslose Darlehen oder
beides sein. Soweit die Rückflüsse von Darlehen nicht ausreichen, werden die notwendigen Mittel zu zwei Dritteln vom Landkreis und einem
Drittel von den kreisangehörigen Gemeinden des Landkreises erhoben. Die
Beiträge der Gemeinden werden nach der Zahl der Schüler im Grundschulalter verteilt.

Aus den KSBK wurden 1979 rund 266 Mio. DM an Zuwendungen finanziert
(vgl. Tabelle 7.3). Zu einem kleinen Teil flossen die Zuwendungen auch
dem Bau von Grundschulen zu, deren Bauvolumen 1979 rund 12 v.H. der Bauinvestitionen im Schulbereich ausmachte. Der weit überwiegende Teil der
Zuwendungen wurde aber zur Finanzierung von Schulen der Sekundarstufen
verwendet. In Form von Zuweisungen wurden 73 v.H. der Zuwendungen gegeben, während die zinslosen Darlehen ein Viertel der Zuwendungen ausmachten. Diese Möglichkeit besteht erst seit einigen Jahren; vor 1974
durften aus den Schulbaukassen nur zinslose Darlehen vergeben werden,
die eine Mindestlaufzeit von 10 Jahren besaßen (23). Bei der Änderung
der Regelschulträgerschaft 1974 ging der Landesgesetzgeber davon aus,
daß die Landkreise Darlehen aus der KSBK vor allem zum Bau von Grundschulen gewähren sollten, d.h. die Gemeinden bekamen einen Teil des
Schulbaus vorfinanziert, den sie aber später zurückzahlen mußten (24).
Für den Bau der Sekundarstufen sollten hingegen nicht rückzahlbare Zu-

---

23 § 17 Schulverwaltungsgesetz i.d.F. des Gesetzes vom 28.3.1962
(Nds.GVBl. S. 37).
24 Vgl. Entwurf eines niedersächsischen Schulgesetzes vom 3.10.1973,
Gesetzesvorlage Nr. 2190, Landtags-Drucksache 7/2190, S. 99.

Tabelle 7.3 — Einnahmen und Ausgaben der Kreisschulbaukassen in Niedersachsen 1979 in Mio. DM und in v.H.[+]

Einnahmen	Mio. DM	in v.H.	Ausgaben	Mio. DM	in v.H.
Zuweisungen von Gemeinden (GV) für laufende Zwecke	3,4	1,3	Schuldendiensthilfen an Gemeinden (GV)	5,5	2,1
Zinseinnahmen von öffentlichen Unternehmen	0,3	0,1	Gewährung von Darlehen an Gemeinden (GV)	67,2	25,3
Rückflüsse von Darlehen von Gemeinden (GV)	59,1	22,3	Zuweisungen für Investitionen an Gemeinden (GV)	193,1	72,6
Rückflüsse von Darlehen von Zweckverbänden	0,0	0,0			
Zuweisungen für Investitionen (Beiträge)	202,1	76,3			
Insgesamt	264,8	100,0	Insgesamt	265,8	100,0

[+] Quelle: Niedersächsisches Landesverwaltungsamt und eigene Berechnungen.

weisungen vergeben werden, so daß die Belastung der Städte und Gemeinden durch entsprechende Schulen verringert und ein Lastenausgleich im Landkreis erreicht würde. Dem gleichen Zweck sollen die höheren Mindestzuschußsätze für die Sekundarstufen dienen.

Durch die Wahl zwischen Zuweisung und Darlehen hat der einzelne Landkreis die Möglichkeit, Gemeinden mit überdurchschnittlicher Finanzkraft zu höheren Eigenleistungen beim Schulbau anzuhalten als andere Gemeinden mit geringerer Finanzkraft. Inwieweit von dieser Wahlmöglichkeit Gebrauch gemacht wurde, konnte anhand des Zahlenmaterials nicht vollständig festgestellt werden, da - wie erläutert - in der Statistik des Landesverwaltungsamtes die Einnahmen aus Krediten nur insgesamt im Einzelplan 9 aufgeführt sind. Von den 37 niedersächsischen Landkreisen machten 1979 nur 22 von einer Darlehensvergabe aus Mitteln der KSBK Gebrauch.

Diese Darlehen wurden an ca. 130 Gemeinden und Landkreise vergeben (25). Die höchsten Darlehen pro Einwohner empfing eine Gruppe von 50 Grundzentren (28 DM/Einwohner), gefolgt von den Landkreisen (18 DM/Einwohner), während die 28 Mittelzentren, die Darlehen erzielten, nur 13 DM/Einwohner an zinslosen Krediten einnahmen. Vom gesamten vergebenen Kreditvolumen floß 1979 etwas mehr als die Hälfte (34,4 Mio. DM) an die kreisangehörigen Gemeinden; die Landkreise selbst konnten Einnahmen aus derartigen Krediten in Höhe von 32,3 Mio. DM verzeichnen.

Die Vergabepraxis der Darlehen erweist sich also als recht komplex: Nicht alle Landkreise vergeben überhaupt Darlehen, Darlehen werden von Landkreisen an sich selbst vergeben, obwohl sie keine Grundschulen bauen. Tendenziell ist eine höhere Vergabe der Darlehen an Grund- und Nebenzentren als an Mittelzentren festzustellen, was darauf hindeutet, daß in einigen Landkreisen die Grundschulen über Darlehen finanziert werden.

Finanziert wurden die Ausgaben der KSBK 1979 zu drei Vierteln aus den Beiträgen der Landkreise und kreisangehörigen Gemeinden; aus dem Rückfluß von Darlehen entstammten weitere 22 v.H. der Einnahmen. Obwohl vor 1974 nur Darlehen aus den KSBK gewährt wurden, ist der Rückfluß der Mittel bei weitem nicht so hoch, daß der Finanzbedarf für den Schulbau daraus abgedeckt werden kann. Immerhin entstand durch die dauernde Einzahlung von Beiträgen ein Fond von der Größenordnung der Schulbauinvestitionen eines Jahres: Für den Zeitpunkt Ende 1978 weist die Schuldenstatistik eine Verschuldung der kreisangehörigen Gemeinden und Landkreise bei anderen Gemeinden (GV) in Höhe von 600 Mio. DM aus, die wohl zum größten Teil durch Darlehen aus den KSBK entstanden sind (26). Verglichen mit den Darlehensrückzahlungen werden etwa 10-15 v.H. dieser Fonds jährlich von den Gemeinden (GV) zurückgezahlt und vom Landkreis wieder neu vergeben.

---

25 In den Zahlen über die empfangenen Kredite sind auch kleinere Beträge für andere Aufgaben enthalten.

26 Vgl. NIEDERSÄCHSISCHES LANDESVERWALTUNGSAMT, Schulden des Landes, der Gemeinden, Samtgemeinden und Landkreise am 31.12.1978, Hannover 1979 (Statistik Niedersachsen, Bd. 309), und INGRID TORNOW, Zur staatlichen und kommunalen Verschuldung - Ende 1979, in: Statistische Monatshefte Niedersachsens, Jg. 34 (1980), S. 186.

Auch bei der Vergabe der Zweckzuweisungen fällt auf, daß die Landkreise rund 60 v.H. der Zuweisungen aus den KSBK erhielten, während für die Gemeinden nur 40 v.H. blieben. Dieser höhere Anteil bedeutet nicht, daß die Landkreise sich bei der Verteilung der Mittel aus der KSBK selbst bevorzugen, da sie ein wesentlich größeres Bauvolumen als die kreisangehörigen Gemeinden finanzieren. Immerhin ist es aber bedenklich, wenn der Kreistag selbst über die Vergabe von Mitteln an den Landkreis beschließt, es sei denn, klare Richtlinien für die Vergabe der Mittel sind vorhanden.

Die Beiträge an die Kreisschulbaukassen wurden 1979 zu 31 v.H. von den Gemeinden eingezahlt, d.h. die Landkreise erbrachten etwas mehr an freiwilligen Beiträgen als die im Schulgesetz vorgesehene Zwei-Drittel-Beteiligung. Die Erhebung dieses Kommunalanteils, der sich 1979 auf 62,4 Mio. DM belief, erfolgt nach der Zahl der Kinder im Grundschulalter. Damit sollte die Möglichkeit gegeben werden, kinderreiche Gemeinden stärker an den Schulbaukosten zu beteiligen (27). Ein derartiger Verteilungsschlüssel kann als sachbezogen angesehen werden: Schulbauten werden nicht nur für die heutige Generation der Schüler errichtet, sondern sollten sich auch an künftigen Schülerzahlen ausrichten. Da sich aus den heutigen Grundschülern die künftigen Schüler der Sekundarstufen rekrutieren, werden die Gemeinden schon heute, entsprechend der künftigen Schülerzahlen, belastet, es sei denn, durch Wanderungen würden sich wesentliche Verschiebungen ergeben.

Zwischen den Landkreisen bestehen größere Unterschiede in der Höhe der zu zahlenden Beiträge, Unterschiede, die sich durch verschiedene Bauvolumina, Rückzahlungen von Darlehen oder die Möglichkeiten, andere Finanzierungsquellen zu verwenden, erklären lassen. Beispielsweise hatten die Gemeinden aus 3 Landkreisen keine Beiträge an die KSBK abzuführen - die Zuschüsse an die Gemeinden wurden durch Darlehensrückflüsse und allgemeine Deckungsmittel finanziert - , während in anderen Landkreisen von den Gemeinden über 20 DM pro Einwohner aufzubringen waren.

Lohnt es sich daher überhaupt, unter Verteilungsgesichtspunkten einen Erhebungsschlüssel nach der Schülerzahl zu wählen, oder würden die Beiträge für die einzelne Gemeinde genau so hoch ausfallen, wenn stattdessen die Kreisumlage erhöht würde (28)? Differierende Beträge werden sich nur ergeben, wenn sich die Verteilung der Kinder im Grundschulalter wesentlich von der Verteilung der Umlagekraft zwischen den einzelnen Gemeinden unterscheidet. Die Unterschiede in der Verteilung sind mit der Finanzkraft positiv korreliert ($r = 0,42$), für die Mehrzahl der Gemeinden sind die Unterschiede aber nicht sehr groß (vgl. Tabelle 7.4).

---

27 Vgl. Entwurf eines niedersächsischen Schulgesetzes vom 30.10.1973, S. 99. Vor 1974 wurde die Zahl der Lehrerstellen als Verteilungsmaßstab verwendet.

28 Zur Finanzierung der Beiträge können auch Kredite aufgenommen werden (vgl. Erlaß des Innenministeriums vom 8.12.1976, SVBl. 1977, S. 52). Diese müssen aber zurückgezahlt werden, so daß sich eine ähnliche Fragestellung ergibt.

Tabelle 7.4 - Absolute und relative Häufigkeitsverteilung der prozentualen Differenz der Zahlungen der Kreisumlage und Zahlungen an die Kreisschulbaukasse[+]

Differenz des Anteils an der Kreisumlage zu Anteil an KSBK in v.H.	Häufigkeitsverteilung absolut	in Prozent
unter -6	4	1,1
-6 bis -4	1	0,3
-4 " -2	31	8,4
-2 " 0	214	57,7
0 " 2	74	20,0
2 " 4	21	5,7
4 " 6	10	2,7
6 " 8	7	1,9
8 " 10	5	1,4
10 und mehr	4	1,1

[+]Quelle: Niedersächsisches Landesverwaltungsamt und eigene Berechnungen.

Bei 78 v.H. der Gemeinden, in denen Beiträge zur KSBK erhoben wurden, lag die Differenz zwischen dem Anteil an der Kreisumlage und dem Anteil an den Beiträgen zur KSBK bei $\pm$ 2 Prozentpunkten (vgl. Tabelle 7.4). Nur für wenige Gemeinden treten größere Gewinne und Verluste gegenüber einer Finanzierung über die Kreisumlage ein. Tendenziell werden einige größere Gemeinden entlastet, die Beträge sind jedoch recht klein. So beläuft sich beispielsweise der Anteil an der Kreisumlage für die Stadt Wolfenbüttel auf 51,2 v.H., an den Beiträgen zur KSBK ist sie jedoch nur mit 41,3 v.H. beteiligt. In absoluten Beträgen macht die Differenz allerdings nur 78.000 DM aus, ein Zeichen dafür, daß das Verteilungsvolumen der Beiträge nur relativ gering ist.

Die KSBK bietet den Landkreisen noch eine weitere Wahlmöglichkeit zur Finanzierung von Schulbauten. Nur die im Gesetz vorgeschriebenen Mindestzuweisungsquoten sollen über die KSBK finanziert werden. Die Mittel, die der Landkreis darüber hinaus an seine kreisangehörigen Gemeinden vergibt sowie die Mittel, die ihm selbst aus der KSBK zufließen, können entweder aus der KSBK oder aber aus allgemeinen Deckungsmitteln bezahlt werden. Von dieser Wahlmöglichkeit wurde 1979 in größerem Umfang Gebrauch gemacht: Die Zuweisungen für Investitionen, welche die kreisangehörigen Gemeinden erhielten, kamen nur zu 57 v.H. aus den KSBK, die restlichen Mittel wurden von den Landkreisen direkt aus den allgemeinen Deckungsmitteln bezahlt.

Insgesamt gesehen ist an der KSBK positiv zu bewerten, daß mit ihr ein gewisser Belastungsausgleich auch im Vermögenshaushalt erreicht werden kann. Ein Verteilungsschlüssel nach der Zahl der Kinder im Grundschulalter kann als geeignet angesehen werden, die Belastungen der einzelnen Gemeinden durch den Bau von Schulen gleichmäßiger zu verteilen.

Zumindest formal bedenklich ist allerdings, daß zweckgebundene Sondervermögen in der Gemeindeordnung für derartige Zwecke nicht mehr vorgesehen sind (29). Die Beibehaltung des Sondervermögensstatus ist aber

29 Vgl. § 106 GO Niedersachsen.

notwendig, um zu gewährleisten, daß die zurückfließenden Darlehen wieder für den Schulbau verwendet werden und bei Auflösung der KSBK die vorhandenen Mittel an die Gemeinden und den Landkreis verteilt werden können (30). Eine Lösung dieses Problems wäre eine Auflösung der KSBK bei gleichzeitiger voller Erhebung der für Darlehen und Zuweisungen notwendigen Mittel über die Kreisumlage. Die Belastungsunterschiede der Gemeinden durch den Schulbau könnten über die Höhe der Zuweisungsquoten berücksichtigt werden.

Problematisch erscheinen daneben an der KSBK die diversen Wahlmöglichkeiten sowohl auf der Einnahmen- als auch auf der Ausgabenseite. Bei der Vergabe der Mittel aus der KSBK sollten daher klare Grundsätze befolgt werden, beispielsweise, daß alle Baukosten von Grundschulen mit Darlehen und die Baukosten der übrigen Schulen mit Zuweisungen bezuschußt werden, oder wie es der Niedersächsische Städteverband vorschlug, daß entweder Darlehen oder Zuweisungen in einem Landkreis aus der KSBK vergeben werden. Die Gewährung von Darlehen in Einzelfallentscheidungen an _einzelne_ Gemeinden, während andere Gemeinden für den gleichen Schultyp Zuweisungen erhalten, ist abzulehnen. Wenn überhaupt eine Differenzierung nach der finanziellen Belastung vorgenommen werden soll, dann würde ein unterschiedlicher Bezuschussungssatz genügen.

Schließlich muß angemerkt werden, daß sich die teilweise Finanzierung des Schulbaus über Beiträge nur für wenige Gemeinden in größerem Umfange auswirkt. Zumeist sind die Differenzen zu einer alternativen Finanzierung über die Kreisumlage recht klein. Größere Ausgleichswirkungen hätte nur eine Erhöhung des kommunalen Anteils an den Beitragszahlungen bei gleichzeitiger Senkung der Kreisumlage. Eine derartige Forderung kollidiert aber mit dem Bestreben, das innerkreisliche Finanzierungsgeflecht zu reduzieren.

7.4 AUSGLEICHSWIRKUNG DES SONSTIGEN ZAHLUNGSVERKEHRS INNERHALB DER LANDKREISE

Sieht man von der Kreisumlage und ihren Rückflüssen ab, so wird der Zahlungsverkehr innerhalb der Landkreise weitgehend durch die Finanzierung zentralörtlicher Einrichtungen bestimmt. Zahlungen _von_ den Gemeinden _an_ die Landkreise fielen 1979 in Niedersachsen überwiegend für die Beiträge und Tilgungen von Krediten an die Kreisschulbaukassen an (vgl. Tabelle 7.1). Auch die Zahlungen der Landkreise _an_ die Gemeinden waren zu rund 70 v.H. für die zentralörtlichen Einrichtungen bestimmt. Sie erfolgten überwiegend in Form von Zuweisungen für laufende und investive Zwecke.

Dieser "zentralörtliche" Anteil am Zahlungsverkehr wuchs tendenziell mit zunehmender Zentralitätsstufe, eine Tatsache, die nicht sonderlich erstaunlich ist angesichts der Verteilung der Trägerschaften der zentralörtlichen Einrichtungen. Während bei den Zahlungen der Landkreise _an_ Nebenzentren ca. 52 v.H. auf zentralörtliche Einrichtungen entfielen, waren es bei den Mittelzentren im Durchschnitt 79 v.H. (vgl. Tabelle 7.2).

---

30 Derartige Vermögensauseinandersetzungen waren nach der Kreisreform notwendig.

Wie sieht nun der Saldo der Zahlungen zwischen den Landkreisen und ihren kreisangehörigen Gemeinden aus? Läßt man vorerst die Kreisumlage außer acht, erhielten die zentralen Orte bis auf die eingekreisten Oberzentren durchschnittlich mehr Zahlungen von den Landkreisen als sie selbst abführten. Für die Nebenzentren war dieser Saldo mit 6 DM pro Einwohner im Durchschnitt ziemlich ausgeglichen, im Gegensatz zu den Mittelzentren, deren zentralörtliche Einrichtungen im Durchschnitt mit über 50 DM pro Einwohner durch die Landkreise subventioniert wurden (vgl. Tabelle 7.5).

Als Zwischenergebnis kann also festgehalten werden, daß die Zuweisungspolitik der Landkreise recht weitgehend auf eine teilweise Kompensation zentralörtlicher Belastungen ausgerichtet ist. Anders als bei der Erhebung der Kreisumlage sind die Zuweisungen vor allem an den Aufgaben der einzelnen Gemeinden ausgerichtet. Die Ausgleichsfunktion der Landkreise besteht in diesen Fällen darin, überdurchschnittliche Belastungen einzelner Gemeinden zu mindern. Inwieweit bei den Entscheidungen der Landkreise die Finanzkraft der einzelnen Gemeinde eine Rolle spielt, konnte im einzelnen nicht nachvollzogen werden. Bezogen auf alle Gemeinden waren jedenfalls die Zahlungen der Landkreise für zentralörtliche Einrichtungen nur leicht negativ mit der Finanzkraft korreliert (31). Auch innerhalb der einzelnen Landkreise läßt sich im Durchschnitt keine Bevorzugung der finanzschwächeren Gemeinden nachweisen.

Die Situation der kreisangehörigen Ober- und Mittelzentren unterscheidet sich nicht vom Durchschnitt aller zentralen Orte. Zwar konnten rund drei Viertel dieser Zentren höhere Einnahmen von den Landkreisen verzeichnen, ein wesentlicher statistischer Zusammenhang zwischen der Höhe dieser Zahlungen pro Einwohner und der Finanzkraft innerhalb der Landkreise ließ sich auch hier nicht nachweisen. Die Zuweisungspolitik (einschließlich der Kreisschulbaukassen) der Landkreise in ihrer Gesamtheit zeigte sich nach den Daten des Jahres 1979 neutral gegenüber der finanziellen Situation der Gemeinden. Im Einzelfall können hingegen durchaus andere Zuweisungsentscheidungen der Landkreise getroffen werden.

Bei der Interpretation dieses Ergebnisses ist aber zu beachten, daß die Landkreise in ihrer Zuweisungspolitik nur zum Teil frei sind. Ihnen werden namentlich durch das Schulgesetz und seine Durchführungsvorschriften vom Land vorgeschrieben, welche Mindestleistungen sie an die Gemeinden zu erbringen haben. Der Spielraum des einzelnen Landkreises besteht in diesen Fällen darin, bestimmte Mindestbezuschussungsquoten zu überschreiten oder in der Wahl der Bezuschussungsarten (Zuweisung oder Darlehen). Im Zusammenhang mit dem Streit um die Schulträgerschaft sah sich der Landesgesetzgeber offensichtlich veranlaßt, die Zuweisungspraxis der Landkreise weitgehend zu reglementieren, um auch den kreisangehörigen Gemeinden eine eigene Schulträgerschaft im Sekundarbereich zu ermöglichen.

---

31 Bezogen auf die Summe der Steuerkraftmeßzahl und Schlüsselzuweisungen des Landes betrug der Korrelationskoeffizient $r = -0,15$.

Tabelle 7.5 - Zahlungsverkehr pro Einwohner zwischen kreisangehoerigen Gemeinden und ihren Landkreisen fuer zentraloertliche Einrichtungen sowie Finanzierungsbeitrag der Gemeinden zu den Leistungen der Kreise in Niedersachsen 1979 (ohne Landkreis Diepholz) *

Zentralitaets- stufe/Gemein- destatus	An- zahl	Einwohner am 30.6.1979	Zentraloertlicher Zahlungsverkehr(1)		Saldo Sp2 - Sp3	Finanzierungsbeitrag der Gemeinden zu zentraloertlichen Leistungen der Kreise (2)			Saldo insgesamt Sp5 + Sp8
			Ausga- ben	Einnahmen		im VerwH	im VermH	insgesamt	
	1	2	3	4	5	6	7	8	9
					DM pro Einwohner				
Oberzentren	2	230052	12,14	6,38	5,75	35,11	25,07	60,18	65,94
davon eingekreist	2	230052	12,14	6,38	5,75	35,11	25,07	60,18	65,94
Mittelzentren	75	2611623	16,24	66,37	-50,13	65,76	40,74	106,51	56,37
davon eingekreist(3)	3	198442	18,74	51,04	-32,30	42,74	20,70	63,44	31,13
sonstige mit Mittelbereich									
ueber 80000 E	15	556900	14,42	68,27	-53,85	77,74	50,55	128,29	74,44
40000-80000 E	28	818257	17,82	76,30	-58,48	64,69	37,98	102,67	44,18
unter 40000 E	29	638024	15,04	56,75	-41,71	63,84	41,97	105,81	64,10
Grundzentren	161	1811552	19,34	46,10	-26,76	58,41	33,21	91,63	64,87
Nebenzentren	163	1267392	18,31	24,39	-6,07	57,15	33,62	90,77	84,70

*Quelle: Niedersaechsisches Landesverwaltungsamt - Statistik und eigene Berechnungen
(1) Ohne Erstattungen,einschliesslich Zahlungen im Einzelplan 9
(2) Einschliesslich Zahlungen im Einzelplan 9
(3) Nur die Staedte Celle,Cuxhaven und Lueneburg

Neben diesen gebundenen Zahlungen der Landkreise fallen die freiwilligen Zahlungen quantitativ weniger ins Gewicht (32). Bei den Zahlungen für zentralörtliche Einrichtungen sind insbesondere freiwillige Zuweisungen für den Bau von Sportstätten von Bedeutung. Die Berechtigung der Landkreise, solche freiwilligen Finanzhilfen zu gewähren, wird nicht durchweg anerkannt. Umstritten ist vor allem, inwieweit der Landkreis einen aktiven Ausgleich der Finanzkraft seiner kreisangehörigen Gemeinden vornehmen darf, indem er finanzschwächeren Gemeinden bewußt Mittel zum Ausgleich ihrer schlechten finanziellen Situation zur Verfügung stellt (33). So lehnt der Niedersächsische Minister des Innern einen steuerkraftbezogenen kreisinternen Finanzausgleich ab, da dieser in Konkurrenz zu den landesrechtlichen Finanzausgleichsregelungen treten würde (34). Auch die Gewährung von Zuweisungen wird als zusätzliche "Töpfchenebene" nicht geschätzt (35). Andererseits muß die Frage gestellt werden, wie der Landkreis seiner Ausgleichsfunktion nachkommen soll. Bezogen auf die Zuweisungen für notwendige einzelne zentralörtliche Einrichtungen erscheint eine freiwillige Leistung des Landkreises durchaus vertretbar, wenn anders diese Einrichtung nicht in kommunaler Trägerschaft errichtet werden könnte und bei der Zumessung der Finanzhilfe keine willkürlichen Entscheidungen getroffen werden.

7.5 MITFINANZIERUNG ZENTRALÖRTLICHER EINRICHTUNGEN ÜBER DIE KREISUMLAGE

Es wurde schon mehrfach darauf hingewiesen, daß die kreisangehörigen Gemeinden die Zuweisungen der Landkreise über die Kreisumlage mitfinanzieren. Selbst eine 100-%ige Bezuschussung ihrer Einrichtung müßte durch den kommunalen Träger im Rahmen seines Kreisumlagenanteils mitgetragen werden. Ähnliches gilt auch für die Einrichtungen, die der Landkreis selbst trägt: Auch wenn eine Gemeinde für ihre Einrichtung Zuschüsse bekommt, muß sie noch über die Kreisumlage die rechtlichen Einrichtungen des Kreises mitfinanzieren, was vor allem im Bereich des Schulwesens häufig vorkommt. Über die Kreisumlage werden also sowohl Gemeinden zur Finanzierung von fremden zentralörtlichen Einrichtungen herangezogen als auch als Zuweisungsempfänger doppelt belastet.

Um ein umfassendes Bild von der zentralörtlichen Belastung der Gemeinden zu gewinnen, soll daher eine Zurechnung des Teils der Kreisumlage vorgenommen werden, der auf die Finanzierung zentralörtlicher Einrich-

---

32 Günther gibt den Anteil der freien Kreisfinanzhilfen an den Gesamtausgaben für 1977 in 5 niedersächsischen Landkreisen zwischen 1,2 und 3,4 v.H. an (GÜNTHER, S. 147).
33 Vgl. REINHARD ALTENMÜLLER, Strukturförderung auf Kreisebene - ein unzulässiger Finanzausgleich?, in: Baden-Württembergische Verwaltungspraxis, 1979, S. 222 ff., und ALBERT KATZ, Ausgleichsfunktion der Landkreise und Kreisfinanzausgleich, in: ebenda, S. 227.
34 FINANZAUSGLEICH?, in: Niedersächsischer Städteverband, Nachrichten, 1980, S. 334.
35 Kreisinterner Finanzausgleich in baden-württembergischen Landkreisen, Landtag von Baden-Württemberg, Drucksache 7/6968 vom 3.3.1980.

tungen entfällt. Die Berechnung dieses als Finanzierungsbeitrag bezeichneten Wertes sei zum besseren Verständnis an einem Beispiel erläutert:

> Die Stadt Goslar war 1979 Träger eines Gymnasiums, das im Verwaltungshaushalt Mehrausgaben von 336.000 DM (6,27 DM pro Einwohner) verursachte (36). Der Landkreis Goslar unterhielt seinerseits mehrere Gymnasien und gab zudem noch Zuweisungen und Gastschulbeiträge an Städte mit eigenem Gymnasium, so auch an die Stadt Goslar in Höhe von 747.000 DM. Das dabei im Verwaltungshaushalt entstehende Defizit von 2,4 Mio. DM wurde vom Landkreis aus seinen allgemein zur Verfügung stehenden Mitteln (Steuern, Schlüsselzuweisungen vom Land und Kreisumlage) finanziert. Von diesen Mitteln entfielen 72 v.H. auf die Kreisumlage, an der die Stadt Goslar ihrerseits mit 33 v.H. beteiligt war, d.h. das Defizit des Landkreises im Bereich der Gymnasien wurde zu 33 v.H. von 72 v.H. = 24 v.H. von der Stadt Goslar mitfinanziert. Einschließlich dieser Zurechnung erhöht sich also im Bereich der Gymnasien die zentralörtliche Belastung der Stadt Goslar von 6,27 DM pro Einwohner auf 17,07 DM.

Diese Berechnung wurde für jeden Landkreis und jede Gemeinde getrennt für den Verwaltungs- und Vermögenshaushalt durchgeführt. Der Anteil der Kreisumlage wird nur auf die allgemeinen Deckungsmittel aus Steuern, Schlüsselzuweisungen des Landes sowie Kreisumlage bezogen. Von den übrigen Deckungsmitteln im Einzelplan 9 wie den Zuweisungen für Aufgaben des übertragenen Wirkungskreises oder den kalkulatorischen Einnahmen wurde angenommen, daß sie für bestimmte Aufgaben gebunden seien. Bei den eingekreisten Städten wurde ihr Anteil an der Finanzierung auf der Grundlage der Nettokreisumlage bestimmt. Schließlich wurde der Kreisumlagenanteil im Vermögenshaushalt nur auf die Zuführung vom Verwaltungshaushalt bezogen. Als Zuschußbedarf des jeweiligen Landkreises wurden die in Kapitel 4 ausgewählten Bereiche sowie die Zahlungen an die Kreisschulbaukassen und die Krankenhausumlage angesetzt. Derartige Annahmen sind im Einzelfall sicherlich nicht unproblematisch. Das hier angewandte Berechnungsverfahren schien jedoch gegenüber anderen Verfahren wie der Zurechnung nach der Zahl der Einwohner am günstigsten zu sein. Auch konnte nicht davon ausgegangen werden, daß Leistungen der Landkreise voll aus der Kreisumlage beglichen werden, wie es in anderen Modellrechnungen unterstellt wird.

Entsprechend dem Zuschußbedarf für zentralörtliche Einrichtungen in den einzelnen Landkreisen, dem Anteil der Kreisumlage an den allgemeinen Deckungsmitteln im jeweiligen Landkreis sowie der netto gezahlten Kreisumlage, fällt der Finanzierungsbeitrag für die einzelne Gemeinde verschieden hoch aus: Im Durchschnitt betrug der Finanzierungsbeitrag 96 DM pro Einwohner, bei einer Schwankungsbreite zwischen 46 und 191 DM für die einzelnen Gemeinden. Knapp zwei Drittel des Finanzierungsbeitrages entfielen auf den Verwaltungshaushalt. Für den Finanzierungsbeitrag haben die kreisangehörigen Gemeinden 1979 etwa 40 v.H. der

---

36 Vgl. die Haushaltspläne der Stadt Goslar und des Landkreises Goslar für das Jahr 1979.

Kreisumlage aufbringen müssen, ein Wert, der zeigt, welche Belastungen durch die Finanzierung zentralörtlicher Einrichtungen zusätzlich auf die Gemeinden zukommen.

Die Grund- und Nebenzentren erbrachten im Durchschnitt einen Finanzierungsbeitrag von 91 DM pro Einwohner (vgl. Tabelle 7.5), der Beitrag der Mittelzentren lag um knapp 30 v.H. höher bei 117 DM (ohne eingekreiste Mittelzentren). Aufgrund der Rückzahlungen der Kreisumlage erreichte der Finanzierungsbeitrag der eingekreisten Ober- und Mittelzentren nur einen Wert von etwas über 60 DM pro Einwohner.

Die Berechnung des Finanzierungsbeitrages ermöglicht es, einen vollständigen Saldo des Teils des innerkreislichen Zahlungsverkehrs anzugeben, der sich auf die zentralörtlichen Einrichtungen bezieht. Nach diesen Berechnungen haben die Nebenzentren pro Einwohner im Durchschnitt am meisten zur Finanzierung der zentralörtlichen Einrichtungen beitragen müssen, da sie nur relativ geringe Zuweisungen von den Landkreisen zurückerhalten. Hingegen schnitten alle anderen Zentralitätsstufen besser ab, d.h. tendenziell kann davon ausgegangen werden, daß die Nebenzentren über den innerkreislichen Zahlungsverkehr überproportional zur Finanzierung der zentralörtlichen Einrichtungen des Kreises und der anderen Gemeinden beigetragen haben, eine Aussage, bei der allerdings die geringere direkte Belastung der Nebenzentren mit zentralörtlichen Einrichtungen beachtet werden muß. Am geringsten belastet waren im Durchschnitt die Mittelzentren (56 DM pro Einwohner), allerdings mit starken Abweichungen zwischen den einzelnen Zentralitätsstufen. Bemerkenswert hoch war auch die Belastung der beiden Oberzentren Göttingen und Hildesheim, obwohl sie weitgehend vom innerkreislichen Zahlungsverkehr ausgeschlossen sind.

In Abbildung 7.2 sind die Finanzkraft innerhalb der Landkreise auf der Abszisse und der Saldo der innerkreislichen Zahlungen auf der Ordinate aufgetragen worden. Auffallend sind an dieser Abbildung zwei Punkte:

- Rund 10 v.H. der Gemeinden weisen einen Überschuß auf. Aufgrund besonders hoher Zahlungen vom Landkreis, etwa für den Bau einer Schule, erhielten sie einen größeren Betrag vom Landkreis zurück als sie anteilsmäßig an Kreisumlage entrichteten. Es ist jedoch anzunehmen, daß es sich für die einzelne Gemeinde um einen Vorgang handelt, der auf eine kurze Zeitdauer beschränkt ist.

- Die Regressionsgerade besitzt nur eine leicht positive Neigung, d.h. im Durchschnitt aller Gemeinden verteilt sich der Saldo der Zahlungen fast nicht nach der Finanzkraft (r = 0,08). Die höheren Kreisumlagebeträge der finanzkräftigen Gemeinden werden insgesamt gesehen durch entsprechende "Rückzahlungen" des Landkreises kompensiert. Als Folge der gebundenen Zuweisungen der Landkreise für den Schulbereich sind diese "Rückzahlungen" aber mehr an dem Zuschußbedarf für zentralörtliche Einrichtungen ausgerichtet als an der Finanzkraft der zentralen Orte.

- Für die einzelne Gemeinde kann sich ein vom Kreisdurchschnitt sehr abweichender Saldo ergeben. Je geringer ihre zentralörtliche Bedeutung ist und damit die Wahrscheinlichkeit, daß sie Zuweisungen vom Landkreis für zentralörtliche Zwecke erhält, um so eher wird sie einen hohen Finanzierungsbeitrag zahlen müssen, auch wenn sie als finanzschwach im Landkreis einzustufen ist.

Abbildung 7.2 - Gesamter Saldo des zentraloertlichen Zahlungsverkehrs der kreisangehoerigen Gemeinden nach normierter Finanzkraft in Landkreis (Steuerkraftmesszahlen) in Niedersachsen 1979 (ohne Landkreis Diepholz und Gemeinde Stadland)

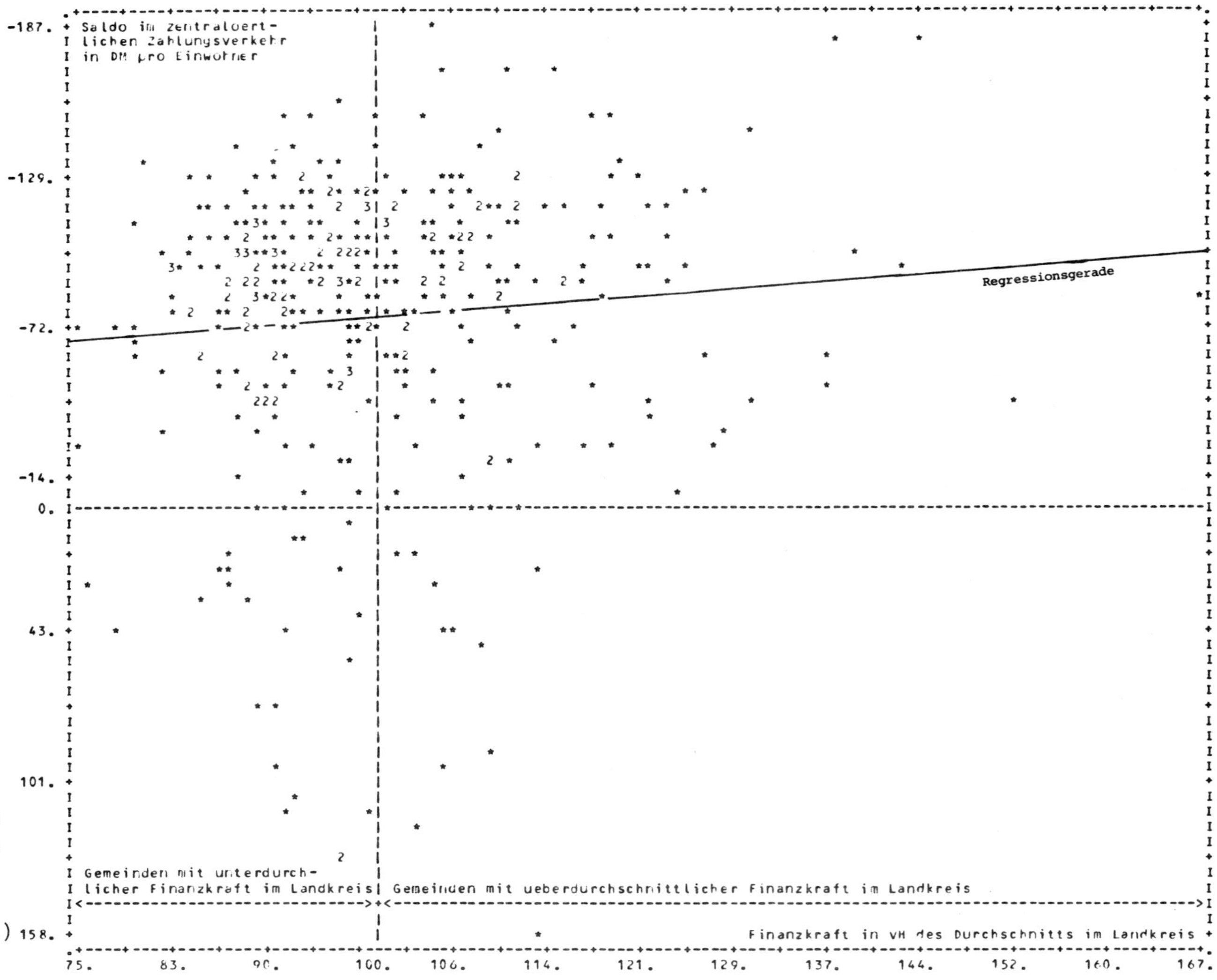

Die Werte für die einzelnen Gemeinden werden durch einen * dargestellt. Haben mehrere Gemeinden den gleichen Wert, so wird dies durch die entsprechende Ziffer (2, 3, ...) beschrieben.

Die Situation der kreisangehörigen Ober- und Mittelzentren weicht nicht wesentlich von der finanziellen Situation aller Gemeinden ab. Die überwiegende Zahl dieser Städte mußte mehr an Mitteln an den jeweiligen Landkreis abführen als ihnen zurückgezahlt wurde. Die im innerkreislichen Vergleich finanzstärkeren Mittelzentren wurden zwar höher belastet als die finanzschwachen Mittelzentren, der statistische Zusammenhang zwischen dem Saldo der Zahlungen für zentralörtliche Einrichtungen und der Finanzkraft war jedoch nicht sehr ausgeprägt.

Zusammenfassend läßt sich feststellen, daß das System der Zahlungen innerhalb der Landkreise zu einem gewissen Ausgleich der zentralörtlichen Belastungen führt. Durch die Kreisumlage sowie die Kreisschulbaukassen werden Gemeinden auch zu einer Mitfinanzierung von zentralörtlichen Einrichtungen herangezogen, die nicht in ihrer Trägerschaft sind. Diejenigen zentralen Orte, die einen hohen Zuschußbedarf für zentralörtliche Einrichtungen aufwiesen, hatten tendenziell geringere saldierte Zahlungen an die Landkreise zu leisten als die übrigen Orte. Durch gesetzliche Bestimmungen wurde teilweise sichergestellt, daß Gemeinden mit eigenen zentralörtlichen Einrichtungen Mindestzuweisungen vom Landkreis erhielten.

7.6 GESAMTBELASTUNG DER GEMEINDEN MIT ZENTRALÖRTLICHEN EINRICHTUNGEN

Bisher wurde davon ausgegangen, daß die zentralörtliche Belastung der Städte und Gemeinden untereinander nur mit Vorbehalt vergleichbar sei, weil u.a. im Jahre 1979

- unterschiedliche Trägerschaften für zentralörtliche Einrichtungen in den verschiedenen Gebietseinheiten bestanden,

- innerhalb der Landkreise unterschiedlich ausgestaltete eigene Finanzierungssysteme existierten und

- wesentliche Aufgaben von den Landkreisen wahrgenommen wurden, so daß ein Vergleich kreisfreier und kreisangehöriger Städte und Gemeinden nur begrenzt möglich war.

Weiterhin sei daran erinnert, daß die in Kapitel 4 angegebenen zentralörtlichen Belastungen sich nur auf die in den jeweiligen Haushaltsabschnitten genannten Werte bezogen. Addiert man nun zu diesen zentralörtlichen Belastungen die Zahlungen an die Kreisschulbaukassen sowie die Finanzierungsbeiträge für den zentralörtlichen Zuschußbedarf der jeweiligen Landkreise und die Krankenhausumlage der kreisfreien Städte [37], so wird eine Vergleichbarkeit der zentralörtlichen Belastung in zweifacher Hinsicht möglich: Es spielt für die monetäre Betrachtung keine Rolle mehr, wer Träger der zentralörtlichen Einrichtung ist, d.h. insbesondere werden die unterschiedlichen Trägerschaften der Landkreise und kreisangehörigen Gemeinden besser vergleichbar. Gleichzeitig können auch die Belastungen der kreisfreien Städte denen der kreisangehörigen Gemeinden gegenübergestellt werden.

---

37 Die Krankenhausumlage der Landkreise ist anteilig im Finanzierungsbeitrag enthalten.

Durch die Heranziehung von Gemeinden ohne wesentliche eigene zentralörtliche Einrichtungen zur Finanzierung der Einrichtungen des Landkreises und der Subventionierung der Einrichtungen in anderen Gemeinden des Landkreises verringert sich die Diskrepanz zwischen den einzelnen Zentralitätsstufen beträchtlich (vgl. Tabelle 7.6). Daneben mindern sich auch die Belastungsdifferenzen zwischen den Gemeinden der einzelnen Zentralitätsstufe. Trotz dieser ausgleichenden Wirkungen läßt sich aber für 1979 nach wie vor ein deutliches Gefälle zwischen den einzelnen Zentralitätsstufen nachweisen.

Tabelle 7.6 - Zentralörtliche Belastung pro Einwohner einschließlich des Finanzierungsbeitrages[1] (bezogen auf die Nebenzentren = 100)[+]

Zentralitäts-stufe	im Verwaltungs-haushalt	im Vermögens-haushalt	insgesamt
Oberzentren	259	179	222
Mittelzentren	169	167	168
Grundzentren	109	116	112
Nebenzentren	100	100	100

[+] Quelle: Niedersächsisches Landesverwaltungsamt und eigene Berechnungen.

[1] Ohne Landkreis Diepholz.

Die Oberzentren hatten 1979 eine zentralörtliche Belastung zu tragen, die rund das 2,2fache der Belastung der Nebenzentren erreichte, wenn die Finanzierungsbeiträge für die zentralörtlichen Leistungen der Landkreise hinzugerechnet werden (vgl. Tabelle 7.7). Die Mittelzentren wiesen eine Belastung auf, die das 1,7fache der Nebenzentren ausmachte, während sich die Belastung der Grundzentren nur wenig von der der Nebenzentren unterschied.

Besonders ausgeprägt waren die Belastungsunterschiede im <u>Verwaltungshaushalt</u>. Hier wiesen die Oberzentren einen um das 2,6fache höheren Zuschußbedarf als die Nebenzentren auf. Die kreisfreien Städte sowie die beiden kreisangehörigen Oberzentren waren im Durchschnitt etwa gleich belastet (vgl. Tabelle 7.7). Innerhalb der Mittelzentren sank die zentralörtliche Belastung mit abnehmender Größe des Mittelbereiches stetig ab. Diese Abstufungen deuten darauf hin, daß zumindest im Verwaltungshaushalt eine stärkere positive Abhängigkeit zwischen der Einwohnerzahl der Mittelbereiche und der zentralörtlichen Belastung pro Einwohner besteht (38). Gleiches gilt aber nicht für die Zahl der Umlandeinwohner (39).

Der Gesamtzusammenhang zwischen der zentralörtlichen Belastung im Verwaltungshaushalt und der Einwohnerzahl wird für alle Städte und Gemeinden noch einmal in Abbildung 7.3 verdeutlicht. Mit zunehmender Einwohnerzahl kann ein starker Anstieg der zentralörtlichen Belastung ausgemacht werden. Selbst kleinere Gemeinden weisen z.T. beachtliche zen-

---

38 Der Korrelationskoeffizient betrug $r = 0,51$.
39 $r = 0,21$.

Tabelle 7.7 - Zentraloertliche Belastung der Gemeinden pro Einwohner einschliesslich Kreisschulbaukasse, Krankenhausumlage und Finanzierungsbeitrag fuer die Landkreise 1979 (ohne Landkreis Diepholz) *

Zentralitaets-stufe/Gemein-destatus	An-zahl	Einwohner am 30.6.1979	Verwaltungshaushalt			Vermoegenshaushalt			Haushalt insgesamt		
			Zentraloertl. Belastung	Finanzierungsbeitrag	Belastung insgesamt	Zentraloertliche Belastung	Finanzierungsbeitrag	Belastung insgesamt	Zentraloertliche Belastung	Finanzierungsbeitrag	Belastung insgesamt
			DM pro Einwohner								
Oberzentren	7	1428387	195,76	5,65	201,41	116,55	4,03	120,59	312,31	9,69	322,00
davon											
kreisfrei	5	1198335	201,25	0,00	201,25	121,68	0,00	121,68	322,93	0,00	322,93
eingekreist	2	230052	167,18	35,11	202,29	89,84	25,07	114,92	257,03	60,18	317,21
Mittelzentren	79	2576095	74,86	56,45	131,31	77,42	34,98	112,40	152,28	91,44	243,72
davon											
kreisfrei	4	364472	199,54	0,00	199,54	123,70	0,00	123,70	323,25	0,00	323,25
eingekreist(1)	3	198442	107,94	42,74	150,68	62,10	20,70	82,80	170,04	63,44	233,48
sonstige mit Mittelbereich											
ueber 80000 E	15	556900	63,87	77,74	141,61	85,55	50,55	136,11	149,43	128,29	277,73
40000-80000 E	28	818257	45,04	64,69	109,73	57,16	37,98	95,14	102,20	102,67	204,88
unter 40000 E	29	638024	41,23	63,84	105,07	74,63	41,97	116,60	115,86	105,81	221,68
Grundzentren	161	1811552	26,09	58,41	84,50	45,10	33,21	78,32	71,19	91,63	162,82
Nebenzentren	163	1267392	20,52	57,15	77,68	33,63	33,62	67,26	54,16	90,77	144,94

*Quelle: Niedersaechsisches Landesverwaltungsamt - Statistik und eigene Berechnungen
(1) Nur die Staedte Celle, Cuxhaven und Lueneburg

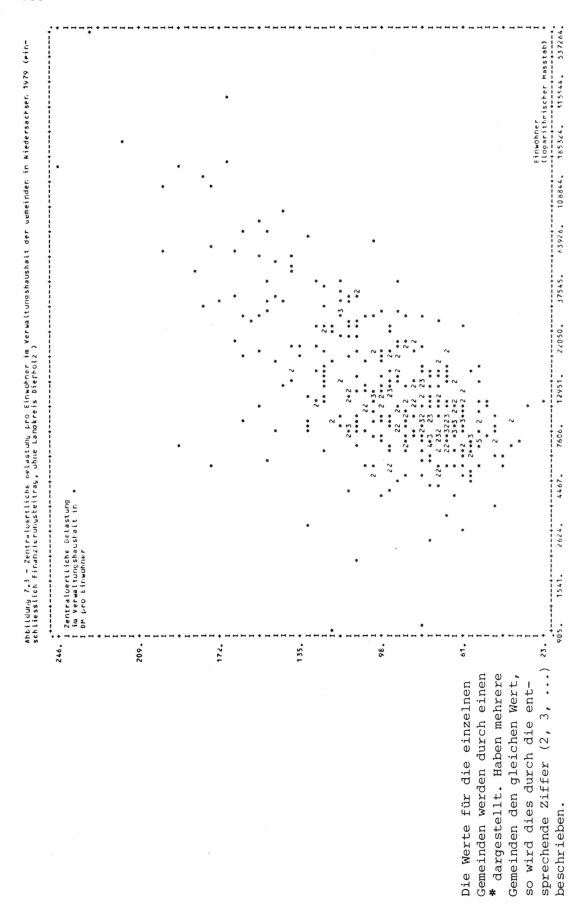

Abbildung 7.3 - Zentralörtliche Belastung pro Einwohner im Verwaltungshaushalt der Gemeinden in Niedersachsen, 1979 (einschliesslich Finanzierungsbeitrag, ohne Landkreis Diepholz)

Die Werte für die einzelnen Gemeinden werden durch einen * dargestellt. Haben mehrere Gemeinden den gleichen Wert, so wird dies durch die entsprechende Ziffer (2, 3, ...) beschrieben.

Abbildung 7.4 - Zuschußbedarf für zentralörtliche Einrichtungen (einschließlich Finanzierungsbeitrag) nach Stadtregionen in Niedersachsen 1979

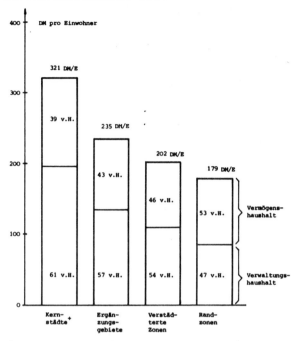

tralörtliche Belastungen pro Einwohner auf, im Durchschnitt werden diese "Ausreißer" aber durch unterdurchschnittliche Belastungen in anderen Gemeinden kompensiert.

Ein wesentlich uneinheitlicheres Bild war für 1979 bei den zentralörtlichen Belastungen pro Einwohner im Vermögenshaushalt zu finden. Auf den einzelnen Zentralitätsstufen lagen zwar die Belastungen nicht so stark auseinander wie im Verwaltungshaushalt. Dies galt insbesondere für die Oberzentren, die im Durchschnitt nicht viel mehr als die Mittelzentren belastet waren und deren Belastung im Einzelfall von einer größeren Anzahl von kleineren Gemeinden übertroffen wurde. Insgesamt gesehen streute aber die zentralörtliche Belastung einschließlich der Finanzierungsbeiträge im Vermögenshaushalt sehr viel stärker als im Verwaltungshaushalt, da die Investitionstätigkeit zwischen den Gemeinden und Landkreisen recht ungleichmäßig ausfiel (40).

Zum Abschluß des Kapitels sei noch ein Blick auf die regionale Verteilung der gesamten zentralörtlichen Belastung pro Einwohner geworfen. Innerhalb der Stadtregionen zeigte sich 1979 erwartungsgemäß eine sinkende Belastung pro Einwohner mit abnehmender Verflechtung mit der Kernstadt. Während in den Kernstädten 321 DM pro Einwohner an zentralörtlicher Belastung entstanden, mußten in den Randzonen nur 179 DM pro Einwohner abgedeckt werden, wobei die übrigen Zonen zwischen diesen Werten lagen (vgl. Abbildung 7.4).

---

40 Der Variationskoeffizient betrug für alle Städte und Gemeinden (außer Landkreis Diepholz) im Verwaltungshaushalt V = 36,6 %, im Vermögenshaushalt V = 71,1 %.

Auch zwischen den Stadtregionen insgesamt mit 260 DM pro Einwohner und
dem ländlichen Raum mit 183 DM pro Einwohner machten sich unterschiedliche Belastungen bemerkbar, die aber im wesentlichen eine Folge der
hohen Belastungen der Kernstädte sowie der Mittelzentren in ihrem Umland
waren. Hingegen fielen die zentralörtlichen Belastungen der Grund- und
Nebenzentren sowohl in den Stadtregionen als auch im ländlichen Raum
im Durchschnitt etwa gleich hoch aus.

8. AUSGLEICH ZENTRALÖRTLICHER BELASTUNGEN IM KOMMUNALEN FINANZAUSGLEICH

8.1 MÖGLICHKEITEN DES AUSGLEICHS

In den vorherigen Kapiteln wurde verdeutlicht, daß die Möglichkeiten eines interkommunalen Lastenausgleichs nur sehr begrenzt sind und zudem nur mittels staatlicher Reglementierungen durchsetzbar sind. Da aus wirtschaftlichen Gründen von der Landesplanung eine Wahrnehmung zentralörtlicher Aufgaben nur an bestimmten zentralen Orten angestrebt wird, bleiben unterschiedliche Belastungen der Gemeinden. Aufgrund der starken Streuung des Steueraufkommens pro Einwohner zwischen den Gemeinden kann nicht davon ausgegangen werden, daß Gemeinden mit einer überdurchschnittlichen zentralörtlichen Belastung auch über eine bessere Ausstattung mit Finanzmitteln verfügen als Gemeinden ohne derartige Belastungen.

Aufgabe des vom Land durchgeführten kommunalen Finanzausgleichs ist es, Diskrepanzen zwischen den wahrzunehmenden Aufgaben und der finanziellen Leistungsfähigkeit der einzelnen Gemeinden so zu überbrücken, daß die Gemeinden die ihnen obliegenden Aufgaben erfüllen können (1). Auch die unterschiedlichen Belastungen mit zentralörtlichen Einrichtungen sind daher in den kommunalen Finanzausgleich einzubeziehen. Neben diesem Verteilungsziel, das bei der Diskussion um den Finanzausgleich im allgemeinen im Vordergrund steht, dient der Finanzausgleich aber auch der Aufgabe, landesplanerische Zielsetzungen zu erfüllen, indem durch die gezielte Vergabe von Mitteln die Haushaltsentscheidungen der Gemeinden (GV) so beeinflußt werden, daß die gewünschten Zielvorstellungen des Landes erreicht werden. Dazu gehören auch der Ausbau und die Unterhaltung der zentralörtlichen Einrichtungen, wie sie im Landesentwicklungsprogramm und den Fachplanungen vorgesehen sind.

Dem Land steht eine Reihe von Instrumenten zur Verfügung, wie es den kommunalen Finanzausgleich in seinem Hoheitsgebiet organisieren kann. Es kann die Mittel als allgemeine oder zweckgebundene Zuweisungen ohne oder mit Berücksichtigung von Bedarfselementen beim Empfänger geben. Auch Schuldendiensthilfen oder Darlehen sind zu den Instrumenten des Finanzausgleichs zu rechnen. Zur Verfolgung seiner Ziele wird ein Land in der Regel mehrere dieser Instrumente gleichzeitig anwenden, wobei offenbleibt, inwieweit die Vergabe der Mittel koordiniert erfolgt (2). Eine Beschränkung der Betrachtung nur auf die im Rahmen der Finanzausgleichsgesetze gewährten Mittel wäre zu eng, obwohl der größte Teil der Mittel nach den Vorschriften dieses Gesetzes vergeben wird.

---

1 Zum Finanzausgleich gehört an sich auch die Festlegung, welche Gebietskörperschaft welche Aufgaben übernehmen sollten (passiver Finanzausgleich). Hier wird davon ausgegangen, daß die Aufgaben des Landes und der Gemeinden bereits feststehen.
2 Daher ist auch der Vergleich des kommunalen Finanzausgleichs in den einzelnen Bundesländern recht schwierig (vgl. WERNER SCHEEL, Untersuchung der Leistungen der Bundesländer an die Gemeinden (GV) in den Jahren 1970 bis 1977, hrsg. vom Finanzministerium des Landes Nordrhein-Westfalen, 1979).

In vereinfachter Form lassen sich für den kommunalen Finanzausgleich
4 Typen finden, nach denen die zentralörtlichen Belastungen ausgeglichen bzw. landesplanerische Zielsetzungen durchgesetzt werden können (3).

	Pauschalierter Ansatz	Berücksichtigung gemeindeindividueller Belastungen
Berücksichtigung der Finanzkraft	1	2
keine Berücksichtigung der Finanzkraft	3	4

Ein pauschalierter Ansatz bedeutet dabei, daß die Vergabe der Mittel
nach einem Kriterium erfolgt, das nur grob die zentralörtliche Belastung einer Gruppe von Gemeinden beachtet. Alle vier Typen finden sich
in den Finanzausgleichsgesetzen der Flächenländer wieder.

So wird als Beispiel für den Typ 1 den zentralen Orten in Rheinland-Pfalz bei der Berechnung der Schlüsselzuweisungen ein Zuschlag gewährt,
der je nach Zentralitätsgrad zwischen 0,75 und 3 v.H. der Einwohner des
gesamten Verflechtungsbereiches beträgt (4). Im Saarland hingegen erhalten die zentralen Orte bei der Verteilung der Schlüsselzuweisungen
einen Zuschlag von 6 v.H. der Einwohner des Umlandbereiches (5). In
beiden Ansätzen wird - in Abhängigkeit der Einwohnerzahl - eine durchschnittliche Belastung der jeweiligen Zentralitätsstufe angenommen,
die diese zusätzlich zu den übrigen Belastungen zu tragen haben und
die der finanziellen Leistungsfähigkeit gegenübergestellt werden. Die
Höhe der Zuschläge macht deutlich, daß ein voller Ausgleich der Kosten
nicht erfolgt.

Typ 2 berücksichtigt gleichfalls die finanzielle Leistungsfähigkeit der
einzelnen Gemeinde, die zentralörtlichen Belastungen werden aber stärker nach den individuellen Verhältnissen in den einzelnen Gemeinden
in die Verteilung der Finanzausgleichsmittel einbezogen. Ein Beispiel
für Typ 2 ist der Schüleransatz im FAG Nordrhein-Westfalen, bei dem der
allgemeine Bedarf einer Gemeinde um die landesdurchschnittlichen Kosten
pro Schüler ergänzt worden ist (6). Auch die Förderung von Investitionen, wie beispielsweise des Schulbaus in Niedersachsen unter Beachtung

---

3 Vgl. RICHARD A. MUSGRAVE, PEGGY MUSGRAVE und LORE KULLMER, Die öffentlichen Finanzen in Theorie und Praxis, Bd. 4, Tübingen 1978, S. 158;
HANSMEYER, Der kommunale Finanzausgleich, S. 131.

4 Vgl. § 10 des Landesgesetzes über den Finanzausgleich Rheinland-Pfalz
vom 28.10.1977 (GVBl. S. 141), zuletzt geändert durch Art. 5 des Gesetzes vom 18.12.1981 (GVBl. S. 331).

5 Vgl. § 11 Kommunalfinanzausgleichsgesetz Saarland vom 12.6.1974
(Amtsbl. S. 156), zuletzt geändert durch Gesetz über die Haushaltsfinanzierung vom 10.12.1981 (Amtsbl. 1982, S. 1).

6 Vgl. § 8 Gemeindefinanzierungsgesetz (GFG) 1982 Nordrhein-Westfalen
vom 2.2.1982 (GVBl. S. 42).

der Leistungsfähigkeit des Schulträgers, fällt unter diese Kategorie (7).
Typ 2 versucht also, die Belastungen in einzelnen Bereichen auszugliedern, ein umfassender gemeindeindividueller Ausgleich aller zentralörtlichen Belastungen wird nicht angestrebt.

Als Beispiel für den Typ 3 kann § 18 FAG Schleswig-Holsteins angeführt werden, in dem ein Teil der Finanzausgleichsmasse nach der Zahl der Umlandeinwohner auf die einzelnen Zentralitätsstufen verteilt wird und in einem zweiten Schritt jedes Zentrum einer bestimmten Stufe den gleichen Betrag erhält (8). Die finanzielle Leistungsfähigkeit der einzelnen Zentren sowie die Zahl der eigenen Einwohner bleibt außer Betracht.

Typ 4 dürfte am häufigsten vorkommen, da alle Zuweisungen darunter fallen, in denen die laufenden oder investiven Ausgaben zu einem festen Satz bezuschußt werden, ohne daß die finanzielle Leistungsfähigkeit des Trägers beachtet wird. Ein Beispiel für Typ 4 stellt der Schülerlastenausgleich in Baden-Württemberg dar (9).

Von den aufgeführten Regelungen werden nur einige explizit als Ausgleich von zentralörtlichen Belastungen ausgewiesen, die übrigen Regelungen betreffen die Belastungen in einzelnen Bereichen wie Schulen oder Krankenhäuser. Vom Ergebnis her macht es jedoch keinen Unterschied, ob die Zahlungen des Landes mit dem Etikett "Ausgleich zentralörtlicher Belastungen" versehen werden oder nicht. Entscheidend ist, ob die Mittelvergabe des Landes zu einer finanziellen Entlastung der zentralen Orte führt. In Anbetracht der großen Zahl von verschiedenen Zuwendungen des Landes ist allerdings zu befürchten, daß keine koordinierte Vergabe der Mittel erfolgt, d.h. raumordnungspolitische Zielvorstellungen wie die konzentrierte Vergabe von Mitteln an zentrale Orte werden durch andere Zielsetzungen wie Verwaltungsvereinfachung unterlaufen.

Welcher Typ für die einzelnen Aufgaben des Finanzausgleichs gewählt werden sollte, hängt von den Zielsetzungen ab. Je stärker der Grad der Pauschalierung, um so geringer der Verwaltungsaufwand, um so größer aber auch die Gefahr, daß Mittel an Gemeinden verteilt werden, die keine oder nur unterdurchschnittliche zentralörtliche Belastungen erfahren.

---

7 Vgl. § 96 NdsSchG.
8 Vgl. § 18 FAG Schleswig-Holstein. Die Regelung des § 18 ist ausführlich dargestellt in HANS HENNING BUCHHOLZ u.a., Untersuchung der verschiedenen derzeit praktizierten Finanzausgleichsregelungen, die landesplanerische Ziele berücksichtigen, Hamburg 1980 (Endbericht zum Forschungsauftrag MFPRS 1978.13).
9 Nach § 17 des Gesetzes über den kommunalen Finanzausgleich Baden-Württemberg i.d.F. vom 4.8.1978 (GVBl. S. 77) erhalten die Schulträger (ohne Grund- und Fachschulen) einen Beitrag zu den sächlichen Schulkosten, der nach Schulort und Schultypus verschieden hoch festgesetzt werden kann.

Da die Ausstattung der Gemeinden mit zentralörtlicher Infrastruktur recht unterschiedlich sein kann, werden investive Maßnahmen am günstigsten nach den Typen 3 oder 4 zu bezuschussen, d.h. in irgendeiner Weise auf den Investitionsbedarf der einzelnen Gemeinde bezogen sein. Die wesentlich geringere Streuung der laufenden Belastung zwischen den Gemeinden legt es andererseits nahe, hierbei den Verwaltungsaufwand zu minimieren und nach Pauschalierungslösungen zu suchen. Damit finanziell überdurchschnittlich gut ausgestattete zentrale Orte keine oder geringe Zuwendungen vom Land erhalten, kommt nur eine Berücksichtigung der Finanzkraft (Typ 1) in Frage.

In diesem Kapitel soll der Frage nachgegangen werden, wie sich für das Land Niedersachsen ein zentralörtlicher Belastungsausgleich finden und in das Finanzausgleichssystem einbauen ließe. Dazu wird kurz der Finanzausgleich in Niedersachsen erläutert, ein Vorschlag zum Ausgleich der laufenden zentralörtlichen Belastungen gemacht und in einer Modellrechnung mit anderen Ansätzen verglichen. Schließlich wird auf die Zweckzuweisungen eingegangen, mit denen das Land außerhalb des Steuerverbundes Mittel für Bau und Unterhalt von zentralörtlichen Einrichtungen gewährt und die Möglichkeiten eines Abbaus dieser Zweckzuweisungen diskutiert.

8.2 DER KOMMUNALE FINANZAUSGLEICH

Im Rahmen des kommunalen Finanzausgleichs nach dem Finanzausgleichsgesetz stellt das Land Niedersachsen die Gemeinden (GV) einen Anteil aus dem Aufkommen der Einkommen-, der Körperschafts- und der Umsatzsteuer sowie der Kraftfahrzeugsteuer und den Einnahmen des Landes aus den Ausgleichszahlungen des Länderfinanzausgleichs zur Verfügung (10). Der Ansatz dieses Steuerverbundes belief sich für das Jahr 1979 auf 2,1 v.H. Die aus dem Steuerverbund 1979 verteilten 2.672 Mio. DM entfielen auf folgende Zuweisungen (11):

	Mio. DM	v.H.
Schlüsselzuweisungen nach der Einwohnerzahl (12)	1.595	59,7
Schlüsselzuweisungen nach der Straßenlänge	169	6,3
Bedarfszuweisungen	37	1,4
Zuweisungen für Aufgaben des übertragenen Wirkungskreises	653	24,5
Straßenbauzuweisungen	217	8,1

---

10 Vgl. § 2 Abs. 1 FAG.
11 INGRID TORNOW, Der kommunale Finanzausgleich im Jahre 1980 - unter besonderer Berücksichtigung der Ausgleichswirkungen der Sockelgarantie, in: Statistische Monatshefte Niedersachsens, Jg. 34 (1980), S. 154 ff. Trotz zwischenzeitlicher Änderung des niedersächsischen Finanzausgleichs immer noch lesenswert: SCHNEPPE, Raumbedeutsame Wirkungen des kommunalen Finanzausgleichs in Niedersachsen.
12 Abgekürzt für "Schlüsselzuweisungen zur Ergänzung und zum Ausgleich der Steuer- und ... Fortsetzung der Anmerkung auf der folgenden Seite.

Außerhalb des Steuerverbundes werden vom Land nach einem Vorbericht zum Haushaltsplan 1981 noch weitere 2,25 Mrd. DM an den kommunalen Bereich gezahlt. Knapp ein Drittel dieses Betrages wurden vom Bund und den Gemeinden aufgebracht, so daß die Nettozahlung des Landes außerhalb des Steuerverbundes im Jahre 1979 1,53 Mrd. DM erreichte (13). Der Bruttobetrag von 2,25 Mrd. DM wurde zu etwas weniger als einem Drittel der Kommunen als Erstattung für Leistungen für das Land gezahlt, der Restbetrag (ca. 1,65 Mrd. DM) stand den Kommunen als Zweckzuweisungen zur Verfügung. Das Land Niedersachsen gehört aufgrund dieser Zahlungen zu denjenigen Bundesländern, die den höchsten Teil ihrer Steuereinnahmen an die Gemeinden weiterleiten.

Der für die Schlüsselzuweisungen nach der Einwohnerzahl zur Verfügung stehende Betrag wird zwischen den Gemeinden (GV) folgendermaßen verteilt:

> Kreisfreie Städte 14,6 v.H.
>
> Kreisangehörige Gemeinden und Landkreise 85,4 v.H.

Von dieser Schlüsselmasse erhielten die kreisangehörigen Gemeinden 66 v.H., das entspricht 56,4 v.H. der gesamten Schlüsselmasse und die Landkreise 34 v.H. bzw. 29 v.H. der gesamten Schlüsselmasse.

Die Verteilung der Schlüsselzuweisung nach der Einwohnerzahl zwischen den Gemeinden entspricht dem auch in den meisten anderen Bundesländern üblichen Verfahren: Dem wie auch immer ermittelten "Bedarf" der einzelnen Gemeinde wird ihre nivellierte Finanzkraft gegenübergestellt und die negative Differenz bis zu einem bestimmten Umfang ausgeglichen (14). Auf die Berechnung der Finanzkraft wurde bereits in Kapitel 3 eingegangen, so daß zum Verständnis der Berechnung nur die Ermittlung des Bedarfs erläutert zu werden braucht. Im niedersächsischen Finanzausgleich wird der Bedarf der einzelnen Gemeinde an Hand eines Bevölkerungsansatzes (auch Hauptansatz genannt) errechnet, bei dem mit steigender Gemeindegröße die Einwohnerzahl mit einem höheren Faktor multipliziert wird, der Einwohner also "veredelt" wird.

Nach diesem Berechnungsverfahren betrug der Ansatz eines Einwohners in einer kreisangehörigen Gemeinde mit weniger als 1.000 Einwohnern 1,0

Fortsetzung der Anmerkung 12 ... Umlagekraft der Gemeinden und Landkreise unter Berücksichtigung ihrer Einwohnerzahl".
13 Eigene Schätzung.
14 Vgl. WEBER, S. 99 ff.

und stieg auf 1,667 für jeden Einwohner der Stadt Hildesheim an (15).
Für die kreisfreien Städte besteht ein eigener Bevölkerungsansatz, der
von 1,0 bei weniger als 50.000 Einwohnern bis 1,4 für die Landeshauptstadt Hannover reicht. Ergänzungs- und Nebenansätze, wie sie in anderen
Bundesländern zur Berechnung der Schlüsselzuweisungen nach der Einwohnerzahl verwandt werden, bestehen in Niedersachsen nicht.

Die mit dem Bevölkerungsansatz korrigierte Einwohnerzahl wird nun mit
einem Grundbetrag multipliziert, das Produkt ergibt die Ausgangsmeßzahl. Die Differenz zwischen Ausgangsmeßzahl und Steuerkraftmeßzahl
wird durch die Zahlung der Schlüsselzuweisungen nach der Einwohnerzahl
zur Hälfte ausgeglichen. Als Nebenbedingung muß die Summe aus Schlüsselzuweisungen und Steuerkraftmeßzahlen (Umlagekraft) mindestens 80 v.H.
der Ausgangsmeßzahl ergeben, andernfalls ist die Schlüsselzuweisung entsprechend anzuheben. Diese sog. Sockelgarantie stellt sicher, daß auch
finanzschwache Gemeinden über eine finanzielle Mindestausstattung verfügen können, da durch die Sockelgarantie zuerst Mittel an diejenigen
Gemeinden verteilt werden, deren Umlagekraft unter der Sockelgarantie
liegt. Die ausgleichende Wirkung der Sockelgarantie wird deutlich, wenn
man sich vor Augen hält, daß 1980 über 70 v.H. der Städte und Gemeinden/Samtgemeinden ihre Schlüsselzuweisungen durch die Sockelgarantie
aufgestockt erhielten (16). Übersteigt die Ausgangsmeßzahl die Steuerkraftmeßzahl, erhält die Gemeinde keine Schlüsselzuweisung. Im Jahre
1979 gab es in Niedersachsen 5 solcher "abundanter" Gemeinden, darunter die Stadt Wolfsburg.

Der Grundbetrag wird in einem iterativen Verfahren so berechnet, daß
unter Berücksichtigung aller Nebenbedingungen die vorhandene Schlüsselmasse aufgebraucht wird. Aus diesem Berechnungsverfahren wird deutlich,
daß der einzelnen Gemeinde nicht ein absolut fixierter Betrag als "Bedarf" in Form der Ausgangsmeßzahl zuerkannt wird, sondern daß dieser
Bedarf über den Bevölkerungsansatz nur relativ zu den anderen Gemeinden
festgestellt wird und seine absolute Höhe hauptsächlich von den bereitgestellten Mitteln abhängig ist. Entsprechend können sich von Jahr zu
Jahr Änderungen in der Verteilung der Schlüsselzuweisungen ergeben, die
sowohl auf die Entwicklung der einzelnen Gemeinde als auch der übrigen
Gemeinden zurückgeführt werden können.

Bis 1981 wurde der Bevölkerungsansatz für die Schlüsselzuweisungen an
die Landkreise nach der Größe der Gemeinden im Landkreis gestaffelt, da
der Gesetzgeber davon ausging, daß kleine Gemeinden einen höheren Aufwand für die Landkreise bedeuteten. Im Finanzausgleichsgesetz 1982 entspricht der Bevölkerungsansatz der Einwohnerzahl. Die finanzielle Leistungsfähigkeit der Landkreise wird nach einem Teil der Steuerkraft und
der erhaltenen Schlüsselzuweisungen bemessen.

---

15 Im Finanzausgleichsgesetz 1981 wurde der Bevölkerungsansatz für Gemeinden unter 5.000 Einwohner mit 1,1 festgesetzt und für Städte
über 100.000 Einwohner auf 1,6 gesenkt (§ 5 FAG 1981).

16 Vgl. TORNOW, Der kommunale Finanzausgleich im Jahre 1980, S. 160 ff.

Das verwandte Berechnungsverfahren für die Schlüsselzuweisungen nach der
Einwohnerzahl und die Kriterien für die Gewährung von Bedarfszuweisungen
bewirken, daß sich die Streuung der Finanzkraft zwischen den Gemeinden
im Vergleich zu den Steuereinnahmen verringert. Als Finanzkraft sei die
Summe aus den allgemeinen Zuweisungen (ohne Zuweisung für Aufgaben des
übertragenen Wirkungskreises) und Steuern bezeichnet. Zwischen Gemeinden gleicher Zentralitätsstufe geht der Variationskoeffizient deutlich
zurück, d.h. die Gemeinden mit geringerer Finanzkraft haben relativ
mehr an allgemeinen Zuweisungen erhalten als die übrigen Gemeinden (17).

Aus den in der Tabelle 8.1 aufgeführten Werten, in denen auch die umfangmäßig geringen Schlüsselzuweisungen nach der Straßenlänge enthalten
sind, läßt sich aber auch ablesen, daß sich die Finanzkraft zwischen
den einzelnen Zentralitätsstufen nicht wesentlich verringert hat. Der
gestaffelte Bevölkerungsansatz, die nivellierten Steuerkraftmeßzahlen
sowie die Aufteilung der Schlüsselmasse in eine kreisfreie und eine kreisangehörige Finanzmasse führen dazu, daß im Durchschnitt die allgemeinen
Zuweisungen je Einwohner für jede Zentralitätsstufe nicht so stark differieren, wie es aufgrund der Unterschiede im Steueraufkommen pro Kopf zu
erwarten wäre. Erst wenn man die an die Landkreise gezahlten Schlüsselzuweisungen innerhalb jeden Landkreises nach der Einwohnerzahl auf die
Gemeinden verteilt und diese Beträge mit den gemeindlichen Schlüsselzuweisungen addiert, wird ein größerer Umverteilungseffekt zwischen den
einzelnen Zentralitätsstufen erkennbar. Während die Oberzentren nach
dieser Rechnung 162 DM pro Einwohner an allgemeinen Zuweisungen erhielten, bezuschußte das Land, bezogen auf den Einwohner, die Mittelzentren
mit 240 DM, die Grundzentren mit 291 DM und die Nebenzentren mit 283 DM.
Aber auch dann überstieg die Finanzkraft der Oberzentren die Finanzkraft
der Nebenzentren noch um 62 v.H. pro Einwohner.

Nach der räumlichen Verteilung wurden (ohne Kreise) die höchsten allgemeinen Zuweisungen (195 DM pro Einwohner) an die Randzonen der Kernstädte
gezahlt, gegenüber 167 DM pro Einwohner an den ländlichen Raum und 139 DM
pro Kopf an die Kernstädte. Diese höheren Zahlungen an die Randzonen sind
eine Folge des teilweise sehr niedrigen Pro-Kopf-Steueraufkommens der
dort gelegenen Mittel- und Grundzentren, wie sie bereits in Kapitel 3
beschrieben wurde.

Die in Tabelle 8.1 aufgeführten übrigen Zuwendungen des Landes (ohne Erstattungen) spiegeln nur einen Teil der an den kommunalen Bereich geleisteten Zahlungen wieder, da die Zahlungen an Krankenhäuser und Zweckver-

---

17 Berechnungen für die Jahre 1974-1976 führten zu gleichen Ergebnissen
 (vgl. HELMUT TESCH u.a., Finanzzuweisungen an Gemeinden, Hamburg
 1980 (Endbericht zu MFPRS 1976.27: Finanzzuweisungen an Gemeinden)).

Tabelle 8.1 - Zahlungen des Landes Niedersachsen an die Gemeinden (GV) im kommunalen Finanzausgleich nach Zentralitaetsstufen und Gemeindestatus in DM pro Einwohner *

Zentralitaets-stufe/Gemein-destatus	An-zahl	Einwohner am 30.6.1979	Schlues-selzuwei-sungen(1)	Bedarfszu-weisungen	Summe all-gemeine Zuweisun-en Sp3 + Sp4	Steuern (netto)	Varia-tions-koeffi-zient v Sp 6	Summe Sp5 + Sp6	Varia-tions-koeffi-zient v Sp 8	Sonstige Zuweisun-gen (2)	Summe Zu-weisungen Sp5 + Sp10
	1	2	3	4	5	6	7	8	9	10	11
			DM pro Einwohner				in vH	DM pro Einw	in vH	DM pro Einwohner	
Oberzentren	7	1428387	155,16	0,00	155,16	973,29	21,7	1128,46	17,5	174,34	329,51
davon											
kreisfrei	5	1198335	153,51	0,00	153,51	1011,82	22,3	1165,33	18,5	185,07	338,59
eingekreist	2	230052	163,78	0,00	163,78	772,58	23,5	936,37	17,0	118,43	282,22
Mittelzentren	82	2620081	145,19	2,63	147,82	674,85	27,4	822,67	17,0	104,77	252,59
davon											
kreisfrei	4	364472	100,05	0,00	100,05	1048,81	33,9	1148,86	25,8	140,15	240,20
eingekreist(3)	3	198442	137,14	0,00	137,14	723,78	12,6	860,93	8,1	78,63	215,77
sonstige mit Mittelbereich											
ueber 80000 E	15	556900	126,53	1,43	127,97	710,28	24,2	838,26	13,8	107,27	235,25
40000-80000 E	30	850912	162,25	3,63	165,88	584,92	20,2	750,81	10,8	102,92	268,81
unter 40000 E	30	649355	166,62	4,61	171,24	537,44	16,2	708,68	9,9	93,19	264,43
Grundzentren	168	1918425	173,87	6,09	179,96	441,58	22,0	621,55	12,0	87,96	267,92
Nebenzentren	168	1298454	162,69	9,19	171,89	417,38	29,6	589,27	15,3	92,66	264,55
Landkreise	37	5702540	108,33	0,00	108,33	13,17	34,8	121,51	16,3	87,02	195,35

*Quelle: Niedersaechsisches Landesverwaltungsamt - Statistik und eigene Berechnungen
(1) Nach der Einwohnerzahl und Strassenlaenge
(2) Strassenbauzuweisungen des Landes wurden den Gemeinden zugerechnet
(3) Nur die Staedte Celle, Cuxhaven und Lueneburg

bände nicht einbezogen werden können (18). Nur ein kleiner Teil dieser
übrigen Zuwendungen wird, wie die Straßenbauzuweisungen, schlüsselmäßig
auf die Gemeinden (GV) verteilt. Der größere Teil wird an die Gemeinden
(GV) vergeben, wenn sie bestimmte laufende Aufgaben, wie Volkshochschulkurse durchführen oder Investitionen tätigen. Der Bezuschussungsanteil
der dabei entstehenden Kosten kann sehr unterschiedlich ausfallen. Insofern müssen die in Tabelle 8.1 ausgewiesenen Werte relativ zu den wahrgenommenen Aufgaben gesehen werden. Zu erkennen ist aber, daß alle Zentralitätsstufen von diesen zweckgebundenen Zuwendungen profitieren, eine
einseitige Konzentration der Zahlungen, etwa an die Oberzentren, ist unter Einbeziehung der Zuwendungen an die Kreise nicht auszumachen. Gemessen am Aufkommen pro Einwohner hatten die übrigen Zuwendungen für die
Oberzentren eine größere Bedeutung als die allgemeinen Zuweisungen,
für die restlichen Zentralitätsstufen waren die übrigen Zuwendungen geringer. Mit abnehmender zentralörtlicher Bedeutung gingen die übrigen Zuwendungen tendenziell leicht zurück, wobei auffällig ist, daß die Nebenzentren mehr Mittel als die Grundzentren erhielten.

In den ländlichen Raum flossen 105 DM pro Einwohner an zweckgebundenen
Zuwendungen (ohne Landkreise), das waren 25 DM pro Einwohner mehr als
die Randzonen der Kernstädte einnehmen konnten. Ob diese Differenz die
Folge einer gezielten Zuschußpraxis, mangelnder finanzieller Mittel, um
die erforderlichen Eigenbeteiligungen aufzubringen, oder nur einer unterschiedlichen Aufgabenwahrnehmung war, ließ sich nicht ermitteln.

8.3 DIE BERÜCKSICHTIGUNG ZENTRALÖRTLICHER BELASTUNGEN IM BEDARFSANSATZ

8.3.1 DIE ERMITTLUNG DES "BEDARFS" DER GEMEINDEN

Maßgebend für die Verteilung der Schlüsselzuweisungen nach der Einwohnerzahl ist die Differenz zwischen dem Bedarf und der normierten Steuerkraft
einer Gemeinde. Während die Steuerkraft relativ leicht aus den vorliegenden Statistiken abgeleitet werden kann, erweist sich die Bestimmung des
Bedarfs als außerordentlich schwierig:

- Im Idealfall soll der Bevölkerungsansatz den Bedarf an Finanzmitteln
  einer Gemeinde bzw. mindestens den Bedarf einer ähnlich strukturierten
  Gruppe von Gemeinden wiedergeben. Da Gemeinden gleicher Größe ihre Aufgaben aufgrund der örtlichen Finanzausstattung und der Präferenzen der
  Bürger sehr unterschiedlich wahrnehmen können, müssen Normen darüber
  vorhanden sein, was als angemessener Bedarf einer Gemeinde anzusehen
  ist. Eine derartige Norm wäre beispielsweise der Ausstattungskatalog
  der zentralen Orte. Um die Situation aller Gemeinden miteinander vergleichen zu können, müssen die Normen auf Landesebene festgelegt werden, d.h. es wäre Aufgabe der Landespolitik, derartige Normen zu fixieren (19). Dabei tauchen jedoch erhebliche Probleme auf:

---

18 Eine weitere Schwierigkeit besteht darin, daß die Straßenbauzuweisungen des Landes nach § 20 FAG an die Kreise gezahlt werden und von diesen dann teilweise an ihre kreisangehörigen Gemeinden weitergegeben
werden. Diese Zahlungen wurden den Gemeinden als Zuweisungen des Landes zugerechnet, allerdings enthalten die Zahlungen auch in geringem
Maße andere Zuweisungen des Kreises.

19 Auf die damit verbundene Gefahr für die kommunale Selbstbestimmung
kann hier nur hingewiesen werden.

- Die Bestimmung des Bedarfs darf sich nicht nur auf einen einzelnen Bereich beziehen, sondern muß das gesamte Spektrum kommunaler Aufgaben abdecken, um den Bedarf in den verschiedenen Bereichen monetär vergleichbar zu machen. Für weite Bereiche bestehen jedoch keine konkreten Normen (20).
- Der Bedarf muß sich sowohl auf evtl. noch zu errichtende Infrastruktur als auch auf den Unterhalt der vorhandenen Infrastruktur beziehen, d.h. es müssen auch Normen darüber vorhanden sein, welcher bauliche Zustand von Gebäuden, Straßen etc. noch vertretbar ist.

Als Bezugsgröße für die Ermittlung des Bedarfs einer Gemeinde wird zumeist die Einwohnerzahl gewählt. Die Auswahl dieser Größe bedeutet bereits eine recht starke Simplifizierung; denn der Zusammenhang zwischen der Einwohnerzahl eines Ortes und seines Finanzbedarfs wird - bezogen auf den einzelnen Einwohner - zumindest kurz- bis mittelfristig nicht sehr groß sein (21). Die Abwanderung von Einwohnern aus einer Stadt führt beispielsweise nicht dazu, daß die vorhandenen zentralörtlichen Einrichtungen nunmehr verkleinert werden, wenn die neuen Umlandeinwohner nach wie vor die Leistungen des zentralen Ortes nachfragen. Bei der Berechnung des Bedarfs im kommunalen Finanzausgleich schlägt sich die Abwanderung jedoch recht schnell nieder (22).

Geht man trotz dieser Bedenken von der Einwohnerzahl als Maßstab für die Bedarfsberechnung aus, so muß begründet werden, warum die Einwohner in größeren Gemeinden im Bevölkerungsansatz höher bewertet werden und nicht, wie zum Teil gefordert wird, die Einwohner in allen Gemeinden gleich angesetzt werden. Die Flächenstaaten verwenden - bis auf Schleswig-Holstein und Rheinland-Pfalz - gestaffelte Bevölkerungsansätze, die von ihrer unterschiedlichen Spannweite her allerdings nicht vergleichbar sind, da sie auch die jeweiligen kommunalen Aufgaben und die jeweilige

---

20 Vgl. KOMMUNALER INVESTITIONSBEDARF BIS 1990. Grundlagen - Probleme - Perspektiven, Berlin 1980, S. 25 ff. (Deutsches Institut für Urbanistik).
21 Nach einer Schätzung für Hamburg waren 1974 57 v.H. der Ausgaben unabhängig von der Bevölkerungsentwicklung, bei weiteren 13 v.H. waren allenfalls langfristige Veränderungen möglich (Bericht an die Bürgerschaft, erstattet von der Enquête-Kommission gemäß § 79 a der Geschäftsordnung der Hamburgischen Bürgerschaft zur Analyse der gegenwärtigen und zukünftigen wirtschaftlichen Lage und Bevölkerungsstruktur Hamburgs, Bürgerschaft der Freien und Hansestadt Hamburg, Drucksache 8/681, S. 49 ff.).
22 Im niedersächsischen FAG wird der Bevölkerungsstand zum 30.6. des vorangegangenen Haushaltsjahres verwendet (§ 24 FAG).

Gemeindestruktur berücksichtigen (23). Als Begründung für den progressiv gestaffelten Hauptansatz wird beispielsweise für Niedersachsen angeführt, daß mit steigendem Ballungsgrad höhere Faktorkosten auf die Gemeinde hinzukommen und zu den normalen Aufgaben bei einer bestimmten Verdichtungsgrenze notwendige, zusätzliche Aufgaben hinzuträten (24). Schließlich wird auch betont, daß mit wachsender Größe von den Gemeinden Aufgaben wahrzunehmen sind, die sich durch Vorhaltung infrastruktureller Einrichtungen für das Umland ergeben (25). Merkwürdigerweise wird aber die Vorhaltung dieser Einrichtungen für die eigenen Bürger nicht als Grund für einen progressiv gestaffelten Bevölkerungsansatz aufgeführt, obwohl diese Belastungen auch im Bedarf mitberücksichtigt werden müssen, wenn man den Bedarf verschiedener Gemeinden miteinander vergleichen möchte.

Die Kritik an den gestaffelten Hauptansätzen setzt an zwei Punkten an: Zum einen wird es als ökonomisch falsch angesehen, Agglomerationskosten, aber auch die zusätzlichen Kosten für dünn besiedelte Gebiete über den Finanzausgleich zu subventionieren. Diese Kosten seien vielmehr über höhere Steuern auf die Einwohner und die Wirtschaft umzulegen (26). Selbst die zentralörtlichen Belastungen werden als interkommunales Problem angesehen, das durch das höhere Steueraufkommen der größeren Gemeinden ausgeglichen werde (27). Da der Bedarf an kommunalen Leistungen nicht mehr zwischen Stadt und Land differenziert werden könne und Agglomerationskosten nicht ausgeglichen werden sollen, müsse daher jeder Einwohner mit dem gleichen Wert bei der Ermittlung der Schlüsselzuweisungen berücksichtigt werden.

Diese Argumentationskette muß jedoch ihrerseits kritisch angesehen werden. Bisher ist der Nachweis, wo die optimale Einwohnergröße für die Erfüllung kommunaler Leistungen zu den geringsten Durchschnittskosten liegt, nicht gelungen (28). Damit bleibt aber unklar, welche Agglomerationskosten nicht in den Finanzausgleich einbezogen werden dürfen. Auch die These vom gleichen Bedarf ist insofern fragwürdig, als sie einen "Normaleinwohner" voraussetzt, der den Durchschnitt der Summe der Bedarfe in einem Bundesland repräsentiert. Vor allem muß aber darauf hingewiesen werden, daß die Aufgabenfelder der Gemeinden (GV) sich zum Teil unterscheiden, wie die Darstellung der zentralörtlichen Belastungen zeigte. Aber auch überdurchschnittliche Sozialhilfeausgaben pro Einwohner können beispielsweise nicht einfach als Agglomerationskosten angesehen werden, sondern stellen echte Unterschiede in den Anforderungen der Bürger an die Leistungen ihrer Kommune dar. Schließlich sei noch darauf hingewiesen, daß selbst, wenn die Argumentation richtig wäre, die Gemeinden nicht in der Lage wären, die in langen Jahren gewachsenen Aufgabenfelder sofort abzubauen bzw. ihre Steuern so zu erhöhen, daß die Agglomerationskosten gedeckt werden könnten. Um ein Aushungern der Städte zu vermeiden, könnten Änderungen des Hauptansatzes nur langfristig erfolgen.

23 Vgl. die Zusammenstellung bei WEBER, S. 107.
24 Entwurf des 7. Gesetzes zur Änderung des Gesetzes über den Finanzausgleich, Niedersächsischer Landtag, Drucksache 9/1960, S. 31 ff.
25 Ebenda.
26 EHRLICHER, Kommunaler Finanzausgleich; LITTMANN, Die Gestaltung des kommunalen Finanzsystems.
27 Vgl. EHRLICHER, S. 79.
28 Vgl. HANSMEYER, Der kommunale Finanzausgleich, S. 175.

8.3.2 DER ZENTRALÖRTLICHE NEBENANSATZ, GEMESSEN AN DER EINWOHNERZAHL

Auch diejenigen Bundesländer, die vom Ansatz her alle Einwohner als Bedarfsverursacher gleich behandeln, haben in ihren Finanzausgleichsgesetzen Nebenansätze oder pauschalierte Zahlungen eingeführt, welche unterschiedliche Aufgaben und damit auch Belastungen der Gemeinden (GV) berücksichtigen sollen (29). Der Bedarf, den der Bevölkerungsansatz wiedergeben soll, reduziert sich dann auf eine Grundversorgung an Infrastruktur (30), die in einer wie auch immer gearteten Normalgemeinde ohne außergewöhnliche Belastungen gewährleistet werden soll.

Andere Kritiker des progressiv gestaffelten Hauptansatzes erkennen zwar die unterschiedlichen Aufgaben der Gemeinden an, sie bemängeln jedoch, daß eine progressive Staffelung die zentralörtlichen Belastungen zu ungenau repräsentiere, da zwischen Zentralität und Gemeindegröße kein starker Zusammenhang bestünde (31). Somit würden auch diejenigen Gemeinden von einer Hauptansatzstaffel profitieren, die gar keine oder nur unterdurchschnittliche zentralörtliche Belastungen zu tragen hätten. Umgekehrt erhielten die Gemeinden mit überdurchschnittlichen Belastungen keine adäquate Berücksichtigung im Bedarfsansatz.

Nimmt man an, daß die Staffelung des Bevölkerungsansatzes nur die zentralörtlichen Belastungen ausgleichen soll - was keineswegs der Fall zu sein braucht -, dann trifft das Argument sicherlich zu. Für Niedersachsen wurde bereits gezeigt, daß zwar ein positiver Zusammenhang zwischen Einwohnergröße und zentralörtlicher Belastung besteht, daß die Streuungen aber beträchtlich sind (vgl. Abbildung 7.2). Auch wenn der Bedarfsansatz im Finanzausgleich häufig nur von typischen Belastungen einer Gruppe von Gemeinden ausgeht, erbringt eine getrennte Berücksichtigung der zentralörtlichen Belastungen doch solche Verbesserungen, daß ein getrennter Ansatz gewählt werden sollte.

Als günstigste Form zum Ausgleich laufender zentralörtlicher Belastungen wird ein Nebenansatz angesehen, der den oben diskutierten Typen 1 bzw. 2 entspricht, also auch die finanzielle Leistungsfähigkeit der Gemeinde mitberücksichtigt. Die Einbeziehung des Nebenansatzes bei der Berechnung der Schlüsselzahlen verhindert, daß ein Teil der im Finanzausgleich verfügbaren Mittel ohne Beachtung der Finanzkraft der Gemeinden verteilt wird. Die nach Zentralität pauschalierte Zahlung an die Gemeinden, wie sie in § 18 FAG Schleswig-Holstein für die zentralen Orte gewährt wird oder der in Baden-Württemberg durchgeführte Schülerlastenausgleich fließen auch Gemeinden mit überdurchschnittlicher Finanzkraft zu, wodurch die Ausgleichswirkung des Finanzausgleichs gemindert wird. Höhere Steuereinnahmen, die den zentralen Orten möglicherweise durch ihre Zentralität zufließen, würden zudem in die Bemessungsgrundlage der Steuerkraftmeßzahl einfließen und daher bei der Berechnung der Schlüsselzuweisungen beachtet werden.

---

29 Vgl. § 18 FAG Schleswig-Holstein sowie die 5 (!) Nebenansätze im FAG Rheinland-Pfalz.
30 FRANZ-KARL REHM, Das kommunale Finanzsystem - ein Instrument der Raumordnungspolitik?, in: Informationen zur Raumentwicklung, H. 2/3 (1978), S. 169.
31 Vgl. SCHNEPPE, S. 81 ff., und MÜNSTERMANN, S. 203.

Zur Ausgestaltung des Nebenansatzes können verschiedene Indikatoren gewählt werden, insgesamt sollte aber nur ein Nebenansatz gebildet werden, um die Berechnung des Finanzausgleichs nicht unnötig zu erschweren. Nichtmonetäre Indikatoren, wie "Schüler" oder "Umlandeinwohner", müssen in zum Bevölkerungsansatz vergleichbare Größen umgerechnet werden. Um Doppelzählungen zu vermeiden, dürfen im Bevölkerungsansatz - wenn dessen Ausgestaltung auf monetären Größen wie Ausgaben u.ä. basiert - keine Elemente enthalten sein, die im zentralörtlichen Ansatz bereits verwendet wurden (32).

Nach den in Rheinland-Pfalz und dem Saarland geltenden Finanzausgleichsgesetzen knüpft der zentralörtliche Nebenansatz an die Einwohnerzahl des Verflechtungsbereiches der zentralen Orte an, wobei im Saarland nur die Einwohnerzahl der Umlandgemeinden, in Rheinland-Pfalz auch die Einwohnerzahl des zentralen Ortes selbst angerechnet werden. Die jeweilige Einwohnerzahl wird nicht voll dem Bevölkerungsansatz zugeschlagen, sondern nach Zentralitätsstufen gestaffelt mit einem Faktor multipliziert, der in Rheinland-Pfalz zwischen 0,75 und 3 v.H. der Einwohnerzahl, im Saarland 6 v.H., beträgt. Auch Vorschläge zur Änderung des Finanzausgleichsgesetzes in anderen Ländern gingen von ähnlichem Verfahren aus (33).

Diesen gesetzlichen Regelungen bzw. Vorschlägen liegt die Annahme zugrunde, daß zwischen der Belastung durch zentralörtliche Einrichtungen und der Größe des Verflechtungsbereiches bzw. Zahl der Umlandeinwohner ein positiver Zusammenhang besteht, d.h. je größer der Verflechtungsbereich, um so höher die zentralörtliche Belastung. Tendenziell scheint diese Annahme für die Mittelzentren Niedersachsen richtig zu sein, da die Korrelationen positiv ausfallen. Der Zusammenhang war jedoch im Jahre 1979 recht schwach, d.h. wenn die Annahme zutrifft, dann wird sie durch andere Faktoren in den Berechnungen verdeckt: So betrug 1979 für alle Orte mit mittelzentraler Funktion, also auch der Oberzentren, die Korrelation zwischen laufender mittelzentraler Belastung pro Einwohner und der Zahl der Umlandeinwohner 0,29 und zur Einwohnerzahl im Verflechtungsbereich 0,47 (34). Selbst bei einer Beschränkung auf die eigentlichen Mittelzentren zeigte sich kein wesentlich anderes Ergebnis.

Zu vermuten ist, daß unterschiedliche Trägerschaften der zentralörtlichen Einrichtungen, unterschiedliche Kostenstrukturen und Finanzkraft zu dieser geringen Korrelation führen. Für die Anwendung eines derartigen Nebenansatzes ergibt sich aus diesen Berechnungen, daß solche Zuschläge zur Einwohnerzahl nur einen sehr groben Maßstab bilden und höchstens einen tendenziellen Ausgleich erreichen können. Bei dem geringen Gewicht, den derartige Nebenansätze im Finanzausgleich von Saarland und Rheinland-Pfalz besitzen, dürfte ein derartiger grober Maßstab allerdings genügen.

---

32 Vgl. HANSMEYER, Der kommunale Finanzausgleich, S. 133 ff.
33 Vgl. den Vorschlag des Städteverbandes Baden-Württemberg, in: FINANZAUSGLEICHSKOMMISSION BADEN-WÜRTTEMBERG, Bericht der gemeinsamen Kommission zur Erarbeitung von Grundlagen und Vorschlägen für eine Neuregelung des kommunalen Finanzausgleichs, Stuttgart 1977, S. 33 ff., und für Niedersachsen das gescheiterte Änderungsgesetz zum Finanzausgleich 1973, das bei BUCHHOLZ, S. 48 ff., beschrieben ist.
34 Für die Bereiche Schulen (ohne Grundschulen), Büchereien, Volkshochschulen.

Vorgeschlagen wurde auch, den zentralörtlichen Zuschlag nicht von der
absoluten Zahl der Umlandeinwohner abhängig zu machen, sondern die Relation Umlandeinwohner zu Einwohner des zentralen Ortes als Zuschlagsgrundlage zu verwenden (35). Diese Relation ist, wie in Kapitel 2 gezeigt
wurde, im Durchschnitt in den kleinen Mittelzentren größer als eins und
erreicht Werte bis über drei, d.h. die Zahl der Umlandbewohner ist dann
dreimal so groß wie die Einwohnerzahl des Mittelzentrums. Bei den großen
Mittelzentren und den mittelzentralen Einzugsbereichen der Oberzentren
erreicht die Relation hingegen Werte, die weit kleiner als eins sind.
Die Verwendung eines derartigen Maßstabes für einen zentralörtlichen
Nebenansatz würde daher die kleinen Mittelzentren begünstigen, da ihre
Umlandeinwohner stärker ins Gewicht fallen würden (36). Verstärkt würde
diese Förderung noch durch die Tatsache, daß die zentralörtliche Belastung bei den kleinen Mittelzentren wesentlich geringer ausfällt, d.h.
diese Mittelzentren würden einen Bedarf angerechnet erhalten, für den
kein Zuschußbedarf besteht (37). Ein solcher Ansatz sollte daher nur
verwendet werden, wenn die kleinen Mittelzentren besonders gefördert
werden sollen.

8.3.3 DER ZENTRALÖRTLICHE NEBENANSATZ, GEMESSEN AM ZUSCHUSSBEDARF

Eine zweite Form eines zentralörtlichen Nebenansatzes geht vom Zuschußbedarf für einzelne Bereiche aus. So wird in Nordrhein-Westfalen die
landesdurchschnittliche Belastung der Schulträger für die verschiedenen
Schultypen ermittelt und im Finanzausgleich bei der Berechnung der
Schlüsselzuweisung als Nebenansatz aufgeführt. Maßstab ist dabei der
landesdurchschnittliche Kostensatz pro Schüler in verschiedenen Schultypen, multipliziert mit der Schülerzahl des einzelnen Trägers (38).
Bei der Berechnung wird nicht auf die Zentralität der Gemeinde abgestellt, sondern allein darauf, ob die Gemeinde oder der Kreis die Schulträgerschaft besitzen. Die Kostenansätze und die Schülerzahl werden
laufend aktualisiert. Ein derartiges Verfahren bringt eine relativ weitgehende Beachtung der Belastungen der einzelnen Gemeinde; die Anwendung
des landesdurchschnittlichen Kostenansatzes verhindert, daß extreme
Kosten bei der Berechnung angesetzt werden. Für die zentralörtlichen Belastungen insgesamt genügt jedoch nicht allein ein Nebenansatz für den
Schulbereich. Andere Werte für Krankenhäuser (Betten), Theaterplätze,
Sportflächen u.ä. müßten noch herangezogen werden. Die Berechnung des
Nebenansatzes würde sich in diesem Fall recht aufwendig gestalten.

Aus diesem Grunde wird ein anderer Weg vorgeschlagen, um für Niedersachsen zu einem zentralörtlichen Nebenansatz zu gelangen. Ausgehend von
der laufenden zentralörtlichen Belastung, einschließlich des Finanzierungsbeitrages, wurde mit Hilfe einer multiplen Regressionsrechnung eine

---

35 SIEGFRIED RUHLAND und ENGELBERT RECKER, Bedeutung der Schlüsselzuweisungen für die Landesentwicklung, in: Informationen zur Raumentwicklung, H. 2/3 (1978), S. 135 ff.
36 Ebenda, S. 143.
37 Über die Kreisumlage könnte ein Teil der Mittel an die Kreise weiterfließen. Das gleiche Ergebnis ließe sich aber besser durch die direkte Förderung der Kreise erreichen.
38 ESSER, S. 61 ff.

Kurve geschätzt, die diese Belastung in Abhängigkeit von der Einwohnerzahl und der sozialversicherungspflichtigen Arbeitnehmer (39) wiedergibt. Auf diese Weise läßt sich eine gute Anpassung an die gemeindeindividuellen Daten erreichen, gleichzeitig werden extreme Werte ausgeschaltet. Für alle Gemeinden Niedersachsens sind die tatsächliche und die geschätzte zentralörtliche Belastung im Anhang in Tabelle 1 wiedergegeben.

Gegen einen derartigen Nebenansatz ist eine Reihe von Einwänden vorgebracht worden. Nebenansätze - nicht nur solche für zentralörtliche Belastungen - werden abgelehnt, da sie den Berechnungsmodus des Finanzausgleichs unnötig komplizieren würden und daher die Wirkungen von derartigen Ansätzen nicht mehr überblickbar seien (40). Angesichts dessen, daß die Wirkungen des Finanzausgleichssystems auch ohne Nebenansätze kaum zu durchblicken sind, fällt dieses Argument kaum ins Gewicht. Im übrigen erlauben die heutigen Datenverarbeitungsanlagen die Durchrechnung von vielen Varianten in recht kurzer Zeit, so daß auch die Wirkung eines derartigen Nebenansatzes schnell geprüft werden kann. Weiterhin wird eingewandt, daß die Beschaffung des für die Bemessung des Nebenansatzes notwendigen Datenmaterials zu aufwendig sei. Auch bei diesem Einwand dürften die Möglichkeiten der vorhandenen Datenbanken und sonstigen Statistiken zu wenig beachtet werden.

Schließlich wird argumentiert, daß die Auswirkungen von Nebenansätzen von den einzelnen Gemeinden nicht wahrgenommen werden und der Mittelzufluß für den Kämmerer nicht kalkulierbar sei, beides Nachteile, die bei einer pauschalierten Zuweisung à la FAG Schleswig-Holstein nicht gegeben wären (41). Die fehlende Wahrnehmbarkeit eines Nebenansatzes ist sicherlich ein Nachteil, wenn die Kenntnis der zusätzlichen Mittel einen landesplanerisch erwünschten Ausbau des zentralen Ortes sicherstellen würde. Aufgrund des Gesamtdeckungsprinzips der kommunalen Haushalte ist ein derartiger Ausbau nicht einmal bei den pauschalierten Zuweisungen möglich, weshalb ein Verwendungsnachweis, wie er in Schleswig-Holstein für die FAG-Mittel nach § 18 erforderlich ist, ohne großen Wert ist. Die Sicherheit, mit der ein zentraler Ort mit dem Zufluß bestimmter Mittel rechnen kann, dürfte nur dann ein valides Argument gegen einen Nebenansatz sein, wenn es sich um einen erheblichen Teil der finanziellen Mittel einer Gemeinde handelt. Andernfalls wird das sichere Aufkommen aus diesen Mitteln von den Schwankungen anderer Einnahme- und Ausgabegrößen wie z.B. des Gewerbesteueraufkommens voll überdeckt.

---

39 Die Kurve lautet $Y = -39,9 - 0,087 \cdot \ln X + 27,99 \cdot \ln Z$ bezeichnet die zentralörtliche Belastung pro Einwohner, X die Zahl der Einwohner und Z die Zahl der sozialversicherungspflichtigen Arbeitnehmer, r beträgt 0,69.
40 TORNOW, Der kommunale Finanzausgleich 1981, S. 246; ERWIN HIELSCHER, Brauchbare Finanzzuweisungen, in: Kommunale Finanzen und Finanzausgleich, hrsg. von Herbert Timm und Horst Jecht, Berlin 1974, S. 242 (Schriften des Vereins für Socialpolitik, N.F. Bd. 32).
41 Vgl. HANSMEYER, Der kommunale Finanzausgleich, S. 141.

Zum Ausgleich der laufenden zentralörtlichen Belastungen kommt also vor allem ein Nebenansatz zu dem Bevölkerungsansatz bei der Berechnung der Schlüsselzuweisungen in Frage. Entscheidender Vorteil dieser Lösung ist die Einbeziehung in den Berechnungsmodus der Schlüsselzuweisungen und der damit verbundenen Beachtung der finanziellen Leistungsfähigkeit der Gemeinden. Vorhandene Nachteile wie fehlende Merklichkeit oder Komplizierung des Berechnungsverfahrens sollten für diesen Vorteil in Kauf genommen werden.

8.4 MODELLRECHNUNGEN ZU DEN ZENTRALÖRTLICHEN NEBENANSÄTZEN

8.4.1 ANNAHMEN FÜR MODELLRECHNUNGEN

Die Auswirkungen eines zentralörtlichen Nebenansatzes auf die Verteilung der Schlüsselzuweisungen in Niedersachsen können nur anhand von Modellrechnungen dargelegt werden. Aufgrund der Komplexität der Berechnungen lassen sich die Wirkungen auf die Schlüsselzuweisungen einer Gemeinde erst dann feststellen, wenn auch die Bedarfsansätze der anderen Gemeinden bekannt sind. Die in diesem Kapitel vorgestellten Modellrechnungen basieren daher auf dem Berechnungsverfahren des Finanzausgleichs in Niedersachsen, an dem allerdings für die Zwecke der Modellrechnungen zwei wesentliche Änderungen vorgenommen wurden:

1. Soweit bei den Bedarfsansätzen nicht von der Einwohnerzahl ausgegangen wird, soll ein Bedarfsansatz verwendet werden, der auf dem laufenden Zuschußbedarf der Gemeinden im Jahre 1979 basiert, mit Ausnahme der als zentralörtlich angesehenen Bereiche.

2. Um die Situation der kreisfreien Städte und der kreisangehörigen Gemeinden vergleichbar zu machen, wurde von einer einheitlichen Schlüsselmasse für die Gemeinden insgesamt ausgegangen.

In Niedersachsen sind die Bevölkerungsansätze für die Berechnung der Schlüsselzuweisungen nach der Einwohnerzahl bis auf kleinere Korrekturen seit 1962 gleich geblieben (42). Aufgrund welcher Überlegungen es zu der 1962 gewählten Ausgestaltung der für kreisfreie und kreisangehörige Gemeinden getrennten Bevölkerungsansätze kam, läßt sich heute nicht mehr rekonstruieren, da hierzu auch die internen Entscheidungsprozesse der Landesregierung und der Parlamentsausschüsse bekannt sein müßten. Allein die Tatsache, daß der in den letzten 20 Jahren vor sich gegangene Aufgabenwandel der Gemeinden nicht berücksichtigt wurde, spricht dafür, daß es keine begründbare Erklärung für die konkrete Staffelung der Bevölkerungsansätze gibt. Auch die Höhe eines Ergänzungsansatzes, z.B. für zentrale Orte, kann nur schwer begründet werden, solange unklar bleibt, welche Bedarfselemente der gestaffelte Bevölkerungsansatz eigentlich enthält, da die Verwendung von Ergänzungsansätzen unterstellt, daß es zu keinen Doppelberechnungen von Bedarfsansätzen kommen sollte.

---

42 Für die einzelne Gemeinde kann sich die Höhe des Bevölkerungsansatzes auch durch Einkreisung, Eingemeindungen oder Bevölkerungsveränderungen vergrößert oder verkleinert haben.

Soweit nicht die bloße Einwohnerzahl als Bedarfsansatz gewählt wird, ist daher für die folgenden Modellrechnungen die Ableitung eines Bedarfsansatzes für alle Gemeinden notwendig, der die Zuordnung eines Nebenansatzes erlaubt.

Die Unmöglichkeit, den notwendigen Bedarf der Kommunen praktisch festzulegen, hat dazu geführt, daß auf die tatsächlichen Einnahmen und Ausgaben der Gemeinden zurückgegriffen wird, um den Bedarf im Rahmen des Finanzausgleichs festlegen zu können (43). Die Stärke dieses Ansatzes ist vor allem darin zu sehen, daß überhaupt die Situation der Gemeinden vergleichbar gemacht werden kann; jedenfalls konnte in der Bundesrepublik der "Bedarf" bisher nur auf diesem Wege bestimmt werden. Die Schwächen sind offensichtlich: Mit der Ausrichtung an den effektiv getätigten Ausgaben werden nicht nur die unbedingt notwendigen Ausgaben in die Berechnung einbezogen, sondern auch diejenigen Ausgaben, die sich nur Gemeinden mit überdurchschnittlicher Finanzkraft leisten können. Auch Agglomerationskosten, geographisch ungünstige Lage oder besonders hohes Dienstleistungsangebot sowie niedrige Kostendeckungsgrade werden sich im Bevölkerungsansatz niederschlagen.

Durch die Anwendung von Gemeindegrößenklassen, oder wie hier einer Regressionskurve, wird für einen bestimmten Ausgleich zwischen den Bedarfswerten der Gemeinden gesorgt, d.h. extreme Werte werden weitgehend ausgeschaltet. Ob damit der notwendige Bedarf der Gemeinden bestimmt ist, muß bezweifelt werden; wie die Praxis der Gestaltung von Finanzausgleichsgesetzen aber zeigt, wird durch die Gegenüberstellung von Einnahmen und Ausgaben wenigstens ein Anhalt dafür gewonnen, wie der Bevölkerungsansatz auszusehen habe. Daß derartige Berechnungen bei der endgültigen Festlegung der Bevölkerungsansätze durch Landesregierung und -parlament modifiziert werden, spricht nicht gegen die Berechnungsmethode, sondern eher dafür, daß zu extreme Verschiebungen zwischen den Gemeinden vermieden werden sollen.

Der Bevölkerungsansatz, wie er in den Modellen 3 und 4 verwendet wird, wird auf der Grundlage der Haushaltsrechnungsstatistik 1979 ermittelt, indem die Differenz zwischen den bereinigten Einnahmen und Ausgaben der Verwaltungshaushalte der einzelnen Gemeinden gebildet wird. Zuvor waren die Einnahmen und Ausgaben der zentralörtlichen Bereiche eliminiert worden. Das Konzept für diese Berechnung entspricht dem in Nordrhein-Westfalen angewandten "Zuschußbedarf II a", mit der Änderung, daß keine Tilgungen einbezogen wurden und sich die zentralörtlichen Bereiche nicht nur auf die Schulen beschränkten (44).

---

43 Vgl. FINANZAUSGLEICHSKOMMISSION BADEN-WÜRTTEMBERG, S. 22; BRENNER, S. 13. Zur Problematik der Ableitung des Bedarfs aus den Ausgaben vgl. ROLF PEFFEKOVEN, Artikel Finanzausgleich I: Wirtschaftstheoretische Grundlagen, in: Handwörterbuch der Wirtschaftswissenschaft, Bd. 2, Stuttgart u.a. 1980, S. 631 ff., und MEASURING LOCAL GOVERNMENT EXPENDITURE NEEDS: The Copenhagen Workshop, Paris 1981 (OECD. Urban Management Studies. 4).

44 Vgl. MÜNSTERMANN, S. 203 f., und Landtag Nordrhein-Westfalen, Finanzsituation der Gemeinden (Gemeindeverbände), Antwort der Landesregierung auf die Große Anfrage 18 der Fraktionen der SPD und F.D.P., Drucksache 8/3095, S. 74 ff.

Um den Bevölkerungsansatz möglichst einfach zu halten, wurde der nichtzentralörtliche Zuschußbedarf nur von der Einwohnerzahl abhängig gemacht (45). Rechnet man die verwendete Funktion in das übliche Schema des gestaffelten Bevölkerungsansatzes um, ergibt sich folgendes Bild: Der Zuschußbedarf betrug für die Gemeinden unter 5.000 Einwohner im Durchschnitt 322 DM pro Einwohner, für die Stadt Hannover genau den doppelten Betrag von 644 DM pro Einwohner.

Anders ausgedrückt, setzt man den Zuschußbedarf der Gemeinden unter 5.000 Einwohner gleich 100, so beläuft sich das Spannungsverhältnis für die Landeshauptstadt auf 200. Auch wenn der direkte Vergleich mit anderen Bundesländern als problematisch anzusehen ist, macht ein Vergleich mit den Verhältnissen in Baden-Württemberg doch deutlich, daß ein derartiges Spannungsverhältnis durchaus nicht aus dem Rahmen fällt: Dort wurde - allerdings unter Ausschaltung von Kreisfunktionen - ein Spannungsverhältnis von 1 : 2,37 zwischen den Gemeinden unter 3.000 Einwohnern und der Landeshauptstadt Stuttgart festgestellt (46).

Die Verteilung der Schlüsselmasse in einen Anteil der kreisfreien Städte und einen Anteil der kreisangehörigen Gemeinden und Landkreise im Finanzausgleich in Niedersachsen läßt sich nur als das Produkt eines historischen Prozesses erklären, bei dem aus den verschiedensten Gründen Änderungen an einer ehemals bestehenden Situation vorgenommen wurden (47).

Die Zweiteilung in kreisfreie Städte einerseits und Landkreise und kreisangehörige Gemeinden andererseits wurde im Jahre 1955 in das Finanzausgleichsgesetz eingeführt. Damals wurde der Anteil der kreisfreien Städte, entsprechend ihrem Anteil an den Bürgersteuerausgleichsbeträgen, mit 25,4 v.H. festgelegt. In den folgenden Jahren wurde dieser Anteil mit den verschiedensten Begründungen gesenkt. Im Jahre 1957 wurde der Anteil an der Schlüsselmasse, der einen bestimmten Grundbetrag überstieg, auf 20 v.H. gesenkt, um "eine bessere Gewichtung zwischen den einzelnen Gruppen von Gebietskörperschaften" zu erreichen. Im neuen FAG 1962 wurde dann dieser Anteil für die gesamte Schlüsselmasse übernommen, "im Interesse der Stärkung der Finanzkraft der kleineren Gemeinden". Außerdem entspräche die Aufteilung besser "dem Erfordernis der Vergleichbarkeit der Verwaltungsbereiche". Zwei Jahre später wurde der Anteilssatz wiederum um 2 v.H. gesenkt, wofür eine Begründung nicht genannt wurde.

Da die kreisfreien Städte aus der Gemeindefinanzreform 1970 erheblich höhere Gewinne als die übrigen Gemeinden (GV) gezogen haben und ein automatischer Ausgleich mangels einer einheitlichen Schlüsselmasse nicht erfolgt, wurde der Anteil der kreisfreien Städte erneut um 3 v.H. gesenkt. Schließlich wurde der Anteil im Jahre 1978 noch um 0,4 v.H. vermindert, um der Einkreisung Cuxhavens und damit der Einbeziehung in die

---

45 Die verwendete Funktion lautet Y = 227,3 + 66 · lnX. Y ist der Zuschußbedarf pro Einwohner, X die Einwohnerzahl.
46 FINANZAUSGLEICHSKOMMISSION BADEN-WÜRTTEMBERG, S. 25.
47 Vgl. dazu die Begründungen zu den Entwürfen der verschiedenen Finanzausgleichsgesetze.

anderen Schlüsselmassen Rechnung zu tragen. Weder Veränderungen der Einwohnerzahl noch der Steuerkraft können jedoch als Argument für eine Neuaufteilung verwendet werden, solange nicht auch die Aufgaben der jeweiligen Gemeindegruppen miteinbezogen werden können.

Die Beibehaltung einer Aufteilung in mehrere Schlüsselmassen über einen längeren Zeitraum hinweg hat die Folge, daß der im Finanzausgleich an sich gewollte Ausgleichseffekt zwischen den Gemeinden vermindert wird. Zwar wird innerhalb der Gruppe ein Ausgleich zwischen Bedarf und finanzieller Leistungsfähigkeit durchgeführt, bei stärkeren Veränderungen, welche die gesamte Gruppe betreffen, kommt dieser Kompensationsmechanismus aber nicht mehr zum Tragen. Zur Erläuterung dieses Sachverhaltes sei auf die Neuberechnung der Schlüsselzahlen für den Gemeindeanteil an der Einkommensteuer zurückgegriffen. Dieser Gemeindeanteil sank 1982 für die kreisfreien Städte (einschl. Göttingen) von 30,3 auf 27,5 v.H. Im Gegensatz zu anderen Bundesländern, in denen es die Aufteilung der Schlüsselmasse in dieser Form nicht gibt, können die kreisfreien Städte ihre Verluste nicht mit den Gewinnen der übrigen Gemeinden bei der Berechnung der Schlüsselzuweisungen teilweise kompensieren. Ein Ausgleich der Verluste kann für eine kreisfreie Stadt nur in dem Umfang erreicht werden, in dem - bei Konstanz der übrigen Berechnungsgrößen - ihre Verluste größer sind als der durchschnittliche Verlust der übrigen Städte. Umgekehrt werden aber auch die kreisangehörigen Gemeinden nicht an den Erträgen der Gewerbesteuer der kreisfreien Städte beteiligt.

Aus diesem Grunde wurde bei den Modellberechnungen unterstellt, daß es keine Aufteilung der Schlüsselmasse gibt. Zudem wurde angenommen, daß auch die Schlüsselzuweisungen der Landkreise in die Schlüsselmasse fließen, d.h. die kreisangehörigen Gemeinden müssen aus den ihnen zufließenden Schlüsselzuweisungen und ihren Steuereinnahmen voll die laufenden Ausgaben der Landkreise mitfinanzieren, wenn die Landkreise für sie Aufgaben wahrnehmen. Diese Annahme erwies sich aus methodischen Gründen als notwendig, um den "Bedarf" der kreisfreien Städte und der kreisangehörigen Gemeinden vergleichbar zu machen, bedeutet also keine Ausschaltung der Funktion der Landkreise. Aufgrund der Heterogenität der Aufgabenwahrnehmung durch die Landkreise und der besonderen Situation der eingekreisten Städte, war dieses Verfahren leichter handhabbar als der umgekehrte Weg, nämlich aus der Rechnungsstatistik der Gemeinden alle diejenigen Aufgaben und Ausgaben zu eliminieren, die normalerweise von den Landkreisen wahrgenommen werden.

Außer diesen beiden Änderungen bleiben die übrigen Parameter der Berechnung der Schlüsselzuweisungen wie die Steuerkraftmeßzahlen oder die Auffüllungsquote konstant. Als Basis für die Berechnungen wurde der Finanzausgleich 1980 gewählt. Die an die Kreise gezahlten Schlüsselzuweisungen wurden den einzelnen Städten und Gemeinden in Höhe ihres Anteils an der Nettokreisumlage zugerechnet, d.h. die kreisangehörigen Gemeinden waren so gestellt, als hätten sie die Schlüsselzuweisungen an die Kreise noch über die Kreisumlage mitzufinanzieren. Diese Werte werden jedoch nur als Anhaltspunkte aufgeführt. Als methodisch besser ist ein Vergleich der Modelle untereinander anzusehen.

8.4.2 ERGEBNISSE DER MODELLRECHNUNGEN

Auf der Grundlage der beschriebenen Annahmen sollen die Wirkungen von 4 Modellen berechnet werden, in denen verschiedene Bevölkerungsansätze und Verfahren zum Ausgleich zentralörtlicher Belastungen miteinander kombiniert werden:

		Ausgleich zentralörtlicher Belastung	
		direkt ohne Berücksichtigung der Finanzkraft	unter Berücksichtigung der Finanzkraft
Bevölkerungs-ansatz	nach Einwohnerzahl	Modell 1	Modell 2
	nach Zuschußbedarf (ohne zentralörtliche Belastung)	Modell 3	Modell 4

In den Modellen 1 und 3 sollen die Belastungen für zentralörtliche Einrichtungen als direkte Zuweisung ohne Beachtung der finanziellen Leistungsfähigkeit kompensiert werden. Die Höhe der Zahlungen kann jedoch nicht die volle Belastung ausgleichen, da auch der übrige Bedarf nur zu 50 v.H. ausgeglichen wird. Eine volle Kompensation wäre zudem problematisch, da der Anreiz zu einer Kostenminderung reduziert würde und kein Vorteilsausgleich für die bessere Benutzbarkeit der Einrichtungen durch die Einwohner der zentralen Orte möglich wäre (48). Aus diesen Gründen wird in den Modellen 1 und 3 nur die halbe zentralörtliche Belastung ausgeglichen, d.h. aus der vorhandenen Schlüsselmasse von 1,7 Mrd. werden vorab rund 450 Mio. DM ausgezahlt.

In Modell 1 wird als Bevölkerungsansatz die Einwohnerzahl der Gemeinden verwendet, nachdem vorab die Hälfte der zentralörtlichen Belastung ausgeglichen wurde. Gewinner einer derartigen Regelung wären vor allem die Grund- und Nebenzentren (vgl. Tabelle 8.2). Die Zuweisungen des Staates würden sich für die Nebenzentren um fast 20 v.H., für die Grundzentren um nahezu 10 v.H. erhöhen. Besonders begünstigt wären die Nebenzentren im ländlichen Raum mit einem Zuwachs von 26 v.H. Gewinner wären aber auch einige der großen Mittelzentren und Oberzentren. Insbesondere die Stadt Wolfsburg, die bisher keine Schlüsselzuweisungen erhielt, würde 86 DM pro Einwohner erhalten. Verlierer wären bei Einführung des Modells 1 diejenigen Städte, deren Einwohnerzahl bisher mit einem hohen Bevölkerungsansatz veredelt wurde und die die geringeren Bedarfsansätze nicht durch die zentralörtlichen Zuweisungen ausgleichen können. Dazu zählen die meisten Mittelzentren, aber auch die Städte Hannover und Hildesheim.

---

48 Vgl. RUHLAND/RECKER, S. 142.

Tabelle 8.2 - Schluesselzuweisungen nach der Einwohnerzahl fuer verschiedene Modelle nach Zentralitaetsstufen und Gemeindestatus in Niedersachsen fuer das Jahr 1980 in DM pro Einwohner *

Zentralitaets-stufe/Gemeindestatus	Anzahl	Einwohner am 30.6.1979	Schluesselzuweisung 1980 (1)	Modell 1 DM / E	Modell 1 v H von Sp 3	Modell 2 DM / E	Modell 2 v H von Sp 3	Modell 3 DM / E	Modell 3 v H von Sp 3	Modell 4 DM / E	Modell 4 v H von Sp 3
	1	2	3	4	5	6	7	8	9	10	11
Oberzentren	7	1428387	179,57	150,19	-16,35	160,22	-10,77	286,07	59,30	292,10	62,66
davon											
kreisfrei	5	1198335	166,31	140,79	-15,34	148,33	-10,81	281,81	69,44	285,30	71,54
eingekreist	2	230052	248,64	199,17	-19,89	222,18	-10,64	308,24	23,96	327,51	31,71
Mittelzentren	82	2620081	243,05	216,34	-10,99	224,18	-7,76	236,05	-2,87	240,33	-1,12
davon											
kreisfrei	4	364472	89,75	138,86	54,72	116,17	29,44	189,84	111,52	183,43	104,38
eingekreist (2)	3	198442	237,50	194,72	-18,01	208,20	-12,33	257,14	8,26	270,84	14,04
sonstige mit Mittelbereich											
ueber 80000 E	15	556900	241,54	190,65	-21,06	202,14	-16,31	217,45	-9,97	222,95	-7,69
40000-80000 E	30	850912	280,34	238,70	-14,85	251,88	-10,15	252,14	-10,05	256,66	-8,44
unter 40000 E	30	649355	283,22	259,16	-8,49	272,30	-3,85	250,42	-11,58	256,43	-9,45
Grundzentren	168	1918425	276,75	303,70	9,73	297,33	7,43	240,03	-13,26	236,12	-14,67
Nebenzentren	168	1298454	268,43	319,83	19,14	302,17	12,56	224,57	-16,33	215,05	-19,88
Variationskoeffizient der Zuweisung				26,7		26,4		29,2		32,0	
Variationskoeffizient der Umlage				8,3		9,1		16,0		16,4	

*Quelle: Niedersaechsisches Landesverwaltungsamt - Statistik und eigene Berechnungen
(1) Schluesselzuweisungen nach der Einwohnerzahl einschliesslich der zugerechneten Schluesselzuweisungen an die Kreise; die Werte fuer die einzelnen Gemeinden sind im Anhang dokumentiert
(2) Nur die Staedte Celle, Cuxhaven und Lueneburg

Die erwähnten Gewinne einiger Ober- und Mittelzentren würden erst dann wegfallen, wenn die direkten Zuweisungen für die zentralörtliche Belastung gänzlich entfielen und die gesamte Schlüsselmasse nach der Einwohnerzahl verteilt würde. Eine solche Ausgestaltung der Schlüsselzuweisungen würde sich der von Ehrlicher vorgelegten Konzeption einer vollständigen Gleichbehandlung aller Einwohner nähern. Die finanziellen Auswirkungen wären vor allem für die Ober- und Mittelzentren gravierend: Die Schlüsselzuweisungen an die Oberzentren würden um 70 v.H. zurückgehen, die Zuweisungen an die Mittelzentren noch um 16 v.H. geringer werden (49). Diese Zahlen verdeutlichen, daß die Forderung eines gleichen Bedarfs aller Einwohner bei gleichzeitiger Nichtberücksichtigung der unterschiedlichen Aufgabenstellungen der Gemeinden zu einer solchen Umverteilung der Finanzmittel führen würde, daß längerfristig die Ober- und Mittelzentren ihre zentralörtlichen Aufgaben nicht mehr erfüllen könnten, es sei denn, daß der Lastenausgleich zwischen den Gemeinden merklich ausgebaut würde.

In Modell 2 wird der Bedarf jeden Einwohners wie in Modell 1 als gleich angesehen; da die zentralörtliche Belastung jedoch hinzugezählt werden soll, muß dieser Bedarf quantifiziert werden. Als Bedarf wird der Zuschußbedarf zum Verwaltungshaushalt (ohne zentralörtliche Einrichtungen) angesetzt, der im (ungewogenen) Durchschnitt aller Gemeinden 395 DM pro Einwohner betrug. Entsprechend der Einwohnerzahl und der Zahl der sozialversicherungspflichtigen Beschäftigten erhöht sich dieser Ansatz um die zentralörtliche Belastung. Während die Nebenzentren durchschnittlich einen Bedarfsansatz von 468 DM pro Einwohner ausweisen würden, würde der Bedarfsansatz für die Oberzentren im Durchschnitt 568 DM betragen, also um 21 v.H. höher liegen als der Wert der Nebenzentren. Nach der herkömmlichen Einteilung in Gemeindegrößenklassen würde sich ein Spannungsverhältnis zwischen den kleinsten Gemeinden und der Landeshauptstadt von 1 : 1,27 ergeben.

Ähnlich wie bei Modell 1 würden bei Anwendung von Modell 2 die Grund- und Nebenzentren profitieren, allerdings in geringerem Umfang. Besonders hoch würden die Nebenzentren im ländlichen Raum gewinnen (+ 19 v.H.), während die Nebenzentren in den Randzonen der Kernstädte nur 6 v.H. mehr an Schlüsselzuweisung erhielten. Erstaunlicherweise würden auch bei diesem Modell die meisten Oberzentren sowie die kreisfreien Mittelzentren hinzugewinnen, und zwar mehr als bei Modell 1. So würden beispielsweise die Schlüsselzuweisungen für die Stadt Delmenhorst von 198 DM auf 250 DM pro Einwohner steigen. Offensichtlich führt die größere Schlüsselmasse zusammen mit einem höheren Bevölkerungsansatz zu diesem Ergebnis. Daraus läßt sich aber auch der Schluß ziehen, daß die gegenwärtig bestehende Trennung der Schlüsselmasse die kleineren kreisfreien Städte insofern benachteiligt, als sie höhere Schlüsselzuweisungen erhalten würden, wenn es eine einheitliche Schlüsselmasse gäbe. Die Stadt Wolfsburg sowie die übrigen abundanten Gemeinden würden im Gegensatz zu

---

49 Vgl. SCHNEPPE, S. 64 ff., und HANSMEYER, Der kommunale Finanzausgleich, S. 120 f., für den gleichen Effekt im FAG Nordrhein-Westfalens.

Modell 1 keine Schlüsselzuweisungen erhalten. Verluste an Schlüsselzuweisungen müßten wiederum die meisten Mittelzentren hinnehmen. Betroffen wären vor allem die 6 in den verstädterten Zonen der Kernstädte gelegenen Mittelzentren (- 19 v.H.); aber auch die 50 Mittelzentren im ländlichen Raum hätten im Durchschnitt 8 v.H. an Schlüsselzuweisungen weniger.

Der Variationskoeffizient der Zuweisungen erreicht sowohl bei Modell 1 und Modell 2 den nahezu gleichen Wert von 26 %. Trotzdem wirkt sich Modell 2 etwas gleichmäßiger auf die Verteilung der Zuweisungen zwischen den Zentralitätsstufen aus. Während bei Anwendung von Modell 1 die Oberzentren im Durchschnitt 170 DM pro Einwohner weniger an Schlüsselzuweisungen ausbezahlt bekämen als die Nebenzentren, beträgt diese Differenz bei Modell 2 nur 142 DM.

In den Modellen 3 und 4 wird der nichtzentralörtliche Zuschußbedarf als Bevölkerungsansatz verwendet, wobei in Modell 3 die zentralörtliche Belastung wiederum durch gesonderte Zahlungen des Landes zur Hälfte ausgeglichen wird. Während bei Anwendung der Modelle 1 und 2 die Grund- und Nebenzentren wesentliche Gewinne erzielen würden, sind diese Zentren bei Modell 3 die Verlierer. Die Schlüsselzuweisungen an die Grundzentren würden sowohl im Umland der Kernstädte als auch im ländlichen Raum um 13 v.H. abnehmen, bei den Nebenzentren wäre die Reduzierung der Schlüsselzuweisungen noch etwas höher. Auch die Mittelzentren würden Zuweisungen verlieren, allerdings nicht im gleichen Umfang wie die Grundzentren.

Höhere Zuweisungen vom Land würden fast nur die Kernstädte erhalten. Die Steigerungsraten betrügen bei den kreisfreien Mittelzentren über 100 v.H. und bei den übrigen kreisfreien Oberzentren im Durchschnitt noch 70 v.H. Ein Vergleich der Modelle 1 und 3, die sich nur durch den Bevölkerungsansatz unterscheiden, macht denn auch den Unterschied zwischen einer Verteilung der Schlüsselmasse nach der Einwohnerzahl und dem tatsächlichen Zuschußbedarf augenfällig. Alle Gemeinden erhalten in beiden Modellen zwar den gleichen Betrag für die zentralörtliche Belastung; durch den nach dem Zuschußbedarf gestaffelten Bevölkerungsansatz wird die tatsächliche Einwohnerzahl um weitere "Einwohner" aufgestockt, die auch an der zur Verfügung stehender Schlüsselmasse partizipieren. Daher verringert sich die pro "veredelten" Einwohner zu verteilende Masse gegenüber der "nichtveredelten" Einwohnerzahl. Bei den Ober- und Mittelzentren wird diese Verringerung durch die erhöhte "veredelte" Einwohnerzahl überkompensiert, die kleinen Gemeinden haben hingegen Einbußen zu tragen.

In Modell 4 wird zu dem nichtzentralörtlichen Zuschußbedarf noch die zentralörtliche Belastung als Nebenansatz addiert. Die Addition dieser beiden Ansätze führt dazu, daß die Oberzentren auch im Vergleich zu Modell 3 noch mehr an Schlüsselzuweisungen erhalten würden. Lediglich die Stadt Hannover würde sich etwas schlechter stehen. Auch Mittelzentren würden insgesamt gesehen etwas höhere Zuweisungen als in Modell 3 zufließen. Bemerkenswert ist, daß die Stadt Wolfsburg in Modell 4 auch zu den Empfängern von Schlüsselzuweisungen zählt, während die übrigen abundanten Gemeinden ihren Status nicht verändern. Gegenüber Modell 3 würde die Stadt Wolfsburg jedoch noch Zuweisungen einbüßen. Gleiches gilt für die meisten anderen finanzkräftigen Gemeinden. Von denjenigen Gemeinden, die zu den obersten 10 v.H. nach der Pro-Kopf-Steuerkraftmeßzahl gehören, würden 32 Gemeinden geringere Zuweisungen als in Modell 3 und 10 Gemeinden höhere Zuweisungen erhalten.

Den höheren Zuweisungen an die Ober- und Mittelzentren entsprechen geringere Zuweisungen an die übrigen Gemeinden. Die Nebenzentren hätten einen Rückgang ihrer Schlüsselzuweisungen gegenüber 1980 um fast die gleiche Größenordnung zu verzeichnen (-20 v.H.), die sie bei Einführung von Modell 1 hinzugewonnen hätten. Aus regionaler Sicht würde der ländliche Raum 13 v.H. seiner Schlüsselzuweisungen einbüßen, allerdings gegenüber Modell 3 sogar leicht höhere Zuweisungen aufweisen, da der Rückgang der Zuweisungen bei den 50 Mittelzentren im ländlichen Raum mit 9 v.H. vergleichsweise gering wäre und somit die stärkeren Rückgänge bei den Nebenzentren teilweise auffangen könnte.

Die Anwendung des Modells 4 würde bewirken, daß sich der Variationskoeffizient der Pro-Kopf-Schlüsselzuweisungen (V = 32,0) gegenüber Modell 3 (V = 29,2) leicht erhöht, vor allem, weil einige Gemeinden keine Schlüsselzuweisungen erhalten. Der Variationskoeffizient der Umlagekraft (V = 16,4) ist hingegen fast gleichgeblieben, er ist jedoch fast doppelt so hoch wie bei Modell 1 (V = 8,3) oder 2 (V = 9,1). Die Ausrichtung des Bevölkerungsansatzes an der Einwohnerzahl führt zu einem sehr starken negativen Zusammenhang von Steuerkraftmeßzahl und Schlüsselzuweisungen, während durch die Veredelung der Einwohnerzahl in Höhe des nichtzentralörtlichen Zuschußbedarfs dieser Zusammenhang zwar noch negativ, aber längst nicht mehr so eng ausfällt.

Die Modellrechnungen wurden unter Verwendung der in den Jahren 1980 für den Finanzausgleich maßgebenden Steuerkraftmeßzahlen durchgeführt. Geht man stattdessen von einem veränderten Berechnungsverfahren der Steuerkraftmeßzahlen aus, wie es in Kapitel 3.4 beschrieben wurde, ergeben sich leichte Verschiebungen in den Pro-Kopf-Zuweisungsbeträgen (50): Höhere Zuweisungen würden bei allen Modellen die Ober- und kreisfreien Mittelzentren sowie die Nebenzentren erhalten. Die höchsten Zunahmen würden die Oberzentren bei Anwendung des Modells 4 (+ 18 DM pro Einwohner) und die Nebenzentren bei Anwendung von Modell 2 (+ 7 DM pro Einwohner) erzielen. Die Zuweisungen an die Grundzentren würden sich im Durchschnitt bei Anwendung der Modelle 1 und 2 kaum ändern, bei Anwendung der beiden anderen Modelle träten kleinere Verluste an Zuweisungen ein. Betroffen von einer veränderten Berechnung der Steuerkraftmeßzahlen wären vor allem die kreisangehörigen Mittelzentren, wobei die Zuweisungen an die Mittelzentren mit einem Verflechtungsbereich über 80.000 Einwohner bei Anwendung der Modelle 2 oder 4 über 20 DM pro Einwohner reduziert würden. Unter räumlichen Aspekten ginge diese Änderung der Steuerkraftmeßzahlen zu Lasten des ländlichen Raumes und zugunsten der Stadtregionen, dort vor allem der Kernstädte und der Rand-

---

50 Hebesätze 90 v.H. des Landesdurchschnitts 1980, Gemeindeanteil an der Einkommensteuer um 7,1 v.H. erhöht und Abzug der Gewerbesteuerumlage von 80 v.H. des Grundbetrages der Gewerbesteuer nach Ertrag und Kapital.

zonen. Die stärkere Heranziehung der tatsächlichen Steuerkraft der Gemeinden würde also zu dem überraschenden Ergebnis führen, daß sowohl die großen Städte und die kleineren Gemeinden höhere Zuweisungen erhielten, während die übrigen Gemeinden sich schlechter stehen würden (51).

Die Art und Weise, wie die zentralörtlichen Belastungen im Finanzausgleich berücksichtigt werden sollten, hätte für die einzelnen Städte und Gemeinden sicherlich finanzielle Auswirkungen, die jedoch nicht überschätzt werden dürfen. Bestimmt wird die Verteilung der Mittel durch die Entscheidung, ob als Bevölkerungsansatz die Einwohnerzahl oder der nichtzentralörtliche Zuschußbedarf verwendet werden sollen. Während beispielsweise der Übergang vom Modell 2 (Bevölkerungsansatz = Einwohnerzahl) zu Modell 4 (Bevölkerungsansatz = nichtzentralörtlicher Zuschußbedarf) den Oberzentren im Durchschnitt einen Gewinn von 132 DM pro Einwohner erbringen würde, beläuft sich der höchste Gewinn an Zuweisungen, den eine Gemeinde bei einem Wechsel der Zuweisungsart (Modell 4 statt 3) erhalten würde, auf 25 DM pro Einwohner, das Gros der Veränderungen spielt sich in der Spanne von ± 10 DM pro Einwohner ab.

Aufgrund der fehlenden Möglichkeiten, den notwendigen Bedarf der Städte und Gemeinden objektiv bestimmen zu können, wird bei der Entscheidung, welcher Bevölkerungsansatz gewählt werden sollte, von sehr verschiedenen Wertvorstellungen ausgegangen, wie der Erhaltung der Lebensfähigkeit der peripheren Räume oder der Stärkung der Stadtregionen als Orte des wirtschaftlichen Wachstums. Wenn an dieser Stelle vorgeschlagen wird, das System der Schlüsselzuweisungen in Niedersachsen in Richtung Modell 4 auszubauen, dann geschieht dies vor allem im Hinblick auf die Gefahren, die eine finanzielle Ausblutung der Ober- und Mittelzentren mit sich bringen würde. Da der Rückgang der Bevölkerung und der damit verbundene Einnahmenausfall nach den vorliegenden Prognosen in den nächsten Jahren noch anhalten wird, gleichzeitig das Leistungsangebot dieser Städte auch im Interesse des Umlandes aufrechterhalten oder sogar noch verstärkt werden soll und sich ein verstärkter interkommunaler Lastenausgleich als wenig durchsetzbar erwies, bleibt nur der kommunale Finanzausgleich, um eine adäquate Mittelausstattung dieser Städte sicherzustellen. Einen Weg dazu stellt der Ausgleich von zentralörtlichen Belastungen dar. Gleichzeitig sollte durch eine einheitliche Schlüsselmasse erreicht werden, daß Änderungen der Steuereinnahmen zwischen allen Städten und Gemeinden ausgeglichen werden. Schließlich sollte der Bevölkerungsansatz auch an den nichtzentralörtlichen Belastungen der Gemeinden ausgerichtet werden.

Die Verteilung der Zuweisungen im Finanzausgleich ist ein Nullsummenspiel, wenn das Land nicht die zu verteilende Finanzmasse erhöht. Was den einen Gemeinden genommen wird, kann den übrigen Gemeinden zufließen. Da die Modellrechnungen zu einer erheblichen Verschiebung der finanziel-

---

51 Nicht nachgeprüft wurde, ob dieses Ergebnis auch bei dem derzeitigen Finanzausgleich eintreten würde.

len Ausstattung der Gemeinden führen, kann bei den bekannten Beharrungstendenzen des Finanzausgleichssystems nicht davon ausgegangen werden, daß solche Modelle jemals in voller Höhe angewandt werden. Politisch durchsetzbar sind nur kleine Änderungen des Finanzausgleichssystems, es sei denn, das Land stellt genügend zusätzliche Mittel zur Verfügung, damit die "Verlierer" von Änderungen des kommunalen Finanzausgleichssystems wenigstens absolut nicht schlechter gestellt werden. Aufgabe der Modelle war es daher, die Richtung aufzuzeigen, in der Vorschläge auf die Verteilung der Schlüsselzuweisungen zwischen den Gemeinden wirken.

Zusammenfassend lassen sich aus den 4 Modellen folgende Schlußfolgerungen ziehen:

- Die Einbeziehung eines zentralörtlichen Nebenansatzes in die Berechnung der Schlüsselzuweisungen führt im Durchschnitt zu einer stärkeren Förderung der Ober- und Mittelzentren als eine direkte Zuweisung. Zurückzuführen ist dieses Ergebnis auf den Umstand, daß die Ober- und Mittelzentren von einer größeren Schlüsselmasse mehr profitieren als von direkten Zuweisungen.

- Eine Ausnahme bilden die finanzstarken Städte und Gemeinden, die bisher nur wenige Schlüsselzuweisungen erhalten, aber von den direkten Zuweisungen relativ am meisten profitieren würden.

- Gegenüber der Entscheidung, welcher Bevölkerungsansatz gewählt werden solle, fällt die Art und Weise des Ausgleichs zentralörtlicher Zuweisungen relativ wenig ins Gewicht. Die Gewinne und Verluste halten sich zwischen den Ansätzen, direkte Zuweisungen oder Berücksichtigung im Nebenansatz bei den meisten Gemeinden in engen Grenzen, mit Ausnahme der abundanten Gemeinden.

- Bei allen 4 Modellen würden die kleineren Mittelzentren zu den Verlierern an Schlüsselzuweisungen gegenüber der Verteilung im Jahre 1980 gehören, wenn auch in unterschiedlichem Umfang. Daraus läßt sich vorsichtig der Schluß ziehen, daß das gegenwärtige Finanzausgleichssystem diese Zentren besonders begünstigt.

- Grund- und Nebenzentren schneiden am besten bei Einführung eines Bevölkerungsansatzes ab, der die Einwohnerzahl nicht veredelt. Auch ein Teil der Oberzentren würde von einem derartigen Ansatz begünstigt werden. Hingegen würde die Wahl eines Bevölkerungsansatzes, der sich am effektiven nichtzentralörtlichen Zuschußbedarf orientiert, vor allem die Ober- und großen Mittelzentren finanziell besser stellen.

- Die Auswirkungen der verschiedenen Modelle auf die zentralen Orte in ländlichen Räumen unterscheiden sich tendenziell nicht von denen vergleichbarer zentraler Orte im Umland der Kernstädte. Eine spezielle Förderungspolitik des ländlichen Raumes ließe sich daher über die Schlüsselzuweisungen in Niedersachsen nicht betreiben.

8.5 AUSGLEICH DURCH ZWECKZUWEISUNGEN DES LANDES

8.5.1 HÖHE UND STRUKTUR DER ZWECKZUWEISUNGEN

Neben den allgemeinen Zuweisungen leistet das Land Niedersachsen noch weitere Zahlungen, mit denen zentralörtliche Belastungen der Gemeinden (GV) und der Zweckverbände z.T. ausgeglichen werden. Ein Merkmal dieser Zahlungen ist die Auflage, die empfangenen Mittel für einen bestimmten Zweck zu verwenden (52). Im Gegensatz zu den allgemeinen Zuweisungen können daher bei diesen zweckgebundenen Zuweisungen genauere Aussagen über die Höhe der Leistungen für den Ausgleich zentralörtlicher Belastungen gemacht werden.

In seinem Haushaltsplan wird vom Land Niedersachsen regelmäßig eine Zusammenstellung derjenigen Haushaltstitel vorgelegt, deren Mittel den Gemeinden (GV), Zweckverbänden und Krankenhäusern zufließen. Danach hat das Land den Gemeinden und Zweckverbänden im Haushaltsjahr 1979 knapp 352 Mio. DM für zentralörtliche Einrichtungen in Form von Zuweisungen, Darlehen oder Schuldendiensthilfen zur Verfügung gestellt (vgl. Tabelle 8.3). Von diesem Betrag wurden 27 v.H. für laufende Zwecke gegeben, vor allem für die Bereiche Krankenhäuser, Theater sowie Volkshochschulen. Investitionen im kommunalen Bereich unterstützte das Land mit 257 Mio. DM, das waren knapp drei Viertel der für zentralörtliche Aufgaben bereitgestellten Mittel. Über die Hälfte dieser Mittel wurde zum Neu- und Umbau im Krankenhaussektor verwendet, ein weiteres Drittel wurde für den Bau von Schulen gewährt. Diese Mittel wurden nicht alle vom Land selbst bereitgestellt: Der geschätzte eigene Finanzierungsanteil des Landes im Jahre 1979 beträgt 65 v.H., die übrigen Mittel wurden vom Bund (Krankenhausfinanzierung, Zonenrandförderung) und den Gemeinden (Krankenhausumlage) aufgebracht.

Außerhalb des Steuerverbundes wurden für das Jahr 1979 - ohne die Erstattungen für Verwaltungsausgaben und die sonstigen Erstattungen - vom Land Zahlungen an den kommunalen Bereich in Höhe von rund 2 Mrd. DM getätigt. Der Anteil, den das Land davon für die zentralörtlichen Bereiche zur Verfügung stellte, betrug demnach 17 v.H., d.h. fast jede sechste DM floß in diese Bereiche (53).

Die Arten der Zuwendung des Landes zur Finanzierung von zentralörtlichen Einrichtungen verteilten sich 1979 folgendermaßen:

---

52 Unter dem Begriff "Zweckzuweisungen" werden z.T. auch Kostenerstattungen für Auftragsangelegenheiten und durchlaufende Gelder verstanden (vgl. MANFRED FUCHS, Zweckgebundene Zuweisungen - Hilfe oder Last für die Gemeinden?, in: Gemeindehaushalt, Jg. 70 (1969), S. 147). Diese Zahlungen werden hier ausgeklammert.

53 Bei Wertung dieser Zahlen ist zu berücksichtigen, daß zum einen der Bereich Verkehr ausgeklammert wurde, den das Land durch hohe Subventionen fördert und zum anderen, daß in diese Berechnung nicht die Ausgaben des Landes für die Besoldung der Lehrer einfließen.

Tabelle 8.3 — Zuweisungen, Darlehen und Schuldendiensthilfen für zentralörtliche Einrichtungen der Gemeinden (GV) und Zweckverbände vom Land Niedersachsen 1979[+]

Bereich	Zuweisungen, Darlehen, Schuldendiensthilfen			darunter vom Land finanziert[2]
	im Verwaltungshaushalt	im Vermögenshaushalt	insgesamt	
	in Mio. DM			
Schulen[1]	8,1	83,0	91,2	2,1
Kultur	19,8	6,1	25,8	21,0
Volkshochschulen	17,3	0,3	17,5	17,5
Bibliotheken	0,6	1,7	2,3	2,3
Krankenhäuser	46,8	134,8	181,0	77,3
Sport, einschl. Schulsport	2,3	30,9	33,2	26,7
insgesamt	94,9	256,8	351,7	226,9

[+] Quelle: Haushalt 1981 des Landes Niedersachsen, S. 155 ff. und eigene Berechnungen.

1 Ohne Grund- und Hauptschulen und Schülertransport
2 Z.T. geschätzt.

Zuweisungen für laufende Zwecke   19 v.H.

Zuweisungen für investive Zwecke   69 v.H.

Schuldendiensthilfen   7 v.H.

Gewährung von Darlehen   4 v.H.

Das Land macht von seinen Möglichkeiten, Zuwendungen nach rückzahlbaren Darlehen oder Zuweisungen zu differenzieren, vom Volumen her wenig Gebraucht. Es dominieren die Zuweisungen, Darlehen werden im wesentlichen nur für den Bau bzw. Umbau von Schulen gewährt, während Schuldendiensthilfen vor allem zur Finanzierung von Krankenhausbauten sowie für Schul- und Sportanlagen gezahlt wurden.

8.5.2 VERTEILUNG NACH ZENTRALITÄTSSTUFEN

Wie verteilen sich die zweckgebundenen Zuwendungen des Landes für zentralörtliche Bereiche auf die zentralen Orte? Diese Frage läßt sich anhand des vorliegenden Zahlenmaterials leider nur eingeschränkt beantworten, da zum einen nur rund 60 v.H. der genannten Zuwendungen des Landes an die Gemeinden (GV) direkt ausgezahlt werden, während der Rest an die Krankenhäuser und Zweckverbände fließt, bei denen eine Zurechnung auf die Gemeinden nicht möglich war. Zum anderen können die von den Gemeinden im Einzelplan 9 verbuchten Einnahmen für Darlehen und Schuldendiensthilfen nicht ohne weitere Recherchen in den einzelnen Gemeinden dem zentralörtlichen Bereich zugeordnet werden, so daß sich die folgende Darstellung auf die quantitativ wichtigste Größe der Zuweisungen beschränken muß, soweit diese in den kommunalen Haushalten verbucht werden (54).

Das Land Niedersachsen bezuschußt - wie erwähnt - die laufenden Ausgaben nur in wenigen zentralörtlichen Bereichen wie Volkshochschulen, Bibliotheken und anderen kulturellen Einrichtungen. Solche Einrichtungen werden vor allem von den Ober- und Mittelzentren sowie den Landkreisen getragen, so daß mit abnehmender zentralörtlicher Bedeutung 1979 ein starker Rückgang der Zuweisungen des Landes erkennbar war (vgl. Tabelle 8.4). Nur 179 Städte und Gemeinden empfingen 1979 überhaupt derartige Zuweisungen für laufende Zwecke, darunter nur rund 60 v.H. der Mittelzentren. Bei Einbeziehung der Zuweisungen an die Theaterzweckverbände sowie der Zuschüsse an die kommunalen Krankenhäuser würde vermutlich eine noch stärkere Konzentration der Mittel auf die Ober- und großen Mittelzentren zu verzeichnen sein.

Für Investitionen in zentralörtlichen Bereichen wurden 1979 im Landesdurchschnitt Zuweisungen von rund 24 DM pro Einwohner in den kommunalen Haushalten ausgewiesen. Empfänger dieser Zuweisungen waren vor allem die Ober- und Mittelzentren sowie die Landkreise, also diejenigen Gebietskörperschaften, die primär mit der Wahrnehmung zentralörtlicher

---

54 Gruppierungsnummern 171 und 361.

Tabelle 8.4 — Zuweisungen vom Land für laufende und investive Zwecke nach Zentralität und Gemeindestatus[+]

Zentralitätsstufe/ Gemeindestatus	Zuweisungen für zentralörtliche Einrichtungen			Zuweisungen insgesamt[2]	
	Einrichtungen für laufende Zwecke	für investive Zwecke	zusammen		darunter für zentralörtliche Einrichtungen
	DM pro Einwohner				in v.H.
Oberzentren	5,97	14,89	20,86	163,73	12,7
davon					
kreisfrei	5,13	16,28	21,41	172,97	12,4
eingekreist	10,35	7,68	18,03	115,60	15,6
Mittelzentren	2,64	14,80	17,44	97,23	17,9
davon					
kreisfrei	7,14	26,36	33,50	132,25	26,8
eingekreist	6,68	10,00	16,68	74,08	22,5
sonstige mit Mittelbereich					
über 80.000 E.	2,54	13,18	15,72	102,12	15,4
40.000–80.000 E.	1,43	11,08	12,51	94,27	12,3
unter 40.000 E.	0,55	16,03	16,58	84,36	19,7
Grundzentren	0,42	9,85	10,27	79,01	13,0
Nebenzentren	0,16	4,81	4,97	82,90	6,0
Landkreise	2,08	15,94	18,02	83,00[1]	21,7

[+] Quelle: Niedersächsisches Landesverwaltungsamt und eigene Berechnungen

1 Ohne weitergegebene Straßenbauzuweisungen.
2 Ausschließlich von den Landkreisen weitergegebener Straßenbauzuweisungen.

Aufgaben betraut sind (vgl. Tabelle 8.4). Die Oberzentren schnitten bei der Vergabe der Mittel eher schlechter ab, wenn man die Zuweisungen für investive Zwecke an die Landkreise und die kreisangehörigen Gemeinden zusammenzählt. Während die Oberzentren nur 16 DM pro Einwohner für ihre Investitionen als Zuweisungen erhielten, wurden die Investitionen in den kreisangehörigen Gemeinden und Landkreisen zusammen mit 26 DM pro Einwohner gefördert, der gleiche Betrag, der auch den kreisfreien Mittelzentren zufloß. Bei der Interpretation dieser Daten ist jedoch zu beachten, daß die Angaben für ein einzelnes Jahr möglicherweise für eine Zentralitätsstufe keine Rückschlüsse auf die längerfristige Bezuschussung der Investitionstätigkeit zulassen, z.B. wenn die Infrastruktur dieser zentralen Orte schon früher ausgebaut wurde.

Die Durchschnittswerte der Tabelle 8.4 täuschen insofern, als zwar alle Oberzentren und Landkreise Zuweisungen für Investitionen in ihre zentralörtlichen Einrichtungen erhielten, jedoch nur drei Viertel der Mittelzentren, knapp die Hälfte der Grundzentren und etwas über ein Viertel der Nebenzentren, zusammen 198 Städte und Gemeinden und die 37 Landkreise. Für diese 198 Städte und Gemeinden erreichten die Zuweisungen für investive Zwecke sehr viel höhere Werte pro Einwohner als es Tabelle 8.4 ausweist, so beispielsweise für die Grundzentren knapp 20 DM pro Einwohner und für die Nebenzentren knapp 15 DM pro Einwohner.

Ein weiteres Merkmal der staatlichen Vergabepolitik bestand 1979 darin, daß dem größten Teil dieser Städte und Gemeinden nur relativ kleine Zuweisungsbeträge pro Einwohner gewährt wurden, einzelne Gemeinden jedoch recht hoch gefördert wurden, wie Abbildung 8.1 zeigt.

Abbildung 8.1 - Verteilung der Zuweisungen pro Einwohner auf die Gemeinden in vH

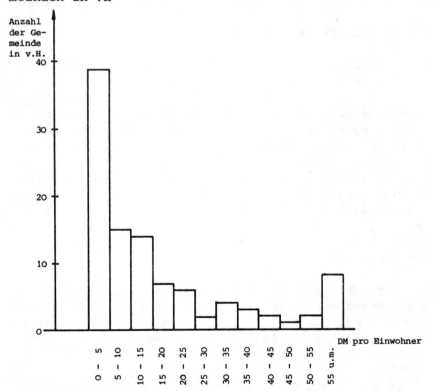

Über 50 v.H. der Gemeinden und Städte erhielten Zuweisungen unter 10 DM pro Einwohner, rund 10 v.H. aber Zuweisungen über 50 DM pro Einwohner, worunter sich kein Oberzentrum und nur 5 Mittelzentren befanden. Auch diese Daten deuten darauf hin, daß eine Präferierung der Ober- und Mittelzentren nicht erfolgte. Verursacht wird diese Art der Mittelvergabe z.T. durch die gezielte Förderung des Baus von allgemeinbildenden Schulen der Sekundarstufe I auch in kleineren Gemeinden. Bei Bildung eines mehrjährigen Durchschnittswertes würden derartige Zuweisungsspitzen wahrscheinlich wegfallen.

Unter räumlichen Gesichtspunkten ließ sich für 1979 keine wesentliche Präferierung der Stadtregionen und des ländlichen Raumes ausmachen, wenn man jeweils die Zuweisungen an die Landkreise den entsprechenden Räumen zuordnet. Bei den Zuweisungen für investive Zwecke war das Volumen auf den Einwohner bezogen fast gleich, während der städtische Raum bei der Vergabe der Zuweisungen für laufende Zwecke durch die Subventionierung der kulturellen Einrichtungen einen kleinen Vorsprung besaß (vg. 8.5).

Die statistischen Daten vermitteln also keine eindeutigen Aussagen darüber, wer 1979 bei der Vergabe der Zuweisungen des Landes besonders berücksichtigt wurde. Tendenziell schienen die Oberzentren geringere Zuweisungen zu erhalten als die übrigen Gemeinden (GV). Soweit Grund- und Nebenzentren zentralörtliche Einrichtungen aufbauen, werden sie vom Land genauso wie die Mittel- und Oberzentren unterstützt. Einer geringen Subventionierung einer größeren Anzahl von Gemeinden stehen gezielte hohe Zuweisungen an eine kleine Anzahl von Gemeinden gegenüber. Durch die Dominanz der Zuweisungen für den Schulbau hängt die Mittelzuweisung offensichtlich davon ab, inwieweit die einzelnen zentralörtlichen Stufen im Schulbauprogramm berücksichtigt wurden.

8.5.3 AUSGESTALTUNG UND BEDEUTUNG

Das Land Niedersachsen kann die zweckgebundenen Zuweisungen nach Art und Höhe selbst, entsprechend seinen landespolitischen Zielvorstellungen, festlegen, soweit dem nicht bundesrechtliche Regelungen wie im Krankenhauswesen entgegenstehen. In einigen Fällen hat sich das Land durch Gesetz (z.B. Schulen) oder Vertrag (z.B. Theater) verpflichtet, finanzielle Leistungen bei Vorliegen bestimmter Voraussetzungen zu erbringen, in anderen Fällen bestehen nur interne Richtlinien der zuständigen Ministerien über die Konditionen einer Mittelvergabe. Welche Zuweisungskonditionen das Land den Trägern zentralörtlicher Einrichtungen einräumt, läßt sich daher nur für den Einzelfall untersuchen, soweit nicht die Konditionen dem Gesetz zu entnehmen sind, wie z.B. im Erwachsenenbildungsgesetz, wenn die Volkshochschule als förderungswürdig anerkannt wird.

Aus den Daten der Jahresrechnungsergebnisse läßt sich aber in groben Zügen erkennen, zu welchen Bedingungen das Land seine Zuweisungen vergibt. Allerdings ist dabei Vorsicht geboten, als hier nur die Daten eines Jahres zur Verfügung stehen, weil die Ausgaben für eine bestimmte

Tabelle 8.5 — Zuweisungen für zentralörtliche Bereiche in Niedersachsen 1979 nach Regionen[+]

Region	Zuweisungen für zentralörtliche Bereiche		
	für laufende Zwecke	für investive Zwecke	zusammen
	DM pro Einwohner		
Stadtregionen (ohne Landkreise)	3,53	13,86	17,39
darunter Kernstädte	6,06	17,28	23,34
Ergänzungsgebiete	2,16	9,28	11,44
Veränderte Zonen	0,54	17,25	17,79
Randzonen	0,71	7,43	8,14
Ländlicher Raum (ohne Landkreise)	0,72	9,11	9,83
Landkreise	2,08	15,94	18,02
davon "städtisch"	1,64	13,59	15,23
"ländlich"	2,49	18,12	20,61

[+] Quelle: Niedersächsisches Landesverwaltungsamt und eigene Berechnungen.

Einrichtung und die dafür empfangenen Leistungen nicht unbedingt in ein Jahr fallen müssen (55). Für eine größere Anzahl von Gemeinden sei jedoch angenommen, daß sich dieser Fehler in etwa ausgleicht.

Für die investiven Ausgaben im Bereich der zentralörtlichen Einrichtungen insgesamt ergab sich für 1979 eine Bezuschussungsquote, die mit zunehmender Zentralität geringer ausfiel:

Oberzentren	12 v.H.
Mittelzentren	15 v.H.
Grundzentren	17 v.H.
Nebenzentren	23 v.H.
Landkreise	17 v.H.

Diese Werte werden tendenziell bestätigt durch Berechnungen für die Jahre 1974-1976, nach denen die Oberzentren in Niedersachsen die geringste Förderungsquote aufwiesen (56). Die geringe Bezuschussungsquote der Ober- und Mittelzentren kann vom Land beabsichtigt sein, sie kann aber auch darauf zurückzuführen sein, daß die Struktur der bezuschußten Einrichtungen unterschiedlich ausfällt, wenn Schulen mit anderen Quoten gefördert werden als beispielsweise Sportanlagen. Die Höhe der Bezuschussungsquoten liegt niedriger als die normalerweise angegebenen Werte, da in die Berechnung auch die nicht bezuschussungsfähigen Investitionen einbezogen wurden.

Ein weiterer Grund für die unterschiedlichen Bezuschussungsquoten könnte darin zu suchen sein, daß das Land die Höhe seiner Mittel auch an den finanziellen Möglichkeiten des Zuweisungsempfängers orientiert (57). In der Tat läßt sich für 1979 ein leicht negativer Zusammenhang zwischen Finanzkraft und der Bezuschussungsquote der Gemeinde nachweisen ($r = -0,16$), so daß im Ergebnis von einer verstärkten Förderung der finanzschwächeren Gemeinden gesprochen werden kann (58). Diese Tendenz der Zuweisungspolitik des Landes äußert sich auch darin, daß besonders hohe Bezuschussungsquoten im wesentlichen nur bei finanzschwächeren Gemeinden zu finden waren. Verstärkt wird dieser Verteilungseffekt noch durch die Vergabe rückzuzahlender zinsloser Darlehen an die finanzstarken Gemeinden.

---

55 Die Gemeinden (GV) sind häufig gezwungen, einen Teil der zugesagten Zuweisungen vorzufinanzieren.
56 TESCH, S. 97.
57 Das Land beurteilt die Förderungsfähigkeit einer Gemeinde anhand der sog. freien Spitze, bei der vom Überschuß des Verwaltungshaushaltes noch Tilgungen und andere Zahlungen abgezogen werden (vgl. Niedersächsischer Landtag, Drucksache 9/302). Diese freie Spitze unterscheidet sich von der Finanzkraft insofern, als auch die laufenden Ausgaben berücksichtigt werden. Beide Größen dürften aber sehr stark korreliert sein, so daß auch die Finanzkraft als Variable zu ähnlichen Ergebnissen führen wird wie die finanzielle Leistungsfähigkeit.
58 Als Beispiel sei hier angeführt, daß die 1978 als finanzstark eingestuften Städte Hannover und Osnabrück für den Bau einer berufsbildenden Schule nur einen Bundeszuschuß von 20 v.H. erhielten, während der Förderungsgrad bei finanzschwachen Schulträgern zwischen 30 und 40 v.H. lag (vgl. Niedersächsischer Landtag, Drucksache 9/302).

Durch die Zuweisungen für investive Zwecke wurden vom Land vor allem der Neu- und Erweiterungsbau von zentralörtlichen Einrichtungen gefördert (59). Die Sanierung und Modernisierung bestehender Einrichtungen war hingegen, bis auf wenige Ausnahmen wie den Krankenhäusern, Sache des Trägers der Einrichtung, d.h. die Gemeinde (GV) mußte den Erhalt der Infrastruktur aus ihren allgemeinen Mitteln bezahlen (60). Durch diese Bevorzugung des Ausbaus der zentralörtlichen Infrastruktur erhielten insbesondere die zentralen Orte mit bereits ausgebauter Infrastruktur weniger an Zuweisungsmitteln. Da vor allem in den Städten eine alte Infrastruktur anzutreffen ist und notwendige Sanierungsmaßnahmen nicht zu den bezuschussungsfähigen Kosten gehören, kann auch damit die geringere Bezuschussungsquote der Oberzentren erklärt werden.

Der Bau einzelner zentralörtlicher Einrichtungen wird in einer Vielzahl von Fällen erst durch die Gewährung von zweckgebundenen Zuweisungen des Landes ermöglicht worden sein. Die Zuweisungen für laufende Zwecke sichern zudem ein flächendeckendes Angebot im Bereich der kulturellen Institutionen. Mit Hilfe der zweckgebundenen Zuweisungen dürfte es dem Land Niedersachsens gelungen sein, einen großen Teil seiner landespolitischen Zielvorstellungen zu verwirklichen, da die Gemeinden in vielen Fällen entweder durch die Zuweisungen erst in die Lage versetzt werden, bestimmte selbst gewollte Einrichtungen zu finanzieren oder aber durch den "goldenen Zügel" der Zuweisungen zuerst solche Projekte durchzuführen, die hoch subventioniert werden und andere zurückstellen, die keine oder weniger an Zuweisungsmitteln erhalten, aber höhere örtliche Priorität besaßen.

Die Kritik an den zweckgebundenen Zuweisungen, wie sie in der Literatur und von den kommunalen Spitzenverbänden vorgetragen wird (61), richtet sich vor allem gegen diese mögliche Verfälschung örtlicher Prioritäten, die materielle und institutionelle Abhängigkeit vom Land wird als Bedrohung der kommunalen Selbstverwaltung empfunden. Daneben wird vor allem bemängelt, daß für eine Vielzahl von Aufgaben Zuweisungen des Landes zur Verfügung ständen, die in kleinen Beträgen gewährt wurden und in keinem Verhältnis zum Aufwand der Beantragung und Abwicklung der Mittel stünden (62).

Das Argument der "Töpfchenwirtschaft" wird voll durch die Daten aus dem Jahre 1979 bestätigt. Beträge unter 100.000 DM und sogar unter 10.000 DM waren 1979 sowohl bei den Zuweisungen für investive Zwecke für zentralörtliche Einrichtungen als auch für die übrigen kommunalen Aktivitäten keine Ausnahme (vgl. Tabelle 8.6). Auch wenn ein Teil dieser Beträge Teil- und Restzahlungen für mehrjährige Projekte darstellt, so kann von einer "Konzentration" (63) nicht gesprochen werden, wenn rund drei Vier-

---

59 Vgl. § 96 NdsSchG.
60 Erst die Neufassung des NdsSchG sieht vor, daß vom 1.9.1981 die Modernisierung von Schulanlagen bezuschußt werden kann, soweit dies zur Deckung des Schulraumbedarfs notwendig ist.
61 WILHELM PETRI, Die staatlichen Zweckzuweisungen im kommunalen Finanzsystem, dargestellt am Beispiel des Landes Niedersachsen, Berlin 1977, S. 188 ff. (Schriften zum Öffentlichen Recht, Bd. 315), und RICHARD R. KLEIN und ENGELBERT MÜNSTERMANN, Gemeindefinanzbericht 1979, in: Der Städtetag, N.F. Jg. 32 (1979), S. 76 ff.
62 Vgl. KGSt-Bericht, Nr. 12 (1980).
63 LANDESENTWICKLUNGSPROGRAMM NIEDERSACHSEN, S. 508.

Tabelle 8.6 - Zuweisungen des Landes für investive Zwecke nach der Zahl der Nennungen in der Jahresrechnung in zentralörtlichen Bereichen

Bereiche Beträge von .... DM bis .... DM	Sonderschulen	Allgemeinbildende Schulen (1)	Berufsschulen	Wissenschaft und Forschung	Museen etc.	Theater, Konzerte Musikpflege	Volkshochschulen	Öffentliche Büchereien	Krankenhäuser	Förderung des Sports	Eigene Sportstätten	Badeanstalten	Messen etc.	insgesamt abs.	in v.H.
unter 10 000	2	5	0	0	6	0	3	26	0	1	11	3	0	57	14,1
10 000 - 50 000	5	7	2	1	3	6	5	22	1	0	23	4	0	79	19,6
50 000 - 100 000	6	10	1	0	3	0	0	6	2	0	15	5	1	49	12,2
100 000 - 250 000	5	26	0	0	2	3	1	6	0	0	10	10	0	63	15,6
250 000 - 500 000	6	30	4	1	2	1	1	3	2	0	5	5	1	61	15,1
500 000 - 1 Mio	0	18	13	0	0	0	0	1	1	0	2	8	1	44	10,9
1 Mio - 5 Mio	1	20	18	0	1	0	0	0	2	0	0	4	1	47	11,7
5 Mio - 10 Mio	0	1	1	0	0	0	0	0	1	0	0	0	0	3	0,7
insges. absolut	25	117	39	2	17	10	10	64	9	1	66	39	4	403	
in v.H.	0,2	29,0	9,7	0,5	4,2	2,5	2,5	15,9	2,2	0,2	16,4	9,7	1,0		100

+ Quelle: Niedersächsisches Landesverwaltungsamt und eigene Berechnungen.

1 Ohne Grundschulen.

tel der erfaßten Beträge unter 500.000 DM lagen (64). Auffallend kleine Beträge wurden insbesondere im Bereich der Büchereien und der Förderung von sportlichen Einrichtungen gezahlt.

Gegen die Richtigkeit des Arguments der Verfälschung örtlicher Prioritäten sind hingegen einige Bedenken angebracht. Im Einzelfall dürfte dieses Argument sicherlich zutreffen, bei der großen Masse der Zuweisungen kann es aber eigentlich nicht die häufig behauptete entscheidende Rolle spielen: Wie in Abb. 8.1 gezeigt wurde, fielen bei den 198 Städten und Gemeinden, welche 1979 Zuweisungen zum Bau zentralörtlicher Einrichtungen erhielten, die Zuweisungsbeträge pro Einwohner so klein aus, daß ein nennenswerter Einfluß auf die Investitionsentscheidungen bezweifelt werden muß. Auch in Relation zu den Gesamteinnahmen dieser Städte und Gemeinden stellen die Zuweisungen zum größten Teil nur einen geringen prozentualen Anteil dar. Zudem sind noch die Folgekosten der Einrichtungen zu bedenken. Es ist daher zu vermuten, daß sehr häufig die Zuweisungen nur eine willkommene zusätzliche Finanzierung von ohnehin geplanten Investitionen darstellen.

Es ist also zu befürchten, daß die begrenzten Mittel des Landes verzettelt werden. Abhilfe kann daher nur eine Änderung der Zweckzuweisungsvergabe bewirken, bei der eine Konzentration auf die wichtigsten Aufgaben mit großen Beträgen vorgenommen wird, die übrigen Mittel aber nach einfachen Kriterien verteilt werden.

8.5.4 MÖGLICHKEITEN UND GRENZEN DES ABBAUS

Für den Abbau bzw. die Umwandlung von Zweckzuweisungen läßt sich eine Reihe von Grundsätzen entwickeln, nach denen auch bei den Zweckzuweisungen für zentralörtliche Einrichtungen verfahren werden sollte (65):

- In einem ersten Schritt sollte geprüft werden, inwieweit die bestehenden Zweckzuweisungen noch notwendig sind, um die vom Land gewünschte Steuerungsfunktion beizubehalten. Diese Überprüfung sollte in periodischen Abständen durchgeführt werden.

- Soweit ein Abbau nicht zweckmäßig erscheint, muß als nächstes überlegt werden, inwieweit eine Pauschalierung der Zahlungen möglich ist und von welchen Beträgen an überhaupt Zahlungen erfolgen sollen, wenn der Aufwand der Beantragung und Vergabe noch wirtschaftlich vertretbar sein soll (66). Gleichzeitig sollten die Vergaberichtlinien auf den notwendigsten Rahmen eingeschränkt werden, um den Kommunen einen möglichst großen eigenen Spielraum zu lassen.

---

64 Hinzu kommt, daß die ausgewiesenen Beträge für die einzelnen Haushaltsabschnitte sich aus mehreren Zahlungen, z.B. für zwei Gymnasien zusammensetzen können.
65 Siehe dazu KOMMISSION LAND-KOMMUNEN, Bericht über die Möglichkeiten einer Stärkung der kommunalen Selbstverwaltung, hrsg. vom Innenminister Baden-Württemberg, Stuttgart 1981, S. 89, und DOKUMENTATION DER TÄTIGKEIT DER KOMMISSION FÜR DEN ABBAU VON STAATSAUFGABEN UND VERWALTUNGSVEREINFACHUNG (Sitzungen 16-31 vom 3. März 1980 bis 25. Januar 1972), hrsg. von der Bayerischen Staatskanzlei, München 1982, S. 103 ff.
66 Als Bagatellgrenze wird in Bayern ein Betrag von 50.000,-- DM an zuwendungsfähigen Kosten für den kommunalen Bereich genannt, ebenda, S. 105.

- Schließlich müssen Modalitäten dafür gefunden werden, wie evtl. freiwerdende Mittel zwischen den Kommunen verteilt werden können.

Die Kritik an Effizienz und Ausgestaltung der Zweckzuweisungen hat in Niedersachsen wie auch in anderen Bundesländern zu einem Programm geführt, das in den nächsten Jahren den Abbau von Zweckzuweisungen vorsieht (67). Im Vordergrund steht neben der allmählichen Übernahme der Schülerbeförderungskosten als Schlüsselzuweisungen in den allgemeinen Finanzausgleich vor allem der Abbau der Schulbauprogramme (68). Mit dem Abbau soll 1974 im Bereich der allgemeinbildenden Schulen begonnen und 1989 im Bereich der berufsbildenden Schulen geendet werden, da dann die erforderliche Minimalausstattung mit Schulräumen im Land erreicht sein wird. Für den Neu- und Ausbau von Schulgebäuden besteht dann im Sinne des ersten genannten Prüfschrittes keine Notwendigkeit mehr. Verwaltungsintern wurde zudem beschlossen, daß nur noch in Ausnahmefällen Schulbaumaßnahmen mit unter 500.000 DM bezuschussungsfähiger Kosten gefördert werden sollen (69). Durch den beschlossenen Abbau der Schulbauprogramme ist das Ende eines großen Teils der Zweckzuweisungen für zentralörtliche Einrichtungen vorhersehbar. Was soll mit den noch verbleibenden Zweckzuweisungen geschehen? Bei den nur vom Land geförderten <u>investiven</u> Maßnahmen ist vor allem eine Überprüfung der Mittelvergabe im Bereich der Büchereien und Sportstätten erforderlich, bei denen sich 1979 besonders kleine Zuweisungsbeträge nachweisen ließen (vgl. Tabelle 8.6). Auch wenn die Zuweisungen des Landes bis zur Erfüllung des Bibliotheksplans und des Sportstättenbaus notwendig sein sollten, scheint zumindest der Vergabemodus dieser Zuweisungen revidierungsfähig zu sein.

Schwieriger ist ein Abbau bzw. eine Umwandlung in den Fällen, in denen eine Mischfinanzierung mit Zuweisungen des Bundes besteht. So wird im Krankenhausbereich aufgrund der besonderen Finanzierungsmodalitäten ein Abbau der Zuschüsse nicht wünschenswert sein, wohl aber eine stärkere Pauschalierung der Zahlungen, wenn diese an den tatsächlichen Kosten ausgerichtet sind. Ein besonderes Problem wirft das soziale und kulturelle Förderungsprogramm nach dem Zonenrandförderungsgesetz auf (70). Zuweisungen des Bundes sind als eine Finanzierungsspitze gedacht, die zusätzlich zu den Zuweisungen des Landes gewährt werden und diese der Höhe nach nicht übersteigen dürfen. Ein Abbau der Landeszuweisungen wird also auch eine Minderung der Zahlungen des Bundes zur Folge haben.

---

67 Vgl. Regierungserklärung vom 28.6.1978, Stenographischer Bericht des Niedersächsischen Landtages, 9. Wahlperiode, Sp. 53 f., und PETER LINDEMANN, Kommunale Zweckzuweisungen und deren Abbau in Niedersachsen, in: Deutsches Verwaltungsblatt, 1978, S. 777 ff.
68 Vgl. Entwurf eines zweiten Gesetzes zur Änderung des Schulgesetzes, S. 78 f., und Entwurf eines 7. Gesetzes zur Änderung des Gesetzes über den Finanzausgleich, S. 37.
69 Vgl. Niedersächsischer Landtag, Drucksache 9/2203.
70 Vgl. §§ 6 und 7 des Zonenrandförderungsgesetzes vom 5.8.1971 (BGBl. I S. 1237).

Diese Konsequenz ist folgerichtig, wenn der Ausbau der Infrastruktur nicht mehr gefördert zu werden braucht. Um diese Mittel aber für die nach wie vor finanziell schwachen Zonenrandgebiete zu erhalten, käme entweder eine Änderung der Spitzenfinanzierungsklausel in Betracht, dergestalt, daß z.B. die Modernisierung einer Schule auch ohne Mittel des Landes bezuschußt würde, oder aber, daß die Mittel einem Investitionsfonds zufließen, aus dem Maßnahmen im Zonenrandgebiet besonders hoch bezuschußt werden können (71).

Auch die Zuweisungen für den laufenden Unterhalt von zentralörtlichen Einrichtungen sollten bis auf die Bereiche Volkshochschulen, Theater und Museen auslaufen, da es sich in der Regel um kleine Beträge handelt (72). Die Ausnahmen vom Abbau sind im Falle der Theater und Museen insofern berechtigt, als es sich dabei um hohe laufende Kosten für eine sehr kleine Zahl von Städten handelt und zudem das Land diese Städte nicht schlechter stellen sollte als diejenigen Städte, in denen sich die Staatstheater befinden. Bei den Volkshochschulen ist es nicht zweckmäßig, diese aus der Förderung des Weiterbildungssystems auszunehmen. Im übrigen muß darauf hingewiesen werden, daß der vorgeschlagene zentralörtliche Zuschlag bei der Verteilung der Schlüsselzuweisungen gerade den Ausgleich der laufenden Belastungen von zentralörtlichen Einrichtungen ermöglichen soll.

Freiwerdende Mittel aus dem Abbau von Zuweisungen für die laufenden Zwecke sollten der Schlüsselmasse zugeführt werden, da sich die Bildung einer eigenen allgemeinen Zuweisungsart, wie bei den Schülerfahrtkosten, aufgrund der zu erwartenden relativ geringen Beträge nicht lohnen dürfte (73). Sollten auch die freiwerdenden investiven Zuweisungsmittel dieser Schlüsselmasse zugeschlagen werden, wie es beim Abbau der Schulbauprogramme vorgesehen ist oder sollten stattdessen die Mittel in einen Investitionsfonds eingebracht werden, wie er in einigen Bundesländern bereits besteht? Die Vorteile der Bildung von Investitionsfonds sind vor allem in folgendem zu sehen:

- Werden die freiwerdenden Mittel den allgemeinen Zuweisungen des Landes zugeschlagen, besteht die Gefahr, daß sie nicht mehr für investive Zwecke zur Verfügung stehen. Zur Gewichtigung dieses Argumentes muß vor allem bedacht werden, daß in den nächsten Jahren eine nachhaltige Stützung der Investitionstätigkeit der Kommunen aus gesamtwirtschaftlichen Gründen notwendig sein wird.

- In einen Investitionsfonds könnten auch die übrigen abzubauenden Zuweisungen für investive Zwecke eingebracht werden, zudem etwaige weitere Investitionsförderungsmittel des Bundes und des Landes.

---

71 Der Bund kann seine Zuweisungen ohnehin nur im Benehmen mit dem Land gewähren, vgl. MICHAEL-ANDREAS BUTZ, Rechtsfragen der Zonenrandförderung, Köln u.a. 1980, S. 55 (Schriften zur Rechtslage Deutschlands, Bd. 2).
72 Von den 1979 in der Jahresrechnung aufgeführten Beträgen waren 52 v.H. kleiner als 10.000,-- DM, weitere 23 v.H. lagen zwischen 10.000,-- und 50.000,-- DM. Für die gesamten Zuweisungen für laufende Zwecke gelten ähnliche Prozentwerte.
73 Vgl. LINDEMANN, S. 782.

- Die Mittel eines Investitionsfonds können teilweise nach pauschalierten Kriterien verteilt, teilweise auch für besonders dringliche einzelne Investitionsmaßnahmen verwendet werden.

- Durch einen Investitionsfonds könnten speziell Ersatzinvestitionen in solchen Bereichen gefördert werden, deren bauliche Substanz in einer größeren Anzahl von Gemeinden als erneuerungsbedürftig angesehen wird.

- Die Vergabe der Mittel könnte ohne größeren bürokratischen Aufwand und Empfangsauflagen erfolgen. An der Entscheidung über die Vergabe der Mittel könnten auch Vertreter der Gemeinden (GV) beteiligt werden.

Zusammenfassend erscheint ein fast vollständiger Abbau der Zweckzuweisungen für zentralörtliche Einrichtungen nach Auslaufen der speziellen Förderungsprogramme in Niedersachsen möglich zu sein. Für die Einführung neuer Zweckzuweisungen liegt derzeit kein Erfordernis vor, die Belastungen durch laufende Ausgaben können durch den zentralörtlichen Zuschlag zu den Schlüsselzuweisungen abgedeckt, die notwendigen investiven Ausgaben aus einem Investitionsfonds bezuschußt werden.

9. ERGEBNISSE UND ÄNDERUNGSVORSCHLÄGE

Ausgangspunkt dieser Studie war die Überlegung, daß die Aufgabenverteilung zwischen den Gemeinden eines Landes derzeit recht unterschiedlich ausfällt: Zwar wurden durch die Gemeindereform Anfang der 70er Jahre größere Gemeinden und Städte gebildet, die zu einer Übernahme von Verwaltungsaufgaben in der Lage waren; durch die Aufgabenübertragung an die Landkreise und die teilweise Rückübertragung an einzelne Städte und Gemeinden und den Ausbau eines Systems der zentralen Orte wurde die bereits existierende Aufgabenteilung zwischen den Gebietskörperschaften noch gefördert. Diese Aufgabenteilung hat sich besonders bei den zentralörtlichen Einrichtungen, durch die auch Einwohner außerhalb des Gebietes des Trägers versorgt werden, entwickelt.

Durch den Bau und die Unterhaltung dieser Einrichtungen entstehen den Trägern jährliche Haushaltsdefizite. An sich sind die Träger dieser Einrichtungen zur Abdeckung dieses Defizites aus ihren allgemeinen Haushaltsmitteln verpflichtet. Eines der Hauptprobleme des kommunalen Finanzsystems besteht jedoch darin, daß die einzelnen Gemeinden durch die Wahrnehmung ihrer Aufgaben finanziell unterschiedlich belastet werden. Daher haben sich im kommunalen Finanzsystem Ausgleichsmechanismen entwickelt, die derartige unterschiedliche Belastungen zwischen Gemeinden ganz oder teilweise aufheben. Die dabei entstehenden Probleme werden für die zentralörtlichen Einrichtungen anhand der Situation der niedersächsischen Gemeinden im Jahre 1979 erläutert.

Ähnlich wie in anderen Bundesländern auch, besteht in Niedersachsen ein hierarchisches System der zentralen Orte mit Ober-, Mittel-, Grund- und Nebenzentren. Jede Verwaltungseinheitsebene (Einheits- und Samtgemeinden) hat dabei mindestens die Funktion eines Nebenzentrums. Als besonders inhomogen erwies sich die wichtige Gruppe der Mittelzentren, da die Mittelbereiche eine sehr starke Streuung aufwiesen. Eine eigene Einteilung der Mittelzentren nach den Mittelbereichen erwies sich daher als notwendig.

Die sozio-ökonomische Entwicklung der zentralen Orte in Niedersachsen wurde im letzten Jahrzehnt vor allem durch die Bevölkerungsverluste der Ober- und großen Mittelzentren in den städtischen Ballungsgebieten geprägt, denen ein hohes Wachstum der Umlandgemeinden gegenüberstand. Neben einer ungünstigen Altersstruktur waren für diese Entwicklung vor allem Wanderungsbewegungen verantwortlich, da fast alle großen Gemeinden einen negativen Wanderungssaldo mit ihrem Umland aufwiesen. Trotz Bevölkerungsabnahme behielten die Ober- und Mittelzentren nach wie vor ihre überdurchschnittliche Arbeits- und Einkaufszentralität.

Mit zunehmendem Zentralitätsgrad wachsen auch die Ausgaben pro Einwohner. Im Durchschnitt gaben die Oberzentren 1979 doppelt so viel aus wie die Nebenzentren, wobei allerdings die Ausgaben der Landkreise für die Nebenzentren nicht berücksichtigt wurden. Da die Ausgaben der Gemeinden (GV) sehr unterschiedliche Bestimmungsgründe aufweisen, lassen sich teilweise große Streuungen pro Einwohner sowohl zwischen als auch innerhalb der einzelnen Zentralitätsstufen errechnen.

Die Steuereinnahmen, als wichtige eigene Einnahmequelle, wiesen für 1979 deutliche Disparitäten zwischen den verschiedenen Zentralitätsstufen auf. Zurückzuführen sind diese Unterschiede vor allem auf das hohe Gewerbesteueraufkommen der Ober- und Mittelzentren als Folge des höheren Gewerbeansatzes sowie höherer Hebesätze. Daneben fällt vor allem noch der hohe Gemeindeanteil an der Einkommensteuer pro Einwohner auf, der aber nur zum Teil eine Folge der höheren Einkommen in diesen Zentren ist, darüber hinaus aber auch durch die größere Zahl der Erwerbstätigen verursacht wird.

Durch Änderungen im kommunalen Steuersystem hat sich seit 1979 der Abstand der steuerlichen Einnahmen zwischen den Gemeinden verringert. Wie eine Modellrechnung zeigt, war es insbesondere die Abschaffung der Lohnsummensteuer, die einige Ober- und Mittelzentren einseitig traf, während die übrigen Gemeinden von der Anhebung des Gemeindeanteils an der Einkommensteuer von 14 auf 15 v.H. profitierten. Hinzu kommt noch die Umstellung des Verteilungsschlüssels für den Gemeindeanteil an der Einkommensteuer, die wiederum zu Lasten der Ober- und großen Mittelzentren ging, während vor allem die Umlandgemeinden der Kernstädte hohe Gewinne zu verzeichnen haben, eine Folge der Wanderungsbewegungen und Angleichung der Einkommen in den städtischen Gebieten. Diese Änderungen im kommunalen Steuersystem, welche zugunsten oder zu Lasten von Gemeinden ohne Berücksichtigung ihrer Aufgaben gehen, müßten eine periodische Überprüfung des Gemeindesteuersystems oder einen Ausgleichsmechanismus innerhalb des Systems zur Folge haben, der derartige kurzfristige Steueraufkommensänderungen auffängt.

Durch die unterschiedliche Ausschöpfung der Hebesätze darf bei einem Vergleich der Steueraufkommen von Gemeinden nicht von dem tatsächlichen Aufkommen ausgegangen werden, vielmehr muß dieses mit nivellierten, landesdurchschnittlichen Hebesätzen sowie gleicher Gewichtung der einzelnen Steuern berechnet werden. Modellrechnungen zeigen, daß derartige wirklichkeitsnähere Berechnungen zu merklichen Änderungen in der Steuerkraft der einzelnen Gemeinden führen, so daß das Berechnungsverfahren - wie gegenwärtig richtigerweise in Niedersachsen - auch in anderen Bundesländern periodisch überprüft werden sollte.

Die Analyse der Trägerschaft von zentralörtlichen Einrichtungen verdeutlicht, daß der überwiegende Teil dieser Einrichtungen in kommunaler Hand ist; einige Einrichtungen werden aber auch von Privaten oder dem Staat getragen. In den typischerweise kommunalen Bereichen wurde eine starke Stellung der Landkreise erkennbar, was einerseits auf alte Traditionen wie im Krankenhausbereich zurückzuführen ist, andererseits aber auch die Auswirkung der umstrittenen Aufgabenübertragungen im Schulbereich von den Gemeinden auf die Landkreise widerspiegelt. Zweckverbände und Vereine sind nur in wenigen Bereichen nennenswerte Träger.

Den Gemeinden und Landkreisen können jedoch auch dann finanzielle Belastungen durch zentralörtliche Einrichtungen entstehen, wenn sie nicht Träger derartiger Einrichtungen sind. Durch die Zahlung von Umlagen oder Zuschüssen beteiligen sie sich an der Finanzierung der Einrichtungen fremder Träger. Daher weist auch eine vergleichsweise große Zahl von Gemeinden Ausgaben im Verwaltungshaushalt für zentralörtliche Einrichtungen auf.

Definiert man als zentralörtliche Belastung zunächst nur denjenigen Zuschußbedarf, der sich für die einzelne Gemeinde den entsprechenden Abschnitten ihres Haushaltes entnehmen läßt, so stieg die finanzielle Belastung mit zunehmender Zentralität von 45 DM pro Einwohner bei den Nebenzentren auf 302 DM für die Oberzentren an. Dabei ist allerdings die Aufgabenwahrnehmung durch die Landkreise zu beachten, die einen Zuschußbedarf von 153 DM auswiesen. Während in den Ober- und Mittelzentren die laufenden Ausgaben wesentlich höher waren als die investiven Ausgaben, verteilten sich die Ausgaben bei den Grund- und Nebenzentren sowie den Landkreisen etwa je zur Hälfte auf die beiden Bereiche, ein Hinweis auf die Bedeutung der Investitionen in diesen Zentren. Durch die Schulen der Sekundarstufe wurde bei den Ober- und Mittelzentren sowie den Landkreisen der überwiegende Teil des Zuschußbedarfs verursacht, während bei den Grund- und Nebenzentren der Sportbereich überwog.

Aus sozialen und kulturpolitischen Gründen wollen und können die Träger von zentralörtlichen Einrichtungen keine kostendeckenden Gebühren erheben. Da eine Differenzierung der Gebühren nach Einheimischen und Auswärtigen rechtlich nicht zulässig und technisch zum Teil gar nicht durchführbar ist, kann eine Entlastung der zentralen Orte nur durch andere Gemeinden bzw. das jeweilige Land erfolgen. Bis auf die Durchführung von Pflichtaufgaben besteht aber für den zentralen Ort keine Möglichkeit, umliegende Gemeinden (GV) zu Zahlungen zu veranlassen, bzw. mit ihnen gemeinsame Verbände zu bilden.

Anhand mehrerer Beispiele wurde gezeigt, daß die Bereitschaft zu einer freiwilligen interkommunalen Zusammenarbeit auf dem Gebiet der zentralörtlichen Einrichtungen als nicht sehr hoch eingestuft werden kann. Zu verschieden ist die Einschätzung der Rolle der Städte und ihrer umliegenden Gemeinden als daß gemeinsame Trägerschaften oder Finanzierungen sich ergeben würden. Die funktionierenden Beispiele sind in der Regel auf eine besondere Konstellation zurückzuführen, in der ein Vertragsabschluß für die Vertragspartner besonders vorteilhaft war.

Die Folge dieser Situation ist einmal eine intensive Regelung von Ausgleichszahlungen durch den Staat, was vor allem im Schulbereich zum Ausdruck kommt, bzw. eine Regelung im kommunalen Finanzausgleich, die eine Minderung von zentralörtlichen Belastungen erreichen möchte. Im Vergleich zu anderen Ländern wurde in Niedersachsen teilweise der ersten Lösung der Vorzug gegeben.

Bewährt hat sich im wesentlichen die Bildung von Theaterzweckverbänden, vor allem zwischen kreisangehörigen Gemeinden und ihren Landkreisen. Diese Beispiele verdeutlichen, daß derartige freiwillige Lösungen nach wie vor angestrebt werden sollten.

Trotz eines hohen Nutzungsgrades bei den zentralörtlichen Einrichtungen durch Auswärtige bleibt der zwischengemeindliche Ausgleich für die kreisfreien Städte recht beschränkt. Hauptsächlich werden Ausgleichszahlungen für die Benutzung von Berufsschulen durch umliegende Landkreise geleistet; andere Lösungen fallen bis auf die Krankenhausumlage kaum ins Gewicht. Eine Änderung dieser Situation wäre nur bei einer Regelung anderer Bereiche durch das Land zu erreichen, was politisch aber kaum durchsetzbar sein dürfte.

Anders sieht die Verteilung der zentralörtlichen Lasten innerhalb der
Landkreise aus. Durch die Kreisumlage sowie die Kreisschulbaukasse werden
auch Gemeinden zur Finanzierung von Einrichtungen herangezogen, deren
Träger sie nicht sind. Zudem gewähren die Landkreise den gemeindlichen Trägern zentralörtlicher Einrichtungen gesetzlich vorgeschriebene
bzw. freiwillige Zuweisungen, die die entstehenden Defizite mindern.
Da der Saldo dieser Zahlungen für die Nebenzentren etwas ungünstiger
ausfällt, kann von einem gewissen Ausgleich der Belastungen gesprochen
werden. Die Verteilung dieser Zahlungen erfolgt im Saldo selten nach der
jeweiligen Finanzkraft innerhalb der Landkreise.

Ein besonderes Problem stellt die Doppelbelastung von zentralen Orten
dar, wenn diese als einzige Gemeinde neben dem Landkreis eine bestimmte
zentralörtliche Einrichtung unterhalten. Neben dem eigenen Defizit muß
über die Kreisumlage auch noch das Defizit der Kreiseinrichtung mitgetragen werden. Durch die Bildung der Theaterzweckverbände sowie der Zuweisungen bis 70 v.H. im Schulbereich gelingt es zwar, diese Doppelbelastung erheblich zu mindern, gleichwohl verursacht aber die Mitfinanzierung über die Kreisumlage eine weiterhin hohe Belastung. Zu prüfen
wäre, ob nicht eine Minderbelastung bei der Kreisumlage zu einer gerechteren Belastung dieser zentralen Orte führen würde.

Mit der Einbeziehung des Finanzierungsbeitrages, durch den sich jede
kreisangehörige Gemeinde über die Kreisumlage und die Kreisschulbaukassen
an den zentralörtlichen Einrichtungen beteiligt, verändert auch die geschilderte zentralörtliche Belastung. Selbst die Nebenzentren weisen
nach dieser Zurechnung eine Belastung von knapp 150 DM auf, die fast
halb so groß ist wie bei den Oberzentren.

Der eigentliche Ausgleich von zentralörtlichen Belastungen der Gemeinden (GV) muß wegen der begrenzten Regelungsfähigkeit auf der kommunalen
Ebene durch die Zahlungen des jeweiligen Landes erfolgen. Im Rahmen der
allgemeinen und speziellen Zahlungen im kommunalen Finanzausgleich wird
daher in aller Regel von den Ländern versucht, einen Ausgleich zwischen
der Steuerkraft und dem Bedarf der einzelnen Gemeinden und Landkreise
herzustellen, in den auch die Belastung durch zentralörtliche Einrichtungen fließen kann. Die verschiedenen Regelungen werden diskutiert und
einem Verteilungsansatz der Vorzug gegeben, der die Finanzkraft der Gemeinden berücksichtigt.

Der in Niedersachsen bei der Berechnung der Schlüsselzuweisungen verwendete Bevölkerungsansatz steigt mit zunehmender Bevölkerungszahl. Ein
Grund für diesen Anstieg ist sicherlich auch die Wahrnehmung von mehr
zentralörtlichen Aufgaben in größeren Gemeinden. Der genaue Anteil, den
diese Aufgaben besitzen, läßt sich jedoch mit den geltenden Berechnungsverfahren nicht mehr feststellen. Als zweiter Kritikpunkt ist die Aufteilung der Schlüsselzuweisungen in eine Masse für die kreisfreien Städte
und eine für die kreisangehörigen Gemeinden und Landkreise zu nennen.
Der Verteilungsschlüssel dieser Massen ist jedoch festgeschrieben, so
daß Änderungen in der Steuerkraft oder bei den wahrgenommenen Aufgaben
sich nicht auswirken können.

Anhand von Modellrechnungen wurde daher untersucht, welche Auswirkungen
auf die Verteilung der Schlüsselzuweisungen eine Umgestaltung des Berechnungsverfahrens haben würde, bei dem ein expliziter Ansatz für die

zentralörtlichen Belastungen gemacht wurde. Je nach getroffenen Annahmen profitieren gegenüber der jetzigen Regelung entweder die Grund- und Nebenzentren oder die Oberzentren. Verlierer wären in jedem Fall die kreisangehörigen Mittelzentren, woraus der Schluß gezogen werden kann, daß diese Gemeindegruppe durch das gegenwärtige Zuweisungssystem begünstigt wird. Gegenüber Änderungen des normalen Bevölkerungsansatzes fällt die Art und Weise eines Ausgleichs zentralörtlicher Zuweisungen allerdings relativ wenig ins Gewicht, wenn man von der besonderen Situation der abundanten Gemeinden absieht.

Neben den allgemeinen Zuweisungen unterstützen die Länder die Träger zentralörtlicher Einrichtungen durch spezielle Zuweisungen, hauptsächlich für investive Zwecke. Für Niedersachsen konnte gezeigt werden, daß rund 17 v.H. der speziellen Zuweisungen für zentralörtliche Einrichtungen bereitgestellt wurden und überproportional den kreisangehörigen Gemeinden und den Landkreisen zuflossen. Daneben geht aus der Analyse hervor, daß die Mittel des Landes nur z.T. konzentriert vergeben werden. Vielmehr erhalten die zentralen Orte eine große Zahl von kleinen Zuweisungsbeträgen, die eine Umstellung der Vergabepraxis nahelegen. Investitionen, die von kleinen Zentren getätigt werden, werden vom Land Niedersachsen besonders hoch bezuschußt, hingegen spielt die Finanzkraft des einzelnen zentralen Ortes für die Höhe der Zuwendungen im Durchschnitt nur eine geringe Rolle.

Insgesamt gesehen wurde deutlich, daß zwar zum Ausgleich zentralörtlicher Belastungen eine Vielzahl an organisatorischen und finanziellen Regelungen möglich ist, daß aber der politische Widerstand gegen Änderungen der gegenwärtigen, unbefriedigenden Regelungen groß sein dürfte. Durchgreifende Änderungen mit einer besseren Berücksichtigung der zentralörtlichen Belastungen dürften kaum möglich sein, wohl aber kleine Veränderungen.

184

Anhang Modellrechnung fuer den Finanzausgleich in Niedersachsen 1980 *

Gemein-dekenn-ziffer	Stadt,Gemeinde, Samtgemeinde	Einwohner am 30.6.1979 (1)	Zentral-oertliche Belastung im VerwH effektiv	Zentral-oertliche Belastung im VerwH berechnet	Schlues-selzuwei-sung an Gemeinden 1980	Schlues-selzuwei-sung an Gemein. und Kreise(2)	Modell 1	Modell 2	Modell 3	Modell 4
					DM pro Einwohner					
101000	BRAUNSCHWEIG,STADT	262443	164.85	175.34	175.53	175.53	174.27	183.35	322.64	347.16
102000	SALZGITTER,STADT	113516	177.13	161.55	143.47	143.47	165.06	169.26	251.84	257.82
103000	WOLFSBURG,STADT	127213	246.36	172.59	0.00	0.00	86.29	0.00	86.29	60.23
151009	GIFHORN,STADT	32927	108.75	133.67	150.86	257.99	211.17	232.09	226.55	243.58
151025	SASSENBURG	6646	57.68	89.34	151.79	235.87	320.95	313.51	197.86	201.76
151040	WITTINGEN,STADT	11730	93.73	99.50	121.96	219.23	239.38	240.75	137.62	173.54
151402	SG BOLDECKER LAND	6999	66.47	39.60	115.83	197.34	248.85	198.28	137.59	109.66
151403	SG BROME	10255	70.42	64.19	211.42	299.97	336.67	307.42	253.62	234.32
151404	SG HANKENSBUETTEL	8626	100.24	86.78	127.52	224.70	277.88	268.22	178.86	177.93
151405	SG ISENBUETTEL	8529	61.89	54.39	187.42	273.42	322.57	284.82	222.51	198.19
151406	SG MEINERSEN	13274	63.30	76.10	259.88	353.73	364.97	346.05	305.73	292.15
151407	SG PAPENTEICH	13600	71.90	75.91	251.33	344.64	353.28	334.20	296.28	282.29
151408	SG WESENDORF	8751	76.63	81.03	205.79	293.59	352.51	337.87	254.82	249.56
152001	ADELEBSEN,FLECKEN	7018	43.82	69.16	221.25	304.83	377.28	352.34	259.22	247.85
152004	BOVENDEN,FLECKEN	13228	75.84	87.86	177.60	273.43	288.56	279.84	229.01	224.00
152007	DUDERSTADT,STADT	22951	90.57	114.19	260.01	365.53	321.02	335.14	312.32	320.17
152009	FRIEDLAND	6953	51.64	70.99	205.09	289.45	362.47	339.11	243.55	233.61
152011	GLEICHEN	8643	36.36	60.71	275.24	362.80	412.67	360.41	313.84	293.96
152012	GOETTINGEN,STADT	127098	188.91	163.07	218.44	267.13	218.37	257.29	350.05	373.91
152016	MUENDEN,STADT	25593	77.16	122.45	152.32	262.47	213.54	232.72	214.39	225.40
152021	ROSDORF	9835	63.36	84.39	181.38	271.80	320.21	308.48	233.30	229.14
152026	STAUFENBERG	8429	52.76	60.56	219.15	306.69	358.26	325.86	257.10	237.41
152401	SG DRANSFELD	8367	60.30	80.87	211.34	297.27	361.47	346.68	259.64	254.77
152403	SG GIEBOLDEHAUSEN	13131	50.66	89.30	274.68	371.21	387.23	379.76	327.09	323.12
152404	SG RADOLFSHAUSEN	6506	36.83	59.48	255.57	339.91	411.11	377.78	286.06	268.53
153002	BAD HARZBURG,ST.	25227	98.18	113.41	206.81	294.77	264.38	277.81	264.41	270.61
153003	BRAUNLAGE,STADT	7076	77.14	98.01	103.66	180.47	252.64	252.72	154.72	144.82
153005	GOSLAR,STADT	53489	175.20	144.97	164.12	258.11	211.31	236.52	265.11	285.67
153007	LANGELSHEIM,STADT	14523	78.62	104.85	158.27	238.31	266.85	272.86	215.91	222.18
153008	LIEBENBURG	10027	82.21	81.74	200.89	274.66	336.65	322.62	251.52	245.23
153012	ST.ANDREASBERG,ST.	3141	64.56	85.40	98.51	165.79	283.91	273.05	120.35	110.32
153012	SEESEN,STADT	22669	123.43	121.76	181.56	270.79	246.79	267.09	236.95	250.43
153013	VIENENBURG,ST.	11652	92.66	87.79	163.25	239.69	288.11	279.32	216.84	213.23
153401	SG LUTTER A BARENB.	4787	57.48	55.93	184.73	250.95	353.73	317.32	200.36	183.74
153402	SG OBERHARZ	20430	114.56	107.49	260.77	348.70	322.35	330.65	302.91	307.21
154003	BUEDDENSTEDT	3977	236.80	66.54	0.00	160.98	33.27	0.00	33.27	0.00

* Quelle: Niedersaechsisches Landesverwaltungsamt Statistik und eigene Berechnungen
(1) Einschliesslich Angehoeriger auslaenuischer Streitkraefte
(2) Zur Berechnung vgl. Kapitel 8

Gemein-dekenn-ziffer	Stadt, Gemeinde, Samtgemeinde	Einwohner am 30.6.1979 (1)	Zentral-oertliche Belastung im VerwH effektiv	Zentral-oertliche Belastung im VerwH berechnet	Schlues-selzuwei-sung an Gemeinden 1980	Schlues-selzuwei-sung an Gem. und Kreise(2)	Modell 1	Modell 2	Modell 3	Modell 4
					DM pro Einwohner					
154010	HELMSTEDT, STADT	26950	114.43	131.89	133.54	239.24	198.40	205.90	202.23	201.44
154013	KOENIGSLUTTER, STADT	16586	92.87	98.90	195.75	279.66	283.07	283.91	244.39	244.82
154014	LEHRE	10187	74.43	63.98	149.18	223.87	274.76	245.32	191.09	171.72
154019	SCHOENINGEN, ST.	15553	120.21	92.87	131.63	227.08	214.04	209.66	179.56	166.22
154401	SG GRASLEBEN	4894	71.26	83.25	104.46	184.09	271.33	258.61	139.11	125.34
154402	SG HEESEBERG	4934	54.94	61.36	120.29	193.63	290.70	259.00	143.79	127.10
154403	SG NORD-ELM	6658	84.27	75.45	104.01	187.63	246.94	227.46	142.72	124.69
154404	SG VELPKE	10421	60.52	62.48	179.05	255.62	302.13	271.40	220.56	199.84
155001	BAD GANDERSHEIM, ST.	11462	111.55	106.47	159.69	244.69	295.63	303.04	222.85	232.98
155002	BODENFELDE, FL.	4157	110.24	72.35	157.00	232.83	341.01	319.01	174.78	171.69
155003	DASSEL, STADT	12508	85.78	96.48	221.34	308.40	343.14	341.90	278.42	280.32
155004	EINBECK, STADT	29019	177.46	132.56	127.26	243.29	190.34	190.43	198.64	191.86
155005	HARDEGSEN, STADT	7322	69.88	70.23	210.71	288.98	364.66	340.65	250.51	239.44
155006	KALEFELD	7290	69.16	84.84	194.06	272.68	355.32	343.98	240.77	240.35
155007	KATLENBURG-LINDAU	7593	66.60	83.81	213.30	292.55	371.43	359.20	260.64	259.01
155008	KREIENSEN	8498	83.66	86.24	158.61	239.54	310.12	299.99	209.72	208.57
155009	MORINGEN, STADT	7087	68.56	88.04	167.77	246.62	332.37	323.80	215.21	217.44
155010	NOERTEN-HARDENBG, FL	8318	129.73	83.55	117.80	200.48	260.63	248.17	164.42	155.40
155011	NORTHEIM, STADT	32285	143.49	131.30	209.69	310.43	265.76	294.70	288.56	304.94
155012	USLAR, STADT	16677	109.88	111.91	251.22	344.87	344.18	356.31	306.00	315.83
156002	BAD LAUTERBERG, ST.	14308	121.99	113.19	135.18	229.84	244.90	258.14	195.26	205.08
156003	BAD SACHSA, ST.	8507	65.50	91.84	165.83	247.45	320.14	314.87	219.83	222.74
156009	HERZBERG A.H., ST.	16301	102.86	117.14	136.55	230.16	227.85	244.53	195.25	201.46
156011	OSTERODE A.H.ST.	28604	123.21	131.47	145.38	249.97	208.39	225.73	215.66	226.14
156401	SG BAD GRUND	10650	68.94	101.68	200.79	286.03	341.30	344.56	261.82	269.30
156402	SG HATTORF AM HARZ	7450	74.22	85.61	201.63	289.87	361.96	351.29	249.42	249.36
156403	SG WALKENRIED	6140	122.05	92.74	120.23	199.81	293.48	288.99	165.64	170.36
157001	EDEMISSEN	10028	76.38	83.09	196.97	278.10	333.41	320.55	248.29	242.97
157002	HOHENHAMELN	7804	111.98	86.53	53.17	144.91	167.99	145.60	100.33	84.13
157003	ILSEDE	11994	108.05	83.82	148.25	233.26	268.08	255.85	199.48	192.66
157004	LAHSTEDT	9806	104.83	71.67	163.85	244.60	296.75	273.99	209.57	196.21
157005	LENGEDE	9626	85.45	84.00	138.78	218.45	279.09	267.09	190.27	186.08
157006	PEINE, STADT	47611	152.14	143.99	163.23	265.93	214.93	243.40	262.10	283.28
157007	VECHELDE	12581	104.00	96.88	177.11	261.60	298.24	297.34	234.06	236.17
157008	WENDEBURG	8139	93.56	5.94	156.76	235.40	271.17	191.41	166.79	111.08
158006	CREMLINGEN	11228	68.11	63.09	193.85	270.24	309.84	279.64	235.15	214.03
158037	WOLFENBUETTEL, ST.	51392	161.34	132.74	129.41	233.62	172.38	166.37	213.45	201.83
158401	SG ASSE	7986	67.44	67.34	99.08	177.67	218.34	191.82	136.88	115.40
158402	SG BADDECKENSTEDT	10587	58.50	70.70	167.51	243.58	292.96	269.36	212.85	197.92

Gemein- dekenn- ziffer	Stadt,Gemeinde, Samtgemeinde	Einwohner am 30.6.1979 (1)	Zentral- oertliche Belastung im VerwH effektiv	Zentral- oertliche Belastung im VerwH berechnet	Schluesselzuweisung an Gemeinden 1980	Schluesselzuweisung an Gem. und Kreise(2)	Modell 1	Modell 2	Modell 3	Modell 4
					DM pro Einwohner					
158403	SG ODERWALD	7128	55.55	61.23	157.49	230.86	308.24	276.42	191.62	174.31
158404	SG SCHLADEN	10068	67.48	83.71	137.95	214.84	274.70	262.38	189.95	185.04
158405	SG SCHOEPPENSTEDT	10431	81.67	89.53	135.76	214.98	271.93	264.66	190.45	189.36
158406	SG SICKTE	8766	67.40	83.16	213.60	287.58	361.39	348.59	263.86	260.12
201000	HANNOVER,STADT	537262	228.44	197.75	167.93	167.93	98.87	106.83	266.25	249.57
251007	BASSUM,STADT	14000	88.80	100.58	190.44	279.85	301.24	303.55	266.92	250.50
251012	DIEPHOLZ,STADT	14461	135.62	120.67	112.36	212.96	208.06	221.11	175.98	167.85
251037	STUHR	26150	83.35	114.13	141.82	242.72	198.61	199.80	200.70	195.40
251040	SULINGEN,STADT	11331	128.02	112.91	98.08	198.10	206.77	215.67	160.62	148.79
251041	SYKE,STADT	18194	99.77	109.91	200.59	295.42	279.49	289.89	249.35	256.73
251044	TWISTRINGEN,ST.	11259	121.55	89.87	215.49	298.12	344.82	337.76	217.39	268.61
251045	WAGENFELD	7211	71.83	97.87	66.17	152.96	189.92	176.46	117.70	105.08
251047	WEYHE	22413	123.09	99.17	224.09	320.69	278.46	279.54	267.57	264.78
251401	SG A.AMT LEMFOERDE	6671	74.75	93.47	55.76	154.65	180.30	160.37	103.59	90.35
251402	SG BARNSTORF	11683	91.30	95.53	119.37	214.93	232.76	230.68	173.08	163.71
251403	SG BRUCHHSN.-VILSEN	14157	86.72	92.56	258.64	345.86	364.12	359.47	310.83	308.46
251404	SG KIRCHDORF	7726	82.61	82.97	193.45	272.32	350.28	337.32	241.02	238.60
251405	SG REHDEN	5373	58.44	60.73	174.40	249.95	340.57	308.32	197.86	183.41
251406	SG SCHWAFOERDEN	6602	58.77	58.51	228.82	303.12	383.00	348.83	259.30	240.90
251407	SG SIEDENBURG	4696	76.25	72.08	175.90	247.94	354.28	331.87	199.14	194.45
252001	AERZEN,FL.	11061	99.96	101.18	125.94	186.03	255.78	258.61	182.85	186.41
252002	BAD MUENDER A.D.ST.	19937	80.02	107.95	222.86	288.28	285.54	294.25	263.85	268.77
252003	BAD PYRMONT,ST.	21863	118.48	117.20	193.85	259.81	258.11	274.83	244.93	255.51
252004	COPPENBRUEGGE FL.	7886	86.14	87.20	138.83	194.48	296.25	287.31	188.95	189.65
252005	EMMERTHAL	10855	95.24	95.58	90.48	151.71	193.23	182.22	144.60	128.45
252006	HAMELN,STADT	62174	149.31	151.62	30.73	128.76	75.81	74.03	125.40	111.78
252007	HESS.OLDENDORF,ST.	18860	78.46	102.39	277.07	341.56	346.54	350.42	319.72	321.23
252008	SALZHEMMENDORF,FL.	11189	98.96	100.63	102.97	162.38	207.96	210.31	159.46	144.45
253001	BARSINGHAUSEN,ST.	32604	110.61	117.65	162.97	244.29	228.21	228.21	234.80	241.16
253002	BURGDORF,STADT	27853	114.28	108.51	235.89	313.01	287.10	296.29	296.27	297.79
253003	BURGWEDEL	18128	80.65	102.08	177.22	249.76	252.64	256.25	222.17	223.90
253004	GARBSEN,STADT	57271	98.08	105.11	251.88	333.78	258.74	264.98	334.44	325.29
253005	GEHRDEN,STADT	12068	140.38	92.53	86.40	159.05	181.10	160.83	138.58	120.87
253006	HEMMINGEN	16147	144.99	102.31	106.73	185.45	184.00	167.20	158.28	141.11
253007	ISERNHAGEN	17995	105.44	114.78	80.16	160.54	153.60	141.22	134.13	119.51
253008	LAATZEN,STADT	33387	115.59	131.92	114.84	201.49	173.73	167.42	189.91	175.46
253009	LANGENHAGEN,STADT	46833	145.54	134.61	103.25	200.59	151.51	146.16	187.22	171.07
253010	LEHRTE,STADT	38322	126.70	119.14	177.73	258.94	219.02	237.43	257.64	263.25
253011	NEUSTADT.A.RBGE,ST	37654	114.79	117.36	258.06	336.06	299.33	316.19	336.33	340.84

Gemein- dekenn- ziffer	Stadt, Gemeinde, Samtgemeinde	Einwohner am 30.6.1979 (1)	Zentral- oertliche Belastung im VerwH effektiv	Zentral- oertliche Belastung im VerwH berechnet	Schlues- selzuwei- sung an Gemeinden 1980	Schlues- selzuwei- sung an Gem. und Kreise(2)	Modell 1	Modell 2	Modell 3	Modell 4
					DM pro Einwohner					
253012	PATTENSEN, STADT	13493	95.73	82.36	164.65	232.87	270.69	257.20	212.96	203.74
253013	RONNENBERG, STADT	18618	83.48	103.27	113.59	193.64	178.02	161.56	160.51	142.58
253014	SEELZE, STADT	30362	110.06	105.74	153.66	235.95	202.18	203.86	214.20	212.73
253015	SEHNDE	18595	84.71	102.62	147.14	222.57	216.75	220.83	193.66	190.47
253016	SPRINGE, STADT	30688	115.79	117.96	249.09	327.65	300.67	318.04	318.78	326.05
253017	UETZE	16891	158.28	94.13	177.37	250.03	259.69	256.41	222.70	219.47
253018	WEDEMARK	23353	57.51	104.34	181.32	256.40	236.98	242.55	229.88	230.37
253020	WENNIGSEN (DEISTER)	12363	79.83	87.52	149.56	216.93	268.20	259.18	202.40	197.92
253020	WUNSTORF, STADT	37138	86.73	125.81	169.92	250.18	216.81	240.48	252.01	262.82
254002	ALFELD (LEINE), ST.	23695	117.31	128.80	126.39	244.61	192.69	193.35	189.10	178.90
254003	ALGERMISSEN	6777	54.12	74.22	149.28	234.07	309.58	289.04	188.30	181.00
254005	BAD SALZDETFURTH, ST	14114	69.88	106.53	138.03	236.42	249.45	256.92	195.88	203.69
254008	BOCKENEM, STADT	11256	69.02	102.53	110.16	210.14	222.74	226.73	167.67	155.76
254011	DIEKHOLZEN	6927	51.24	77.14	178.29	264.69	338.73	320.71	219.67	214.04
254014	ELZE, STADT	9444	61.50	100.04	121.63	215.43	264.01	265.85	177.56	181.02
254017	GIESEN	8812	59.40	87.24	99.82	192.20	221.07	211.81	148.90	132.01
254020	HARSUM	10692	50.73	72.13	199.06	290.87	324.37	302.01	245.17	231.16
254021	HILDESHEIM, ST	102974	195.97	159.21	166.07	225.82	175.48	178.85	256.64	270.24
254022	HOLLE	6176	56.67	59.93	188.74	270.15	347.12	314.18	237.26	200.65
254026	NORDSTEMMEN	12441	78.08	80.77	188.04	286.19	302.43	287.56	237.21	227.76
254028	SARSTEDT, STADT	16964	91.42	105.36	139.47	243.91	220.73	227.19	191.04	189.01
254029	SCHELLERTEN	8541	73.06	63.76	185.51	275.21	325.34	295.72	225.41	207.88
254032	SOEHLDE	7584	63.56	70.67	155.08	243.48	306.64	283.01	195.74	184.58
254401	SG FREDEN (LEINE)	5897	56.01	77.26	122.82	208.08	292.47	274.56	158.93	154.84
254403	SG GRONAU (LEINE)	14733	74.71	104.09	147.88	250.26	253.90	259.25	204.29	209.84
254404	SG LAMSPRINGE	6500	65.98	81.78	98.81	187.22	241.34	227.35	140.11	123.94
254404	SG SIBBESSE	6337	65.90	42.95	234.11	321.01	382.69	335.02	255.21	225.96
255008	DELLIGSEN, FL.	9597	87.58	103.70	204.52	291.28	355.18	360.19	266.01	276.15
255023	HOLZMINDEN, STADT	22507	121.51	133.72	76.07	196.29	145.92	140.26	139.36	128.19
255401	SG BEVERN	7417	111.62	72.13	246.25	329.27	400.28	377.92	287.32	277.48
255402	SG BODENWERDER	12729	60.82	102.87	75.62	169.65	171.67	155.07	132.23	116.90
255403	SG BOFFZEN	7942	58.65	96.45	152.90	239.17	314.30	313.03	207.60	214.70
255404	SG DUINGEN	6147	60.25	78.26	107.00	191.66	259.78	242.73	145.23	128.52
255405	SG ESCHERSHAUSEN	7899	86.95	86.30	136.74	222.38	293.50	283.42	186.36	186.08
255406	SG POLLE	5135	93.36	64.55	192.71	273.78	362.54	333.61	215.65	204.48
255407	SG STADTOLDENDORF	11092	77.14	92.91	156.64	246.56	286.85	284.50	213.04	213.70
256022	NIENBURG/WESER, ST.	31796	162.90	132.66	145.29	258.54	206.18	241.25	219.54	230.54
256025	REHBURG-LOCCUM, ST.	9821	126.31	98.37	172.05	262.84	318.31	318.70	231.26	237.28
256030	STEYERBERG, FL.	5231	172.09	87.90	0.00	128.93	71.18	49.26	43.95	0.00

Gemeindekennziffer	Stadt, Gemeinde, Samtgemeinde	Einwohner am 30.6.1979 (1)	Zentralörtliche Belastung im VerwH effektiv	Zentralörtliche Belastung im VerwH berechnet	Schluesselzuweisung an Gemeinden 1980	Schluesselzuweisung an Gem. und Kreise(2)	Modell 1	Modell 2	Modell 3	Modell 4
					DM pro Einwohner					
256032	STOLZENAU	7566	127.89	86.43	191.73	277.85	351.60	341.63	240.48	240.79
256401	SG EYSTRUP	5432	99.49	84.02	140.66	224.84	317.61	305.56	175.01	178.24
256402	SG HEENSEN	4926	93.52	63.67	181.89	263.11	353.45	323.75	202.72	191.39
256403	SG HOYA	10700	121.26	98.53	109.74	204.83	225.88	226.41	165.32	151.90
256404	SG LANDESBERGEN	8157	130.81	85.10	89.86	192.17	207.15	196.03	136.95	120.05
256405	SG LIEBENAU	5373	93.49	77.38	96.04	132.21	246.12	228.31	130.42	114.43
256406	SG MARKLOHE	7495	103.94	80.47	157.88	243.25	315.21	300.08	203.27	199.35
256407	SG STEIMBKE	6691	189.46	68.66	98.69	184.12	232.38	207.00	134.02	114.15
256408	SG UCHTE	14296	135.81	93.72	260.97	358.52	365.72	362.09	313.33	311.70
257003	AUETAL	6418	72.86	65.07	220.88	299.01	380.09	351.61	253.78	240.46
257009	BUECKEBURG,STADT	21050	109.83	116.46	187.32	287.36	254.51	261.59	235.83	246.30
257028	OBERNKIRCHEN,ST.	10986	100.49	106.46	123.52	213.50	254.13	265.54	199.83	188.05
257031	RINTELN,STADT	26395	101.72	123.53	166.76	268.79	227.65	249.86	231.85	244.89
257035	STADTHAGEN,STADT	22699	111.32	127.70	116.70	225.25	183.27	175.47	177.20	164.37
257401	SG EILSEN	6276	62.54	85.53	101.50	179.11	250.78	240.04	143.75	128.83
257402	SG LINDHORST	7945	107.43	71.28	163.38	242.72	312.19	289.09	205.58	194.34
257403	SG NENNDORF	14121	86.87	97.06	130.45	220.74	229.55	228.80	182.79	176.95
257404	SG NIEDERNWOEHREN	7764	89.54	77.26	204.62	283.96	358.17	340.25	249.43	242.79
257405	SG NIENSTAEDT	8934	81.35	78.92	153.18	234.96	297.11	280.63	201.33	194.30
257406	SG RODENBERG	13008	78.89	91.32	182.77	270.88	297.64	291.92	236.54	234.23
257407	SG SACHSENHAGEN	7869	66.31	75.56	187.52	267.63	339.35	319.96	231.85	223.83
351004	BERGEN,STADT	15975	71.11	107.69	253.72	358.92	351.10	359.57	308.96	316.20
351006	CELLE,STADT	76533	139.21	150.63	145.17	220.54	174.51	174.83	238.55	242.34
351010	FASSBERG	6597	74.78	86.06	140.64	239.32	308.62	298.37	184.85	186.48
351012	HAMBUEHREN	8575	52.07	70.45	183.05	274.86	326.23	302.41	226.66	213.95
351013	HERMANNSBURG	7999	77.12	90.11	155.98	250.62	313.78	307.01	207.80	210.15
351020	UNTERLUESS	4650	99.65	84.15	92.63	196.82	251.40	239.46	126.41	113.26
351023	WIETZE	6382	106.31	83.23	131.49	221.64	299.77	287.03	172.95	172.87
351024	WINSEN (ALLER)	8950	77.28	80.86	217.32	308.67	362.22	347.43	266.61	260.97
351401	SG ESCHEDE	6209	67.79	67.62	166.17	256.39	328.39	302.12	199.03	187.94
351402	SG FLOTWEDEL	8271	42.44	68.16	212.33	303.85	356.98	331.17	254.08	240.11
351403	SG LACHENDORF	9646	52.22	80.67	154.85	249.02	293.56	278.60	204.85	198.22
351404	SG WATHLINGEN	11146	94.72	103.00	75.95	184.62	180.78	164.22	133.67	119.32
352011	CUXHAVEN,STADT	59288	131.15	142.87	185.31	252.88	216.92	246.98	286.89	304.76
352030	LANGEN	14993	52.51	94.70	199.47	309.91	298.62	295.83	250.62	249.16
352032	LOXSTEDT	14199	53.90	78.59	272.14	378.73	370.20	353.44	317.18	304.64
352040	NORDHOLZ	7076	49.98	62.13	278.50	308.50	364.53	333.50	247.23	230.66
352050	SCHIFFDORF	10372	47.26	74.48	209.73	311.01	339.25	318.92	257.24	245.29
352401	SG AM DOBROCK	13151	66.16	83.52	268.04	375.00	377.71	365.22	317.61	309.52

Gemein-dekenn-ziffer	Stadt,Gemeinde, Samtgemeinde	Einwohner am 30.6.1979 (1)	Zentral-oertliche Belastung im VerwH effektiv	Schlues-selzuweisung an Gemeinden berechnet	Schlues-selzuweisung an Gem. und Kreise(2) 1980	Modell 1	Modell 2	Modell 3	Modell 4
				DM pro Einwohner					
352402	SG BEDERKESA	11441	58.53	81.04	270.80	394.03	379.39	321.07	312.77
352403	SG BEVERSTEDT	11986	58.33	79.01	243.51	360.93	344.53	292.27	281.96
352404	SG BOERDE LAMSTEDT	5566	74.96	63.38	215.64	381.40	351.45	241.68	229.02
352405	SG HADELN	9388	87.92	94.72	120.67	259.97	257.20	173.87	172.64
352406	SG HAGEN	8576	72.87	74.14	222.07	366.65	346.03	267.10	257.06
352407	SG HEMMOOR	13001	76.06	91.67	217.86	332.91	327.49	271.75	269.71
352408	SG LAND WURSTEN	7776	44.76	76.99	151.77	304.74	286.59	196.15	189.29
352409	SG SIETLAND	5801	42.36	57.51	278.13	438.78	403.74	303.14	285.48
353005	BUCHHOLZ I.D.NH,ST.	27821	112.70	105.87	201.33	251.17	257.98	260.24	259.78
353026	NEU WULMSTORF	12618	93.81	87.00	127.38	234.72	225.25	176.37	165.71
353029	ROSENGARTEN	10699	23.45	76.97	110.20	216.01	197.85	154.99	134.00
353031	SEEVETAL	35079	123.30	113.26	170.28	213.41	226.71	243.87	246.21
353032	STELLE	8806	73.72	74.19	137.03	279.90	259.32	182.79	172.49
353040	SG WINSEN (LUHE), ST.	24889	70.62	114.72	246.68	305.34	319.91	304.13	311.43
353401	SG ELBMARSCH	7622	58.79	57.79	185.35	330.47	295.67	220.03	199.46
353402	SG HANSTEDT	10793	67.24	84.19	176.17	306.63	294.73	228.30	222.94
353403	SG HOLLENSTEDT	7556	76.93	77.39	140.23	295.59	277.79	184.35	178.11
353404	SG JESTEBURG	7752	88.61	76.29	77.61	187.58	163.84	119.53	100.65
353405	SG SALZHAUSEN	10013	96.84	90.13	158.64	299.03	292.28	213.78	213.59
353406	SG TOSTEDT	18057	66.27	90.68	251.87	322.45	316.17	291.62	285.12
353407	SG CLENZE	7227	96.71	71.15	196.75	287.99	328.39	236.25	225.99
354401	SG DANNENBERG/ELBE	13805	108.41	103.81	237.26	338.76	356.52	295.79	301.89
354402	SG GARTOW	3981	92.56	56.27	224.90	311.37	366.66	232.39	218.11
354403	SG HITZACKER	6693	81.97	149.24	169.02	259.57	340.23	211.62	210.09
354404	SG LUECHOW	16989	134.62	112.70	206.68	297.42	310.24	260.96	271.14
354405	SG AMELINGHAUSEN	7235	55.52	74.81	178.55	335.20	315.20	219.98	212.37
355001	ADENDORF	7621	65.18	78.27	191.65	347.01	329.98	236.56	230.87
355009	BLECKEDE,STADT	62621	159.31	149.24	157.23	198.39	212.25	251.69	273.56
355022	LUENEBURG,STADT	5900	55.06	70.53	191.15	357.44	333.68	223.36	214.96
355401	SG AMELINGHAUSEN	10729	61.70	80.42	201.82	330.83	315.66	251.95	243.93
355402	SG BARDOWICK	6571	55.23	83.64	180.59	347.78	335.39	223.64	243.53
355403	SG DAHLENBURG	6809	50.94	50.98	236.61	385.29	344.59	264.44	240.21
355404	SG GELLERSEN	7166	47.18	82.71	176.39	337.88	324.69	221.75	219.98
355405	SG ILMENAU	6507	49.80	62.07	231.74	388.57	357.48	263.53	247.87
355406	SG OSTHEIDE	9766	47.51	66.21	271.03	401.65	374.15	314.08	296.81
355407	SG SCHARNEBECK	5891	60.10	59.61	245.50	406.32	373.10	272.10	255.79
356002	GRASBERG	15676	118.61	96.54	195.70	289.68	288.49	245.79	245.16
356005	LILIENTHAL	26333	114.54	112.20	257.27	312.50	324.89	316.49	321.32
356008	OSTERH.-SCHARMB.,ST	12763	113.57	99.94	84.42	179.01	161.37	139.72	123.59

Gemeinde-kennziffer	Stadt,Gemeinde, Samtgemeinde	Einwohner am 30.6.1979 (1)	Zentral-oertliche Belastung im verwH effektiv	Zentral-oertliche Belastung im verwH berechnet	Schluesselzuweisung an Gemeinden 1980	Schluesselzuweisung an Gem. und Kreise(2)	Modell 1	Modell 2	Modell 3	Modell 4
					DM pro Einwohner					
356009	SCHWANEWEDE	17611	94.75	92.06	259.85	355.21	335.04	349.97	301.90	296.69
356011	WORPSWEDE	7947	112.23	73.35	184.62	267.37	334.47	313.17	227.89	218.14
356401	SG HAMBERGEN	9893	103.24	72.95	256.21	340.64	388.88	367.23	302.51	289.99
357008	BREMERVOERDE, ST.	17764	100.59	115.55	155.28	260.83	240.92	256.21	208.57	220.32
357016	GNARRENBURG	8776	74.59	84.75	214.00	306.01	362.16	350.74	264.73	234.13
357039	ROTENBURG/W., ST.	19646	85.40	124.82	166.01	273.26	239.74	263.07	216.69	234.02
357041	SCHEESSEL	10172	58.42	89.99	175.08	269.26	314.10	307.23	230.29	229.83
357051	VISSELHOEVEDE, ST.	10001	90.25	85.69	185.05	278.11	323.23	312.62	237.86	234.46
357401	SG BOTHEL	6853	43.02	80.29	117.30	203.23	273.89	258.61	159.07	150.62
357402	SG FINTEL	5431	40.19	68.71	156.46	239.62	325.76	300.43	184.04	175.26
357403	SG GEESTEQUELLE	5878	39.62	55.48	226.28	312.43	385.04	348.24	250.62	231.33
357404	SG SELSINGEN	8388	36.55	95.03	219.48	307.59	376.26	373.75	274.66	280.04
357405	SG SITTENSEN	8239	65.59	92.39	66.07	162.42	181.37	161.05	116.84	101.81
357406	SG SOTTRUM	9820	29.07	72.82	241.27	331.86	374.75	352.98	287.69	275.16
357407	SG TARMSTEDT	8943	45.50	65.76	242.83	331.59	380.18	352.29	284.49	267.89
357408	SG ZEVEN	19744	79.66	114.79	176.15	284.98	244.00	258.63	221.41	231.40
358002	BISPINGEN	5630	148.39	89.06	108.04	189.20	272.69	265.01	149.32	139.88
358004	BOMLITZ	7976	113.98	117.08	0.61	118.28	129.61	118.04	63.21	54.98
358008	FALLINGBOSTEL, ST.	13240	108.36	108.36	154.09	243.63	275.31	284.37	215.83	225.71
358016	MUNSTER, STADT	19258	114.78	109.78	277.36	374.18	347.05	357.33	322.16	328.79
358017	NEUENKIRCHEN	4955	127.37	66.76	177.45	252.21	350.12	323.10	199.93	190.79
358019	SCHNEVERDINGEN, ST.	15262	69.52	102.62	186.58	278.01	287.52	291.60	241.16	245.25
358021	SOLTAU, STADT	19890	76.19	120.29	146.02	247.22	211.88	228.60	198.18	201.19
358022	WALSRODE, STADT	22763	90.22	116.71	221.10	320.92	283.81	300.10	274.35	284.12
358023	WIETZENDORF	2646	106.56	77.51	155.58	155.58	242.50	284.81	87.78	76.87
358401	SG AHLDEN	5262	59.13	75.12	144.21	221.65	318.45	298.68	173.81	170.04
358402	SG RETHEM/ALLER	4816	62.68	80.25	130.56	210.05	311.72	296.39	158.90	159.87
358403	SG SCHWARMSTEDT	8731	56.77	82.22	158.81	240.84	306.13	292.51	208.22	203.85
359010	BUXTEHUDE, STADT	31038	116.58	122.75	140.31	226.00	196.79	199.33	208.77	207.58
359013	DROCHTERSEN	10297	141.36	86.81	146.91	216.86	283.03	273.40	200.36	197.44
359028	JORK	9710	98.13	88.70	119.22	187.69	250.79	242.80	169.72	161.83
359038	STADE, STADT	42407	181.48	142.49	0.00	120.52	71.24	32.87	71.24	52.07
359401	SG APENSEN	5024	70.07	65.02	146.17	204.06	317.53	289.01	168.62	158.05
359402	SG FREDENBECK	9111	67.82	79.63	256.60	318.94	399.58	383.72	305.61	298.87
359403	SG HARSEFELD	14326	90.77	96.81	205.81	280.26	311.67	310.71	259.47	260.06
359404	SG HIMMELPFORTEN	7392	80.44	70.11	242.16	307.75	395.18	371.07	281.92	270.65
359405	SG HORNEBURG	8769	94.65	84.08	123.97	190.31	268.32	256.32	171.45	167.75
359406	SG LUEHE	9008	106.56	74.38	170.46	238.12	311.69	291.28	216.67	206.25
359407	SG NORDKEHDINGEN	8262	89.40	84.08	122.48	192.90	270.79	258.79	169.25	165.40

190

Gemein-dekenn-ziffer	Stadt,Gemeinde, Samtgemeinde	Einwohner am 30.6.1979 (1)	Zentral-oertliche Belastung im VerwH effektiv	Zentral-oertliche Belastung im VerwH berechnet	Schluesselzuweisung an Gemeinden 1980	Schluesselzuweisung an Gem. und Kreise(2)	Modell 1	Modell 2	Modell 3	Modell 4
					DM pro Einwohner					
359408	SG OLDENDORF	5891	72.14	52.66	271.52	335.00	428.87	389.62	294.65	273.29
360004	BIENENBUETTEL	5194	67.81	66.05	161.19	240.69	331.33	303.69	185.49	175.28
360025	UELZEN,STADT	36518	148.37	136.45	151.32	261.37	209.75	230.28	231.11	249.76
360401	SG BEVENSEN	16280	68.55	107.81	208.47	304.29	302.86	311.44	262.47	269.58
360402	SG BODENTEICH	6702	64.95	79.24	199.31	280.08	362.98	346.79	240.67	237.14
360403	SG EBSTORF	9965	95.25	88.28	169.83	257.30	309.73	301.38	224.03	222.55
360404	SG ROSCHE	7068	83.14	73.52	138.39	221.48	296.17	275.01	178.76	170.48
360405	SG SUDERBURG	7036	75.17	70.47	205.05	287.21	361.30	337.50	243.47	233.03
360406	SG WRESTEDT	7097	70.51	78.69	200.12	281.58	360.04	343.37	243.02	238.44
361001	ACHIM,STADT	27175	148.07	117.18	183.89	278.05	240.31	257.01	247.20	255.29
361003	DOERVERDEN	8797	86.46	85.66	117.51	201.92	255.66	245.03	165.70	156.49
361005	KIRCHLINTELN	8169	63.37	70.74	223.05	300.43	369.85	346.29	265.81	253.86
361006	LANGWEDEL,FL.	9831	80.10	74.92	229.83	308.42	363.92	343.98	276.97	265.95
361008	OTTERSBERG,FL.	9202	84.84	98.32	7.54	94.78	120.64	102.42	62.48	48.24
361009	OYTEN	11149	71.92	77.83	233.54	313.64	357.77	340.34	282.43	272.08
361012	VERDEN(ALLER),ST.	25502	157.42	132.43	86.21	192.84	152.70	146.57	153.34	140.94
361401	SG THEDINGHAUSEN	10767	85.09	82.02	210.95	292.03	341.10	327.91	262.55	256.14
401000	DELMENHORST,STADT	71916	153.28	139.82	197.97	297.97	219.03	250.08	310.45	323.91
402000	EMDEN,STADT	51827	197.89	149.64	42.21	42.21	99.28	99.25	140.83	127.97
403000	OLDENBURG,STADT	135678	167.20	162.69	170.55	170.55	188.29	197.00	296.14	318.98
404000	OSNABRUECK,STADT	163187	216.02	170.01	147.22	147.22	163.00	170.20	270.71	284.97
405000	WILHELMSHAVEN,STADT	99765	173.23	150.18	158.78	158.78	177.51	177.68	256.84	269.70
451001	APEN	8656	119.77	87.06	191.36	273.41	341.97	332.55	243.27	242.51
451002	BAD ZWISCHENAHN	23129	125.45	118.69	188.09	287.62	251.35	269.36	243.37	254.39
451003	BOCKHORN	7353	109.39	75.22	210.17	290.10	366.18	346.50	252.42	244.92
451004	EDEWECHT	13385	121.19	102.41	202.95	291.68	319.88	323.78	261.41	266.84
451005	RASTEDE	17193	89.66	105.86	266.06	361.49	351.64	358.53	316.28	341.37
451007	VAREL,STADT	24193	153.86	122.42	211.54	312.26	274.93	296.18	271.07	284.31
451008	WESTERSTEDE,ST.	17226	87.81	114.88	188.19	282.02	274.93	292.55	242.66	254.27
451009	WIEFELSTEDE	9699	102.19	98.13	160.03	243.35	307.03	307.21	218.83	224.81
452001	ZETEL	10438	126.03	85.53	191.31	276.94	325.49	314.75	244.07	240.07
452001	AURICH,STADT	34183	106.56	129.27	249.51	354.68	301.95	329.14	330.02	344.28
452006	BALTRUM	905	119.08	65.54	0.00	122.50	101.38	71.54	32.77	0.00
452006	GROSSEFEHN	11061	91.82	89.67	246.15	334.92	377.17	370.02	301.10	299.45
452007	GROSSHEIDE	7392	78.51	59.67	302.97	386.53	450.80	417.70	337.53	318.74
452011	HINTE	7274	65.60	39.37	261.04	343.78	399.99	349.22	285.24	251.83
452012	IHLOW	9374	105.03	61.95	299.32	385.49	431.28	400.09	339.94	320.04
452013	JUIST	2437	71.79	87.06	22.09	119.58	169.82	147.61	43.53	47.24
452014	KRUMMHOERN	12049	95.80	72.21	257.10	346.48	370.68	348.39	302.51	287.20

191

Gemein-dekenn-ziffer	Stadt,Gemeinde, Samtgemeinde	Einwohner am 30.6.1979 (1)	Zentral-oertliche Belastung in VerwH effektiv	Zentral-oertliche Belastung im VerwH berechnet	Schlues-selzuwei-sung an Gemeinden 1980	Schlues-selzuwei-sung an Gem. und Kreise(2)	Modell 1	Modell 2	Modell 3	Modell 4
					DM pro Einwohner					
452019	NORDEN,STADT	24340	106.69	124.51	223.77	326.59	288.21	311.27	284.93	299.60
452020	NORDERNEY,STADT	8229	111.64	105.90	104.41	198.72	245.57	252.48	161.86	155.69
452023	SUEDBROOKMERLAND	14536	68.02	74.13	349.05	441.67	441.84	421.21	390.98	374.94
452025	WIESMOOR	10179	151.50	100.58	72.90	170.93	181.69	164.27	129.35	115.00
452401	SG BROOKMERLAND	10811	80.07	73.58	301.93	389.83	427.09	405.99	348.91	335.84
452402	SG DORNUM	5176	71.12	61.27	196.63	276.28	364.82	333.04	218.55	204.93
452403	SG HAGE	8516	62.67	79.36	276.19	359.88	424.26	408.16	324.05	317.89
453001	BARSSEL	8410	75.85	80.17	250.98	348.84	400.32	384.93	298.96	293.53
453002	BOESEL	5165	92.19	68.18	264.78	356.46	436.43	410.64	290.07	281.48
453003	CAPPELN(OLDENBURG)	4321	68.14	80.47	131.74	220.45	318.24	303.11	155.41	157.78
453004	CLOPPENBURG,STADT	20541	105.29	127.18	160.44	277.89	231.43	256.81	212.88	231.03
453006	EMSTEK	7297	98.06	86.49	125.96	223.29	288.04	278.13	173.58	174.35
453007	ESSEN/OLDB.	6355	70.90	85.07	134.39	228.41	304.05	292.89	176.81	178.12
453008	FRIESOYTHE,STADT	16093	94.47	105.51	266.34	377.73	361.32	367.90	319.86	325.43
453009	GARREL	8014	110.76	90.06	260.81	357.87	418.58	411.77	312.77	315.07
453010	LASTRUP	5229	101.74	81.91	147.38	220.08	305.01	291.13	159.79	161.02
453011	LINDERN(OLDB)	3879	95.47	65.51	260.63	350.73	444.43	416.32	271.65	264.37
453012	LOENINGEN	10627	83.44	103.12	128.53	231.43	266.29	270.81	186.53	195.10
453013	MOLBERGEN	4684	68.58	60.68	243.94	332.33	416.32	384.33	261.24	248.31
453014	SATERLAND	8403	90.94	95.03	139.68	245.67	296.45	293.95	195.02	200.38
453016	EMSBUEREN	6891	51.99	77.96	143.17	221.81	304.47	287.16	184.72	179.95
453014	GEESTE	8714	97.39	83.25	173.35	258.85	321.62	308.90	223.54	219.93
454018	HAREN(EMS),STADT	16689	96.01	103.60	248.90	344.96	337.70	342.63	299.60	303.38
454019	HASELUENNE,STADT	10506	109.45	97.60	116.94	202.90	241.98	241.71	172.09	165.85
454032	LINGEN(EMS),STADT	43791	136.43	138.13	153.44	261.21	206.18	243.76	239.82	257.69
454035	MEPPEN,STADT	27942	87.05	124.72	169.94	272.56	229.25	252.50	238.71	251.96
454041	PAPENBURG,STADT	27306	96.52	131.49	211.37	313.91	274.94	304.05	282.28	300.70
454044	RHEDE(EMS)	3399	45.52	43.29	287.84	360.91	465.75	418.37	280.78	258.87
454054	SALZBERGEN	6227	85.93	85.83	183.86	274.51	354.75	344.26	225.65	227.74
454054	TWIST	7806	78.47	92.28	198.65	282.54	359.28	354.39	251.04	255.25
454401	SG DOERPEN	10387	74.72	90.27	275.07	362.62	412.68	405.41	330.17	329.67
454402	SG FREREN	9010	68.99	85.60	264.84	347.54	411.68	400.99	316.68	314.40
454403	SG HERZLAKE	7271	53.48	87.56	237.18	317.92	400.22	391.24	285.43	287.02
454404	SG LATHEN	7724	70.79	80.58	235.56	317.41	391.20	376.17	281.99	277.82
454405	SG LENGERICH	7544	61.37	78.06	247.91	328.72	403.60	386.37	292.21	286.47
454406	SG NORDHUEMMLING	8407	65.25	82.48	297.23	380.49	447.19	434.36	346.34	342.58
454407	SG SOEGEL	11160	76.34	90.04	276.85	363.85	407.19	400.36	331.94	330.46
454408	SG SPELLE	7526	50.02	95.92	122.17	203.17	283.71	281.98	173.29	179.36
454409	SG WERLTE	10436	62.19	89.16	274.36	360.90	410.34	402.74	328.91	327.54

Gemein- dekenn- ziffer	Stadt, Gemeinde, Samtgemeinde	Einwohner am 30.6.1979 (1)	Zentral- oertliche Belastung im VerwH effektiv	Zentral- oertliche Belastung im VerwH berechnet	Schlues- selzuwei- sung an Gemeinden 1980	Schlues- selzuwei- sung an Gem. und Kreise(2)	Modell 1	Modell 2	Modell 3	Modell 4
					DM pro Einwohner					
455005	FRIEDEBURG	9426	101.07	81.53	241.53	328.71	382.42	368.20	291.58	285.84
455007	JEVER, STADT	12250	122.76	106.18	134.39	230.82	262.14	269.31	195.49	204.67
455008	LANGEOOG	2776	128.40	86.50	48.02	133.12	193.29	179.02	66.00	57.14
455014	SANDE	9007	114.16	92.64	191.97	280.92	342.32	337.75	247.29	250.13
455015	SCHORTENS	20295	164.17	124.07	270.86	376.14	340.74	363.42	320.69	337.10
455017	SPIEKEROOG	959	78.17	61.40	41.98	106.24	188.24	156.57	30.70	0.00
455020	WANGERLAND	10387	109.12	74.68	265.53	353.54	394.71	374.56	312.84	301.01
455021	WANGEROOGE, NORDSEEB	1950	106.32	76.00	31.15	110.16	176.30	150.48	38.00	19.80
455024	WITTMUND, STADT	19051	137.68	109.73	291.93	395.99	363.33	373.57	337.44	344.16
455401	SG ESENS	13324	122.91	95.40	252.86	348.46	367.16	364.98	308.27	308.66
455402	SG HOLTRIEM	7495	106.58	67.15	311.50	397.84	462.16	435.48	350.17	336.59
456001	BENTHEIM, STADT	14110	125.22	111.84	122.78	215.47	221.62	233.69	182.48	179.69
456015	NORDHORN, STADT	48769	136.22	138.30	243.03	341.36	278.66	313.68	339.53	356.30
456025	WIETMARSCHEN	7060	33.55	69.61	239.78	313.29	395.60	371.05	278.09	266.98
456401	SG EMLICHHEIM	12346	71.81	91.73	266.13	348.52	386.86	381.50	320.94	319.53
456402	SG NEUENHAUS	11523	110.93	94.03	139.54	220.60	268.82	265.46	196.53	197.58
456403	SG SCHUETTORF	12788	134.99	105.67	209.89	291.86	333.67	340.40	271.00	279.31
456404	SG UELSEN	9195	76.30	80.69	230.45	308.34	373.09	358.15	279.97	273.90
457002	BORKUM, STADT	8327	60.18	95.15	127.14	213.33	284.41	282.01	182.13	187.69
457012	JEMGUM	3917	62.86	50.86	182.20	261.71	358.24	317.43	186.35	168.33
457013	LEER, STADT	31530	106.68	139.55	137.35	249.01	201.96	215.83	214.84	222.98
457014	MOORMERLAND	17465	65.24	84.55	314.51	413.75	387.25	375.66	353.34	342.77
457017	OSTRHAUDERFEHN	7281	61.59	64.15	259.11	342.80	410.02	380.73	295.35	279.92
457018	RHAUDERFEHN	13426	68.62	87.64	315.61	408.40	424.73	415.81	366.54	361.21
457020	UPLENGEN	9347	58.48	77.71	285.63	372.55	425.47	407.95	333.86	325.44
457021	WEENER, STADT	14057	64.87	90.40	297.62	392.02	402.89	396.37	348.94	345.09
457022	WESTOVERLEDINGEN	15418	66.34	80.19	352.25	447.99	440.67	425.29	395.25	382.93
457401	SG BUNDE	7043	69.93	80.39	210.90	295.50	372.11	356.91	254.38	251.12
457402	SG HESEL	8349	62.64	73.83	287.47	373.43	434.08	413.19	332.05	322.09
457403	SG JUEMME	5219	52.11	68.54	233.02	313.45	404.40	378.92	259.01	250.55
458003	DOETLINGEN	4526	53.86	70.30	141.72	224.98	320.95	297.00	162.41	156.85
458005	GANDERKESEE	24842	110.99	107.64	236.65	343.26	291.77	300.20	290.36	292.56
458007	GROSSENKNETEN	11487	102.85	93.37	187.28	280.10	316.24	312.29	243.65	244.25
458009	HATTEN	8636	58.97	64.19	246.72	336.12	385.90	356.66	286.99	269.65
458010	HUDE (OLDB)	11867	98.07	96.94	118.95	213.44	230.98	230.13	173.45	164.23
458013	WARDENBURG	12316	78.35	89.52	210.93	301.97	330.99	323.71	264.84	261.86
458014	WILDESHAUSEN, STADT	13023	91.74	108.77	134.97	228.84	256.43	265.84	195.44	205.79
458401	SG HARPSTEDT	9164	64.99	79.92	224.19	314.45	366.88	351.27	273.65	266.85
459003	BAD ESSEN	11387	93.50	105.50	113.65	200.70	229.57	236.14	172.50	165.69

Gemein-dekenn-ziffer	Stadt,Gemeinde, Samtgemeinde	Einwohner am 30.6.1979 (1)	Zentral-oertliche Belastung im VerwH effektiv	Zentral-oertliche Belastung im VerwH berechnet	Schlues-selzuwei-sung an Gemeinden 1980	Schlues-selzuwei-sung an Gem. und Kreise(2)	Modell 1	Modell 2	Modell 3	Modell 4
				DM pro Einwohner						
459004	BAD IBURG, STADT	8933	93.28	84.65	194.14	272.97	340.93	329.43	245.14	242.28
459005	BAD LAER	11026	111.73	97.19	166.35	246.79	301.14	300.51	224.78	228.62
459006	BAD ROTHENFELDE	6147	70.62	92.54	95.34	171.72	243.59	238.92	140.70	127.80
459008	BELM	12768	81.56	78.68	266.44	350.20	377.17	360.48	314.34	303.07
459012	BISSENDORF	12354	71.23	75.69	268.65	350.99	381.37	362.10	315.50	302.44
459013	BOHMTE	9768	123.82	93.21	194.30	274.41	338.42	334.34	250.87	253.20
459014	BRAMSCHE, STADT	25321	153.31	113.32	277.93	373.74	335.03	348.39	335.40	341.50
459015	DISSEN AM T.W.,ST.	7736	142.75	110.98	0.00	94.40	55.49	0.00	55.49	0.00
459019	GEORGSMARIENHUETTE	31026	147.48	123.76	276.56	373.24	330.60	353.01	349.73	361.09
459020	HAGEN A.T.W.	11682	97.31	77.96	225.29	307.90	344.80	327.50	273.77	263.00
459021	HASBERGEN	8963	73.57	78.84	162.82	241.39	306.71	290.17	273.23	204.11
459022	HILTER AM T.W.	8518	76.14	95.11	99.37	178.99	227.36	224.93	152.05	137.51
459029	MELLE, STADT	40774	137.12	130.90	180.65	281.09	224.34	252.94	268.68	282.11
459033	OSTERCAPPELN	7697	63.43	77.86	203.74	278.29	358.02	340.62	248.48	242.37
459401	WALLENHORST	17666	93.59	82.00	309.50	399.57	379.23	365.42	346.37	333.82
459402	SG ARTLAND	18670	132.17	121.40	123.70	218.70	196.92	199.08	179.57	166.45
459403	SG BERSENBRUECK	17831	123.33	104.08	242.56	334.71	321.58	326.92	289.59	292.96
459404	SG FUERSTENAU	13352	89.14	110.40	285.45	371.41	406.82	417.65	348.12	359.38
459405	SG NEUENKIRCHEN	7465	73.59	70.37	269.39	346.26	422.10	398.21	309.74	298.54
460001	BAKUM	4511	86.88	69.40	160.42	243.67	339.20	314.47	180.34	174.18
460002	DAMME	12618	82.24	108.33	193.33	289.49	320.19	329.22	256.27	266.67
460003	DINKLAGE	8591	105.39	91.28	150.13	239.81	303.29	297.54	203.90	206.29
460004	GOLDENSTEDT	6533	74.81	81.88	107.65	194.62	258.52	244.61	149.02	132.84
460005	HOLDORF	4804	100.07	80.81	121.10	207.30	302.54	287.70	153.03	150.90
460007	LOHNE(OLDB),ST.	18464	89.66	113.44	204.46	309.31	282.95	296.41	254.16	263.94
460008	NEUENKIRCHEN(OLDB)	5730	78.80	83.60	191.56	278.95	365.68	353.27	228.91	230.33
460009	STEINFELD(OLDB)	6252	94.00	90.15	36.68	142.97	161.75	140.63	81.29	67.63
460010	VECHTA, STADT	22611	91.49	122.48	164.24	271.14	229.83	251.14	219.76	233.79
461001	VISBEK	7656	68.75	83.49	110.38	203.47	252.84	240.32	155.73	140.85
461002	BERNE	6170	77.45	85.11	107.54	179.87	264.29	253.18	149.41	136.02
461003	BRAKE(UNTERW),ST.	17764	150.06	120.46	151.98	242.60	240.07	259.61	207.72	223.03
461004	BUTJADINGEN	6579	83.66	71.84	172.60	245.28	333.45	310.83	209.43	200.74
461005	ELSFLETH, STADT	8623	159.23	95.27	74.33	161.20	189.16	173.98	127.26	112.67
461006	JADE	4258	73.28	61.78	178.19	247.44	356.21	324.88	192.04	180.99
461007	LEMWERDER	7035	94.49	107.19	94.25	171.28	238.95	246.99	149.83	139.86
461008	NORDENHAM, STADT	30430	171.88	127.50	147.64	244.01	207.04	221.56	217.87	227.54
461009	OVELGOENNE	4822	84.49	70.99	178.50	247.91	354.59	331.24	201.89	196.12
	STADLAND	7415	83.26	79.75	0.00	73.08	39.87	0.00	39.87	0.00

LITERATUR

ALTENMÜLLER, REINHARD, Strukturförderung auf Kreisebene - ein unzulässiger Finanzausgleich?, in: Baden-Württembergische Verwaltungspraxis, 1979, S. 222 ff.

ARBEITSKREIS DER STADTKÄMMERER, Finanzstatus selbständiger Städte, gegenwärtiger Aufgabenbestand und finanzielle Folgen der Einkreisung bei den Städten Göttingen, Goslar, Celle, Hameln, Hildesheim, Lüneburg, zusammengestellt von der Stadt Goslar, Kämmereiamt, Goslar 1975.

AUFGABEN UND FINANZIERUNG DER STÄDTISCHEN THEATER. Entschließung des Präsidiums des Deutschen Städtetages vom 29.11.1973, in: Bildungs- und Kulturpolitik in der Stadt. Empfehlungen und Stellungnahmen des Deutschen Städtetages 1970-1974, Köln 1975, S. 83 (DST-Beiträge zur Bildungspolitik, Reihe C, H. 7).

BÄCHLE, EKKEHARD, Zwischengemeindliche Finanz- und Steuerausgleichsbeziehungen, Diss. Freiburg 1977.

BAUERNFEIND, ELISABETH, und FRANZ ZIMMERMANN, Kommunalabgabengesetz für Nordrhein-Westfalen, 2. Aufl. Köln 1979.

BERICHT DER ARBEITSGRUPPE GROSSRAUMVERBÄNDE ZUR NEUGLIEDERUNG DER VERWALTUNGSEBENEN IN DEN GROSSRÄUMEN BRAUNSCHWEIG UND HANNOVER, Teilbericht Hannover, Hannover 1980.

BIBLIOTHEKSPLAN FÜR NIEDERSACHSEN, vorgelegt vom Niedersächsischen Beirat für Bibliotheksangelegenheiten, im Auftrag des Niedersächsischen Ministers für Wissenschaft und Kunst, o.O. 1978.

BIRG, HERWIG, Berechnungen zur langfristigen Bevölkerungsentwicklung in den 343 kreisfreien Städten und Landkreisen der Bundesrepublik Deutschland, in: Wochenbericht des Deutschen Instituts für Wirtschaftsforschung, Nr. 25 (1980), S. 267 ff.

BODENSTAFF, HANS-JOSEF, Das Abgaberecht der Mehr- und Minderbelastung für einzelne Kreisteile in den Landkreisverwaltungen von Nordrhein-Westfalen, Diss. Köln 1959.

BÖHM, ERICH, Beschäftigte und Erwerbstätige in Hamburg, in: Hamburg in Zahlen, 1981, S. 342.

BOUSTEDT, OLAF, Stadtregionen, in: Handwörterbuch der Raumforschung und Raumordnung, Hannover 1970, Sp. 3207 ff.

BRENNER, GEORG, u.a., Kommunaler Finanzausgleich für das Saarland, Saarbrücken 1981 (Institut für empirische Wirtschaftsforschung, Forschungsberichte, H. 45).

BUCHHOLZ, HANS HENNING, Untersuchung der verschiedenen derzeit praktizierten Finanzausgleichsregelungen, die landesplanerische Ziele berücksichtigen, Hamburg 1980 (Endbericht zum Forschungsauftrag MFPRS 1978.13).

BUTZ, MICHAEL-ANDREAS, Rechtsfragen der Zonenrandförderung, Köln u.a. 1980 (Schriften zur Rechtslage Deutschlands, Bd. 2).

CONRAD, HANS-JOACHIM, Stadt-Umland-Wanderung und Finanzwirtschaft der Kernstädte. Amerikanische Erfahrungen, grundsätzliche Zusammenhänge und eine Fallstudie für das Ballungsgebiet Frankfurt a.M., Frankfurt/M. 1980 (Finanzwissenschaftliche Schriften, Bd. 13).

DAHMEN/DRECHAUS/KÜFFMANN/WIESE, Kommentar zum Kommunalabgabengesetz für das Land Nordrhein-Westfalen, 3. Aufl. Herne und Berlin 1981.

DEPPE, LOTHAR, Das Verhältnis der kommunalen Ausgaben zur Größe, Struktur, Funktion und Finanzkraft städtischer Gemeinden, untersucht am Beispiel der sozialen und kulturellen Ausgaben Nordrhein-Westfalens, Diss. Münster 1966.

DINSE, JÜRGEN, Zur Umlandwanderung und Siedlungsentwicklung, in: Statistische Monatsberichte des Landes Bremen, Jg. 33 (1981), S. 347.

DÖHNE, ULRICH, und ROLF GRUBER, Gebietskategorien, zentrale Orte und Entwicklungsschwerpunkte in den Bundesländern, Dortmund 1976 (Schriftenreihe Landes- und Stadtentwicklungsforschung des Landes Nordrhein-Westfalen, Reihe 1: Landesentwicklung, Bd. 1.009).

DOKUMENTATION DER TÄTIGKEIT DER KOMMISSION FÜR DEN ABBAU VON STAATSAUFGABEN UND VERWALTUNGSVEREINFACHUNG (Sitzungen 16-31 vom 3. März 1980 bis 25. Januar 1982), hrsg. von der Bayerischen Staatskanzlei, München 1982.

DÜKER, RUDI, Das Problem einer bedarfsgerechten Verteilung der Finanzzuweisungen an die Gemeinden unter besonderer Berücksichtigung der Aussagefähigkeit der kommunalen Ausgaben früherer Perioden für eine Finanzbedarfsermittlung, Diss. Freiburg 1971.

EHRLICHER, WERNER, Kommunaler Finanzausgleich und Raumordnung, Hannover 1967 (Veröffentlichungen der Akademie für Raumordnung und Landesplanung, Abhandlungen, Bd. 51).

ELSNER, HERRMANN, und MANFRED SCHÜLER, Das Gemeindefinanzreformgesetz, Hannover 1970.

ERHEBUNGEN ÜBER DEN BESTAND AN ERHOLUNGS-, SPIEL- UND SPORTANLAGEN - Sportstättenstatistik in der Bundesrepublik Deutschland, hrsg. von der Deutschen Olympischen Gesellschaft, Frankfurt/M. 1978.

ERLENKÄMPER, FRIEDEL, Die Stadt-Umland-Problematik der Flächenstaaten in der Bundesrepublik Deutschland - Bestandsaufnahme und Versuch eines Beitrags zur Lösung, Köln 1980 (Neue Schriften des Deutschen Städtetages, H. 39).

ESSER, FERDINAND, Der kommunale Finanzausgleich 1979 in Nordrhein-Westfalen, in: Städte- und Gemeinderat, Jg. 33 (1979), S. 61 ff.

FANGOHR, HANNA, u.a., Auswirkungen der Suburbanisierung auf die kommunalen Ausgaben, Endbericht (Textband), Hamburg 1978.

FINANZAUSGLEICHSKOMMISSION BADEN-WÜRTTEMBERG, Bericht der gemeinsamen Kommission zur Erarbeitung von Grundlagen und Vorschlägen für eine Neuregelung des kommunalen Finanzausgleichs, Stuttgart 1977.

FINANZBERICHT 1980, hrsg. vom Bundesministerium der Finanzen, Bonn 1979.

FISCHER, RALF, FRIEDEMANN GSCHWIND und DIETRICH HENCKEL, Raumordnung und kommunale Steuerverteilung, Bonn 1981 (Forschungen zur Raumentwicklung, Bd. 9).

FRIAUF, KARL HEINRICH, und RUDOLF WENDT, Rechtsfragen der Kreisumlage, Köln u.a. 1980 (Schriftenreihe des Landkreistages NW, Bd. 1).

FRIEDERICHS, JÜRGEN, Soziologische Analyse der Bevölkerungs-Suburbanisierung, in: Beiträge zum Problem der Suburbanisierung, Hannover 1975, S. 78 (Akademie für Raumforschung und Landesplanung, Sitzungsberichte, Bd. 102).

FRÖLING, HEINER, Nicht geregelte interkommunale Finanzbeziehungen. Eine Bilanz ihrer räumlichen Inzidenz zwischen Kernstadt und Vorort, München 1979 (Schriftenreihe Wirtschaftswissenschaftliche Forschung und Entwicklung, Bd. 40).

FUCHS, MANFRED, Zweckgebundene Zuweisungen - Hilfe oder Last für die Gemeinden?, in: Gemeindehaushalt, Jg. 70 (1969), S. 147.

FÜRST, DIETRICH, Die Kreisumlage. Analyse eines Instruments des Finanzausgleichs, Stuttgart u.a. 1969 (Schriftenreihe des Vereins für Kommunalwissenschaften, Bd. 28).

GEBAUER, WOLFGANG-PETER, und GÜNTHER KROLL, Arbeitsstättenbefragung 1981, Hannover 1981 (Schriften zur Stadtentwicklung, Bd. 22).

DIE GEMEINDEORDNUNGEN UND DIE KREISORDNUNGEN IN DER BUNDESREPUBLIK DEUTSCHLAND, bearb. von Gerd Schmidt-Eichstaedt, Isabell Stade und Michael Borchmann, Stuttgart u.a. 1975 ff. (Schriften des Deutschen Instituts für Urbanistik, Bd. 47).

GÜNTHER, ALBERT, Probleme des Kreisfinanzsystems, Berlin 1980 (Schriftenreihe der Hochschule Speyer, Bd. 80).

GUTACHTEN ZUR REFORM DER GEMEINDESTEUERN IN DER BUNDESREPUBLIK DEUTSCHLAND, erstattet vom Wissenschaftlichen Beirat beim Bundesministerium der Finanzen, Bonn 1982 (Schriftenreihe des Bundesministeriums der Finanzen, H. 31).

HACKER, HORST, Finanzausgleich, in: Handbuch der kommunalen Wissenschaft und Praxis, Bd. 3, Berlin u.a. 1959, S. 423.

HACKER, HORST, Die Kreisumlage, in: Der Kreis. Ein Handbuch, hrsg. vom Verein für die Geschichte der Deutschen Landkreise, 2. Aufl. Köln und Berlin 1976, S. 373.

HANSMEYER, KARL-HEINRICH, Interkommunaler Finanzausgleich, in: Archiv für Kommunalwissenschaften, Jg. 5 (1966), S. 264.

HANSMEYER, KARL-HEINRICH, Der kommunale Finanzausgleich als Instrument zur Förderung zentraler Orte, in: Probleme des Finanzausgleichs II, Berlin 1980, S. 83 (Schriften des Vereins für Socialpolitik, N.F. Bd. 96 II).

HANSMEYER, KARL-HEINRICH, und DIETRICH FÜRST, Die Ausstattung mit zentralörtlichen Einrichtungen ausgewählter zentraler Orte in Rheinland-Pfalz, Mainz 1970.

HEUER, HANS, Sozioökonomische Bestimmungsfaktoren der Stadtentwicklung, 2. Aufl. Stuttgart u.a. 1977 (Schriften des Deutschen Instituts für Urbanistik, Bd. 50).

HEUER, HANS, und RUDOLF SCHÄFER, Stadtflucht. Instrumente zur Erhaltung der städtischen Wohnfunktion und zur Steuerung der Stadt-Umland-Wanderungen, Stuttgart u.a. 1978 (Schriften des Deutschen Instituts für Urbanistik, Bd. 62).

HIELSCHER, ERWIN, Brauchbare Finanzzuweisungen, in: Kommunale Finanzen und Finanzausgleich, hrsg. von Herbert Timm und Horst Jecht, Berlin 1964, S. 242 (Schriften des Vereins für Socialpolitik, N.F. Bd. 32).

HÜBL, LOTHAR, RAINER ERTEL und KLAUS-PETER MÖLLER, Wirtschaftliche Entwicklungsmöglichkeiten der Landeshauptstadt Hannover in den 80er Jahren, Hannover 1981.

KOMMUNALER INVESTITIONSBEDARF BIS 1990. Grundlagen - Probleme - Perspektiven, Berlin 1980 (Deutsches Institut für Urbanistik).

JANSEN, KLAUS, Die Kreisumlage aus der Sicht eingekreister Städte in Niedersachsen, in: Der Städtetag, N.F. Jg. 28 (1975), S. 125 ff.

KARRENBERG, HANNS, Die interkommunalen Verteilungswirkungen der gemeindlichen Einkommensteuerbeteiligung, in: Zeitschrift für kommunale Finanzen, Jg. 30 (1980), S. 162 ff.

KARRENBERG, HANNS, und ENGELBERT MÜNSTERMANN, Gemeindefinanzbericht 1981, in: Der Städtetag, N.F. Jg. 34 (1981), S. 55 ff.

KARRENBERG, HANNS, und ENGELBERT MÜNSTERMANN, Gemeindefinanzbericht 1982, in: Der Städtetag, N.F. Jg. 35 (1982), S. 97 ff.

KATZ, ALBERT, Ausgleichsfunktion der Landkreise und Kreisfinanzausgleich, in: Baden-Württembergische Verwaltungspraxis, 1979, S. 227.

KESSELRING, HANS-CHRISTOPH, Kommunaler Finanzausgleich und Regionalpolitik. Grundlagen und Systematik. Eine empirische Untersuchung am Beispiel des Kantons Zürich, Diessenhofen 1979 (Öffentliche Finanzen, Bd. 3).

KLEIN, RICHARD R., und ENGELBERT MÜNSTERMANN, Gemeindefinanzbericht 1979, in: Der Städtetag, N.F. Jg. 32 (1979), S. 76 ff.

KÖTZ, ORTRUD, Zur Grundversorgung mit Sportstätten, in: Statistische Rundschau für das Land Nordrhein-Westfalen, Jg. 34 (1982), S. 92.

KOMMISSION LAND-KOMMUNEN, Bericht über die Möglichkeiten einer Stärkung der kommunalen Selbstverwaltung, hrsg. vom Innenminister Baden-Württemberg, Stuttgart 1981.

KOMMUNALE GEMEINSCHAFTSSTELLE FÜR VERWALTUNGSVEREINFACHUNG, Interkommunale Zusammenarbeit im Stadt-Umland, KGSt-Bericht, Nr. 2 (1976).

KOMMUNALE GEMEINSCHAFTSSTELLE FÜR VERWALTUNGSVEREINFACHUNG, Zweckzuweisungen, KGSt-Bericht, Nr. 12 (1980).

KREISFINANZAUSGLEICH?, in: Niedersächsischer Städteverband, Nachrichten, 1980, S. 334.

LANDES-RAUMORDNUNGSPROGRAMM NIEDERSACHSEN, hrsg. vom Niedersächsischen Minister des Innern, Tl. V/1, Hannover 1971 (Stand: 2.2.1979)(Schriften der Landesplanung Niedersachsen, Sonderveröffentlichung).

LANDESVERBAND DER VOLKSHOCHSCHULEN NIEDERSACHSENS, Statistische Materialien VI zur Erwachsenenbildung in Niedersachsen 1980, Hannover 1981.

LANGE, KLAUS, Kreisumlagevereinbarungen mit eingekreisten Städten in Niedersachsen, in: Die öffentliche Verwaltung, 1978, S. 90 ff.

LINDEMANN, PETER, Kommunale Zweckzuweisungen und deren Abbau in Niedersachsen, in: Deutsches Verwaltungsblatt, 1978, S. 777 ff.

LITTMANN, KONRAD, Die Gestaltung des kommunalen Finanzsystems unter raumordnungspolitischen Gesichtspunkten, Hannover 1968 (Veröffentlichungen der Akademie für Raumforschung und Landesplanung, Abhandlungen, Bd. 50).

MAAS, B., Gewerbesteuerhebesätze 1980 nach Wegfall der Lohnsummensteuer, in: Staatliche Monatshefte Niedersachsen, Jg. 34 (1980), S. 291 ff.

MEASURING LOCAL GOVERNMENT EXPENDITURE NEEDS: The Copenhagen Workshop, Paris 1981 (OECD. Urban Management Studies. 4).

MENGERT, FRIEDRICH, CHRISTA KUNERT und JOHANN REHM, Kommunalhaushalt in Schlagworten, 2. Aufl. Köln u.a. 1974.

MEWES, BERNHARD, Wirkungsbereich der Stadt 1976, in: Statistisches Jahrbuch Deutscher Gemeinden, Jg. 64 (1977), S. 428 ff.

MIELKE, BERND, Die Kosten überörtlicher Funktionen in Großstädten - mit einer Fallstudie am Beispiel Hamburgs, Berlin 1979 (Volkswirtschaftliche Schriften, H. 285).

MÜNSTERMANN, ENGELBERT, Die Berücksichtigung zentralörtlicher Funktionen im kommunalen Finanzausgleich, Opladen 1975 (Forschungsberichte des Landes Nordrhein-Westfalen, Nr. 2520).

MÜNSTERMANN, ENGELBERT, und H. BECKER, Finanzausgleichsleistungen der Kommunen, Köln 1978 (DST-Beiträge zur Finanzpolitik, Reihe G, H. 7).

MUSGRAVE, RICHARD A., PEGGY MUSGRAVE und LORE KULLMER, Die öffentlichen Finanzen in Theorie und Praxis, Bd. 4, Tübingen 1978.

NEITZKE-HENSEN, GERLINDE, Die Abonnenten der Niedersächsischen Staatstheater GmbH nach Wohngemeinden, in: Statistische Vierteljahresberichte der Landeshauptstadt Hannover, 1973, S. 56 ff.

NELLER, WERNER, Das Konzept der Stadtregionen und ihre Abgrenzung 1970, in:Stadtregionen in der Bundesrepublik Deutschland 1970, Hannover 1975, S. 2 (Veröffentlichungen der Akademie für Raumforschung und Landesplanung, Forschungs- und Sitzungsberichte, Bd. 103).

NIEDERSÄCHSISCHES LANDESVERWALTUNGSAMT - STATISTIK, Staatliche und kommunale Finanzen - Jahresbericht 1979, Hannover 1982 (Statistik Niedersachsen, Bd. 360).

NIEDERSÄCHSISCHES LANDESVERWALTUNGSAMT - STATISTIK, Gemeindeergebnisse der Finanzstatistik 1979, Hannover 1980 (Statistik Niedersachsen, Bd. 333).

NIEDERSÄCHSISCHES LANDESVERWALTUNGSAMT - STATISTIK, Schulden des Landes, der Gemeinden, Samtgemeinden und Landkreise am 31.12.1978, Hannover 1979 (Statistik Niedersachsen, Bd. 309).

NIEDERSÄCHSISCHES LANDESVERWALTUNGSAMT - STATISTIK, Regionale Vorausschätzung der deutschen Bevölkerung Niedersachsens unter besonderer Berücksichtigung von Wanderungen bis 1996, Hannover 1981 (Statistische Berichte Niedersachsen, A I 8).

OEBBECKE, JANBERND, Zweckverbandsbildung und Selbstverwaltungsgarantie, Köln u.a. 1982 (Schriftenreihe des Freiherr-vom-Stein-Instituts, Bd. 1).

OTT, TELSCHE, Untersuchungen zu Kosten und Nutzen der Übernahme zentralörtlicher Funktionen einer Stadt für ihr Umland, konkretisiert am Beispiel Rendsburg als Nah- und Mittelbereichszentrum, Kiel 1977 (Materialien zur geographischen Regionalforschung in Kiel, H. 2).

PAUKSZAT, ROBERT, Raumordnungspolitische Aspekte des kommunalen Finanzausgleichs. Eine empirische Untersuchung unter besonderer Berücksichtigung der speziellen Zuweisungen an hessische Verdichtungsgebiete, Frankfurt/M. u.a. 1977 (Europäische Hochschulschriften. Reihe V, Bd. 166).

PEFFEKOVEN, ROLF, Artikel Finanzausgleich I: Wirtschaftstheoretische Grundlagen, in: Handwörterbuch der Wirtschaftswissenschaft, Bd. 2, Stuttgart u.a. 1980, S. 631 ff.

PETRI, WILHELM, Die staatlichen Zweckzuweisungen im kommunalen Finanzsystem, dargestellt am Beispiel des Landes Niedersachsen, Berlin 1977 (Schriften zum Öffentlichen Recht, Bd. 315).

PULS, HEINZ, Zentralitätsaspekte des kommunalen Finanzausgleichs in Nordrhein-Westfalen, Dortmund 1977 (Schriftenreihe Landes- und Stadtentwicklungsforschung des Landes Nordrhein-Westfalen - Landesentwicklung, Bd. 1013).

RAUMORDNUNGSBERICHT NIEDERSACHSEN 1978, hrsg. vom Niedersächsischen Minister des Innern, Hannover 1978 (Schriften der Landesplanung Niedersachsen).

RAUMORDNUNGSBERICHT NIEDERSACHSEN 1980, hrsg. vom Niedersächsischen Minister des Innern, Hannover 1980 (Schriften der Landesplanung Niedersachsen).

REGELSCHULTRÄGERSCHAFT DER GEMEINDEN UND VERBESSERUNG DER SCHULFINANZIERUNG NOTWENDIG, in: Niedersächsicher Städteverband, Nachrichten für Städte, Gemeinden, Samtgemeinden, 1980, S. 1 ff.

REHM, FRANZ-KARL, Das kommunale Finanzsystem - ein Instrument der Raumordnungspolitik?, in: Informationen zur Raumentwicklung, H. 2/3 (1978), S. 169.

REIDENBACH, MICHAEL, Bedeutung und Finanzen kommunaler Zweckverbände und anderer juristischer Personen zwischengemeindlicher Zusammenarbeit, in: Zeitschrift für Kommunalfinanzen, Jg. 31 (1981), S. 8 ff.

REIDENBACH, MICHAEL, Zur Investitionstätigkeit der kommunalen Gebietskörperschaften, Zweckverbände und Unternehmen, in: Archiv für Kommunalwissenschaften, Jg. 19 (1980), S. 217 ff.

RÜTTGERS, JÜRGEN, Sind Auswärtigenzuschläge bei allen kommunalen Gebühren zulässig?, in: Kommunale Steuerzeitschrift, 1979, S. 125 ff.

RUHLAND, SIEGFRIED, und ENGELBERT RECKER, Bedeutung der Schlüsselzuweisungen für die Landesentwicklung, in: Informationen zur Raumentwicklung, H. 2/3 (1978), S. 135 ff.

SCHARIOTH, JOACHIM, Kulturinstitutionen und ihre Besucher. Eine vergleichende Untersuchung bei ausgewählten Theatern, Museen und Konzerten im Ruhrgebiet, Diss. Bochum 1974.

SCHEEL, WERNER, Untersuchung der Leistungen der Bundesländer an die Gemeinden (GV) in den Jahren 1970 bis 1977, o.O. 1979 (Finanzministerium des Landes Nordrhein-Westfalen).

SCHMIDT, HANS-JOACHIM, Die Benutzung der öffentlichen Einrichtungen einer Gemeinde durch Nichteinwohner, in: Die öffentliche Verwaltung, Jg. 16 (1963), S. 217 ff.

SCHNEPPE, FRIEDRICH, Raumbedeutsame Wirkungen des kommunalen Finanzausgleichs in Niedersachsen, Hannover 1968 (Veröffentlichungen der Akademie für Raumforschung und Landesplanung, Beiträge, Bd. 2).

SCHRÖDER, MEINHARD, Zwischenbilanz zur Stadt-Umlandreform in der Bundesrepublik Deutschland, in: Die Verwaltung, Bd. 12 (1979), S. 1 ff.

GEMEINDLICHE SCHULTRÄGERSCHAFT NACH DEM NIEDERSÄCHSISCHEN SCHULGESETZ - Zwischenbilanz, in: Niedersächsischer Städteverband, Nachrichten für Städte, Gemeinden, Samtgemeinden, 1976, S. 81 ff.

SIEBER, JÜRGEN, und FRIEDRICH SCHNEPPE, Gemeindefinanzreform und Ballung, in: Ballung und öffentliche Finanzen, Hannover 1980, S. 76 (Veröffentlichungen der Akademie für Raumforschung und Landesplanung, Forschungs- und Sitzungsberichte, Bd. 134).

STADT-UMLAND-GUTACHTEN BAYERN, hrsg. vom Bayerischen Staatsministerium des Innern, München 1974.

STADT-UMLAND-KOMMISSION STUTTGART, Bericht zur Stadt-Umland-Frage im Raume Stuttgart, Stuttgart 1977.

STATISTISCHES BUNDESAMT, Realsteuervergleich 1980, Stuttgart und Mainz 1982 (Fachserie 14. Reihe 10.1).

TESCH, HELMUT, Öffentliche Finanzwirtschaft in Ballungsräumen, dargestellt am Ballungsraum Hamburg, Hamburg 1976 (Veröffentlichungen des HWWA-Instituts für Wirtschaftsforschung Hamburg).

TESCH, HELMUT, u.a., Finanzzuweisungen an Gemeinden, Hamburg 1980 (Endbericht zum Forschungsprojekt MFPRS 1976. 27).

THIEME, WERNER, und GÜNTHER PRILLWITZ, Durchführung und Ergebnisse der kommunalen Gebietsreform, Baden-Baden 1981 (Die kommunale Gebietsreform, Bd. I 2).

THOMAS, WILFRIED, Zur Karte: Umlandwanderungen - Wanderungsverluste der niedersächsischen Mittel- und Oberzentren gegenüber ihrem Umland 1971-1978, in: Neues Archiv für Niedersachsen, Bd. 29 (1980), S. 180.

TORNOW, INGRID, Der kommunale Finanzausgleich im Jahre 1980 - unter besonderer Berücksichtigung der Ausgleichswirkungen der Sockelgarantie, in: Statistische Monatshefte Niedersachsen, Jg. 34 (1980), S. 154 ff.

TORNOW, INGRID, Der kommunale Finanzausgleich 1981 - Auswirkungen des Siebten Gesetzes, in: Statistische Monatshefte Niedersachsen, Jg. 35 (1981), S. 246.

TORNOW, INGRID, Zur staatlichen und kommunalen Verschuldung - Ende 1979, in: Statistische Monatshefte Niedersachsen, Jg. 34 (1980), S. 186.

VERBAND DEUTSCHER MUSIKSCHULEN, Jahresbericht 1980, Statistische Angaben, Bonn 1980.

VERWALTUNGS- UND GEBIETSREFORM in NIEDERSACHSEN. Gutachten der Sachverständigenkommission für die Verwaltungs- und Gebietsreform, hrsg. vom Niedersächsischen Minister des Innern, Hannover 1969.

VOGT, NORBERT, Die autonome und heteronome Finanzierung zentraler Orte, Diss. Köln 1973.

VOPPEL, GÖTZ, Artikel: Stadt, in: Handwörterbuch der Raumforschung und Raumordnung, Hannover 1970, Sp. 3084.

WEBER, MANFRED, Die Schlüsselzuweisung. Analyse eines Instruments des kommunalen Finanzausgleichs, Frankfurt/M. 1981.

WEISSHAAR, ERWIN, Allgemeines Kommunalrecht in Niedersachsen, Herford 1974.

WOLFF, HANS J., und OTTO BACHOF, Verwaltungsrecht I, 9. Aufl. München 1974.

Veröffentlichungen des Deutschen Instituts für Urbanistik

● Aktuelle Reihe

Stadt und Umland im Finanzausgleich
Eine empirische Untersuchung am Beispiel der zentralörtlichen Belastungen in Niedersachsen
Von Michael Reidenbach
1983. 203 S. Abb., Tab. Kart. DM 32,-

„Ausnahme und Regel"
Institutionelle Probleme bei der Einrichtung neuer Trägermodelle in der Stadterneuerung am Beispiel des Sozialpädagogischen Instituts Berlin
Von Werner Heinz, Paul von Kodolitsch
1983. 139 S. Kart. DM 18,-
ISBN 3-88118-098-2

Sozialstationen
Analyse der Hilfen für Pflegebedürftige in städtischen Versorgungsräumen, untersucht am Modellfall der Stadt Bonn. Kurzbericht
Von Erich Hartmann u. a.
1983. 90 S. Abb., Tab. Kart. DM 14,-
ISBN 3-88118-097-4

Beratungsstellen für Weiterbildung
Fallstudien über Aufgaben und Leistungen in fünf Städten
Hrsg. von Joachim Braun, Lutz Fischer
1983. 455 S. Übers. Kart. DM 34,-
ISBN 3-88118-091-5

Wohnungsbestandssicherung

Teil 1: Erneuerungsbedarf – Instandsetzungsförderung – Instandhaltungskontrolle
Hrsg. von Rainer Autzen, Heidede Becker
1982. 214 S., Abb., Tab. Übers. Kart. DM 24,-
ISBN 3-88118-089-3 (Teil 1)

Arbeitsblätter Umweltrecht

Teil 1: Abfallbeseitigung
Von Edmund Brandt, Bernhard Sprenger
1982. 62 S. Tab. Kart. DM 10,-
ISBN 3-88118-085-0 (Teil 1)

Stadtteilvertretungen in Großstädten

Teil 1: Grundlagen und Bestandsaufnahme
Von Rudolf Schäfer
1982. 161 S. Tab. Kart. DM 24,-
ISBN 3-88118-086-9 (Teil 1)

Teil 2: Länder- und Städteporträts
Von Rudolf Schäfer
1982. 480 S. Tab. Kart. DM 39,-
ISBN 3-88118-078-8 (Teil 2)

Ausländische Arbeitnehmer und ihre Familien

Teil 1: Wohnverhältnisse
Von Ulla-Kristina Schuleri-Hartje
1982. 87 S. Kart. DM 12,-
ISBN 3-88118-079-6 (Teil 1)

● Arbeitshilfen

Kommunale Umweltschutzberichte
Arbeitshilfe 6
1982. 592 S. Abb., Übers.
Loseblattausg. Im Ordner DM 79,-
ISBN 3-88118-074-5

Räumliche Entwicklungsplanung
Arbeitshilfe 4 (Teil 2: Auswertung)

Heft 3: Wanderungen und Wohnungsmarkt
1980. 330 S. Abb., Tab., Karten. Kart. DM 28,-
ISBN 3-88118-066-4

Heft 5: Die City als Einzelhandelsstandort
1982. 198 S. Tab. Kart. DM 24,-
ISBN 3-88118-087-7

● Dokumentationsserien

Kommunale Umfragen
Dokumentation
Heft 1
Bearbeitung: Michael Bretschneider, Hans-Joachim Wolf
1982. 224 S. Kart. DM 52,-
ISSN 0723-5879

Kommunalwissenschaftliche Dissertationen
Bearbeitung: Klaus M. Rarisch
Erscheint jährlich
Einzelband DM 35,-
Abonnement DM 30,-
ISSN 0340-1170

Graue Literatur zur Orts-, Regional- und Landesplanung
Gutachten, Forschungs- und Planungsberichte
Bearbeitung: Michael Bretschneider, Christel Fuchs
Erscheint halbjährlich
Einzelband DM 35,-
Abonnement DM 60,-
ISSN 0340-112X

Verlag und Vertrieb: Deutsches Institut für Urbanistik
Straße des 17. Juni 110 · 1000 Berlin 12 · Telefon (030) 39 10 31